看不见的力量

有关成功、学习和创造力的真相

[加拿大] 江学勤 / 著
赵小莉 / 译

中国人民大学出版社
· 北京 ·

谨以此书献给陆欣瑜

当我陷于黑暗，你是光。

当我沉溺，你带我飞扬。

当我失去信念，你给我写作此书的力量。

Contents
目录

第六章　神经可塑性

第七章　情绪的秘密

第八章　修复大脑

第三部分·创造力

第十二章　精英制的陷落

第四部分·游戏化

第十三章　从逻辑电路到海明威

第十四章　从耶鲁到成都

推荐序

读高中的时候，我曾是学校最好的长跑运动员，直到安迪出现。我高二时他是刚入学的高一新生，正好赶上了越野跑的赛季。安迪瘦小、憔悴、孤僻，戴着一副金丝边儿眼镜，穿着一身廉价的衣服。他们一家人原先住在密苏里州最落后的欧扎克山脉（Ozark Mountains）的一个小镇上，后来为了寻找更好的生活搬到了我居住的哥伦比亚市。

哥伦比亚市坐落在密苏里州的中心，就像沙漠中的一片绿洲，密苏里大学的主校区就设于此。哥伦比亚市的四周都是乡村——在我的童年记忆中，要坐好长时间的车才能穿过一望无际的玉米地。从哥伦比亚到最近的城市圣路易斯要花两个小时。哥伦比亚周围的许多乡村社区经济不发达，有些社区还因思想狭隘、封闭而著称。哥伦比亚算是个比较大的城市——大约有 6 万居民，足够繁荣，有一个不错的公共图书馆、一个艺术博物馆、一些剧院和一个音乐厅。但即使是这个相对而言的绿洲，也存在很多社会问题。在我的童年时代，一条名为百老汇（Broadway）的主干道仍然是事实上的种族分界线。黑人住在这条干道以北，而白人住在南边较好的社区，这是一条默认的规则。我家就住在这条“种族分界线”以南的第三条街。

我们不是密苏里本地人。我父母都在洛杉矶长大，他们搬到哥伦比亚是因为我父亲在大学里找到了一份在社会学系任教的工作。哥伦比亚和密苏里州中部的大部分地区不一样，能够吸引受过教育的外来者，这也是它成为沙漠中的绿洲的主要原因。但大学的经费很短缺，人文学科的工资也很低。我上高中的时候，父亲的年薪约为 4.5 万美元，只能勉强支撑一个有四个孩子的家庭过上中产阶级的生活。

安迪的家庭就更大了，有五个兄弟姐妹，可收入却比我家低很多。安迪的父亲很胖，不健康，没有稳定工作；有时做杂工，有时在乡村西部酒吧弹钢琴。他脾气不好，经常不顾后果就辞职。安迪饱受磨难的母亲竭尽所能地支撑着这个家庭，在家里经营着一家低成本的托儿所。他们一家人都信摩门教，他母亲要求五个孩子每个星期天都去参加摩门教教会的礼拜。

在哥伦比亚市，人们先看你的肤色，再看你的信仰。他们不像在东海岸的人们那样谈论族群背景——没有人关心你的祖先是德国人、意大利人、波兰人还是其他什么人。但是，你去哪个教堂这件事很关键。一位论派（Unitarianism）信徒通常是读书人，而有钱人往往属于圣公会或长老会。大多数黑人是浸信会教徒，没有受过多少教育的白人往往参加福音派教会，而天主教徒一般受过较好的教育。当地只有少数犹太人家庭，他们大多受过高等教育，在大学中任职。摩门教徒的人数很多，但他们很少和其他人来往，部分原因是许多人对他们有偏见。

最初，我的高中越野队里没有人喜欢安迪。身为摩门教徒本身就是一个不利因素，但安迪不受欢迎的主要问题在于他的个性。他不怎么笑，也从不开玩笑。他只知道与人竞争。在跑步这项运动中，大家有个默契，即如果两名队友水平相近，他们会在训练中合作，互相鼓励，轮流领跑。但安迪可没这个默契，对他而言每分每秒都是战斗。他的比赛策略是尽可能地跟紧我，并在最后时刻奋力尝试超过我。

整个赛季中，我们互相较劲儿。有时我赢了安迪，有时安迪又打败了我。队友成了对手，竞争取代了合作，但我俩这种激烈的竞争使我们学校首次获得了越野赛的地区冠军。虽然如此，我心里明白，全校最好的跑步选手这位置我是保不住了。我比安迪大一岁，积累了更多的战略方法和经验技巧，在长跑方面更有优势，可以在越野赛中与他一较高下；

可一旦春季田径赛季开始，我就没法在笔直的跑道上拼过他了。残酷的事实是，这个不善社交的摩门少年跑起步来真的拼命 。

…… ☆ …… ☆ …… ☆ ……

回顾自己接受教育的经历，我震惊地发现，自己的多数记忆都与学习无关。这一点可能也会令别人感到意外，因为我上过两所精英名校。我本科就读于普林斯顿大学，师从著名作家约翰・麦克菲（John McPhee）、拉塞尔・班克斯（Russell Banks）和乔伊丝・卡萝尔・奥茨（Joyce Carol Oates）。之后我获得罗德奖学金（Rhodes Scholarship）的资助，就读于牛津大学。我会说汉语和阿拉伯语，出版过五本书，主题涵盖人类学、经济学、考古学的内容。我还拥有荣誉博士学位。任何人知道这些之后都会认为，我就是传统精英教育的产物。

但是普林斯顿大学和牛津大学仅仅代表我教育经历的一部分，只是我终生学习时光中的区区六年。我童年最深刻的记忆来自运动竞技、打工，以及在一个严格区分种族和阶级的社区中所产生的切身体会和社会意识。我不怎么学习——在那时候，密苏里州中部的公立学校学习压力不大。即使在高中，我每天的作业也不超过半小时，而且我从没找过家教，父母也从没帮我完成过学校的任务。对他们而言，功课是我自己的责任；他们有四个孩子，没有时间一一指导每个孩子。我母亲常常将她的教育策略描述为“善意的忽略”：她的任务是营造一个支持孩子、充满爱意的家庭环境，其余细节则由孩子们自己决定。她的观点和我父亲的一样，认为教育应该鼓励责任、独立和自主。

从小，我父母就希望我能自己赚点儿钱。早在小学三年级的时候，我就开始打工送报纸了，那是我们这一代孩子常做的工作。我必须每天早上 5 点起床，把本地报纸《哥伦比亚密苏里人》（*The Columbia Missourian*）送给 40 多户人家，送报的路线长达几英里（1 英里≈1.61 千米——译者注）。这份工作我做了 6 年，有机会的话也打点儿别的零工。下雪天，我去清扫人行道来赚些钱。星期六下午，我去本地大学的体育馆卖饮料给球迷。我青春期的大多数衣服都是自己买的，理发也得自己付钱，因为我父母的经济状况确实紧张。16 岁时，我就用自己多年打零工攒下的钱买到了一辆二手车——1974 年的道奇达特（Dodge Dart）。我不仅学会了换机油、换轮胎和简单的修理，而且从保险、加油到保养，我都能自己付钱。那时候我周末还去电影院做另一份兼职。

这些工作教会我制订计划、管理金钱，还使我不得不和成年人打交道。多数订报纸的顾客为人友善，但也有个别人很难对付。有的人家里的狗会来追赶我，有的人即使在我的服务无可挑剔的情况下仍然找碴儿投诉。我还曾经给一对夫妇送过报纸，他俩关系紧张，连共用一份报纸都不肯。如果丈夫先拿到报纸，就不给妻子，他妻子就会打电话投诉说没收到报纸。由于他们的投诉，整整几个星期里，我的工资都大打折扣。苦恼了很久后，我终于找到了一个解决办法：我多订一份报纸，给他们家送两份。因为我意识到，多订一份报纸的钱比因为投诉扣掉的工资少。这并不是合情合理的解决方案，但从那个年纪起，我开始意识到世界本不公平、完美。

我与父母的谈话经常涉及这类关于社会交往的问题。他们不觉得孩子的学习应该由父母监督，也不认为在学业上要做到完美；他们从没给我施加过压力让我去考高分。对我们兄弟姐妹四人，他们从来没有定过一个统一的学业标准，我们的成绩也各不相同。但是他们要求我们遵守某些行为规范，认为学会应对某些复杂的社交情况很重要。他们鼓励我工作的原因之一，就是他们认为这是一种宝贵的经历，可以让我面对真实世界的复杂挑战。

我父母还相信，子女都应该参与志愿服务。他们在当地社区中很活跃：他们在居民委员会中任职，参加教会的服务项目，还主持一个服务精神病院出院患者的支持小组。每周他们都去“救济厨房”做志愿者，向无家可归者和没钱吃饭的人提供免费食品。

我的父母做这些事情，一部分原因是宗教信仰：作为天主教徒，他们认为自己有义务为穷人或弱势群体服务。他们本来可以用空闲的时间挣更多的钱，但他们认为挣钱不如服务社区重要。因此，他们没有为子女的大学学费存下一分钱。他们的观点是，学费这种事情不值得提前操心，鼓励孩子全面发展更重要。

他们格外重视和不同背景的人交流。作为一名社会学家，我父亲经常采访农民、流动民工、监狱囚犯和老年人。他常常向子女讲起这些访谈，有时候还会带我们到访谈或者研究的现场。今天，我意识到他是我见过的最有好奇心、最包容的人之一。他对来自截然不同世界的人们十分着迷，他喜欢倾听他们的见解，哪怕这些人的观点在受过良好教育的人看来似乎错误百出、粗俗无礼。我父亲认为不应去评判别人，而应理解人们不同的观点来自何方。他认为，正因为每个人的想法都不一样，世界才丰富多彩。

有的时候，一些所谓的进步人士看似胸怀崇高无私的理念，却根本不会身体力行。我父母不是这样的人。他们没有多少钱，却对此甘之如饴，也不对孩子过度保护。我们居住的城市有两所高中，一所在“种族分界线”的北边，位于黑人社区的正中央，另一所在南边。南边的学校条件更好，学生多数来自较富裕的白人家庭，人们也认为这所学校更安全；而且我们住在城南，符合这所学校的录取条件。但是我的父母不怕麻烦，把四个孩子都转学到北边的希克曼高中（Hickman High School）。他们不喜欢南边学校那种“私人高端会所”的风格，而是喜欢希克曼高中的开放与多元。希克曼高中有一些成绩很好的学生，但多数学生成绩很差。我高二的时候，全年级有600个学生，但两年后只有440人毕业，其他人都辍学了。我知道有的同学怀孕了，有的则进了监狱。我的同学中有农场里的白人孩子，有住在公租房里的黑人孩子，还有移民家庭的孩子。希克曼高中的越野队与田径队队员来自背景各异的家庭。安迪入学的那一年，我们最好的运动员之一是个孤儿，住在福利院。

我的父亲也是个跑步运动员。他曾受过系统训练，而且成绩很好，差点儿就能入选奥运会美国马拉松代表队。他之所以倾心于跑步，部分是因为他有这方面的天赋，但作为一名社会学家，他对跑步者群体的多样性也很感兴趣。跑步这项运动与其他运动不一样，因为它在很大程度上取决于天赋。在网球或游泳这样的运动中，起步早有很大的优势，而且花钱买高级装备和私人教练课程也很有用；可以说，只要用正确的方式花钱，就能栽培出一名优秀的运动员。但这对于跑步来说是不可能的。有天赋的人可以在没有经验的情况下直接进入高中队，并立即击败训练多年的运动员。

这也意味着，优秀的跑步者可能来自社会的不同角落。和我的父亲一起训练的队友们除了拥有同样的天赋之外，往往没有其他共同点。和他一起跑步的人中，可能就有终身教授、蓝领工人和失业的越战老兵。作为一名社会学家，我父亲喜欢这种平常难以见到的组合，他常常笑着讲述他们在长跑中的对话和争论。这是他教给我的另一课：如果你能有足够的耐心跑完十英里，那么你对别人也应该有耐心；不应因为安迪不善社交、争强好胜就拒绝和他交往。

…… ☆ …… ☆ …… ☆ ……

在我阅读江学勤在本书中讲述他个人经历的部分时，我常常想到安迪。和安迪一样，江学勤也是一个外来者，他的成长经历充满了挑战。两个人都缺钱，而且都属于时常遭受偏见的群体。但两个人也都很有天赋，勇于竞争，而且找到了奋斗的动力。江学勤的蜕变始于一位用心和他交流的代课老师，之后他开始意识到，自己对书籍的热爱可以带来不一样的人生。早在高中时，他就梦想着能进入耶鲁大学读书，这成为他少年时代的精神寄托，也成为他的志向。通过坚持不懈的努力，他实现了这个目标。

对安迪来说，激励他的动力很大一部分来自我们的团队。我们的教练耐心包容，擅于引导队员积极参与、营造轻松友善的团队氛围。到了安迪加入团队后的第二个赛季，我感觉到他对竞争的态度有所变化。他不再把队友当成竞争对手了。他在训练和比赛中仍然很努力，但现在他也会支持其他人。他不再把我当成对手，而是意识到，通过合作我们都可以进步。他逐渐学会了珍视江学勤在本书第十一章中所描述的那种团队合作。

在安迪身上，江学勤在本书中提出的另一个关键概念也开始发展，那就是安全感。当我回头审视自己的教育时，我发现自己真正优越之处并非在普林斯顿大学或者牛津大学的求学经历，而在于安全感。我很幸运，自己出生于一个提倡社区精神和付出，而非竞争和排除异己的家庭。

因为我在这样的环境中长大，所以我对安迪更包容。我很快意识到，安迪除了跑得快，还聪明且勤奋。在团体中逐渐适应之后，他也能变得幽默起来。我特别留意让他参与轻松愉快的团队活动，这样到了第二个赛季，他已经完全融入我们的团队了。我特别珍视的，是他来自一个在外界看来很奇怪、很神秘的宗教团体。我从来没有一个好朋友是摩门教徒，也从没有机会接触他们，但现在我认识了安迪的亲戚和朋友，偶尔还能参加他们教会的活动。我发现信仰是安迪的另一种力量源泉，信仰为安迪提供了一种稳定感和目标感，能够部分抵消家庭生活带给他的艰难。

高中的最后一年，安迪和我作为接力队员参加了密苏里州的冠军杯，我们的团队是以最佳成绩拿到入场券的，所有人都渴望摘得冠军奖牌。我跑第二棒，安迪跑第四棒。但那天第三棒选手意外跑出了最差成绩，导致我们队无缘奖牌。我记得当时我很惊讶，因为即便在比赛结束的那一刻，我也没有因为期望落空而气愤和沮丧。这些年能够和这些我所爱的人一起在赛场上挥洒汗水，我感到深深的满足。重要的是一起向前奔跑，而不是摘得奖牌。

那一年，我申请了数所附近的州立大学，也试探性地申请了普林斯顿大学和哈佛大学，虽然自知机会不大。如我所料，哈佛大学拒绝了我，但令我惊喜的是，邮递员送来了来自普林斯顿大学的厚厚的信封——录取通知书。在大家的记忆里，希克曼高中的毕业生中从来没有人上过普林斯顿大学。事实也证明，我父母虽然在经济上缺乏长远打算，但这并没有带来什么严重的后果。普林斯顿大学提供了慷慨的经济资助，我第一年的学费只有几千美元。

大学一年级时，我产生了一个想法。安迪和大多数摩门教的孩子一样，原本计划进入杨百翰大学或其他摩门教大学，但我劝说他申请普林斯顿大学。我当时是普林斯顿大学田径队的队员，我把安迪的情况和他的天赋告诉教练后，教练决定将他招入麾下。我还主动为安迪写了一封推荐信，寄给了招生办公室。到了春天大学发录取通知书的时候，安迪也收到了他的厚信封。普林斯顿大学给他的经济资助更慷慨——他不用花一分钱。被录取的时候，他甚至一次都没有来学校参观过。

那一年暑假回家时，我观看了安迪的最后一场高中比赛——密苏里州冠军杯。在一英里赛跑中，第一圈过后，安迪在 16 名选手中排在最后。可他十分冷静，节约体力，在接下来的半英里中，他耐心地超越一个个对手。本场比赛的热门选手来自圣路易斯的一所大型学校，这名选手在最后一个转弯处还处于领先地位，看起来胜券在握。直到最后 20 码（1 码≈0.91 米——译者注），安迪——那个瘦小、憔悴、戴着金丝边儿眼镜的安迪，闪电般地超过了他，赢得了胜利。直到今天，每次看那场比赛的录像，我仍然会激动不已。

…… ☆ …… ☆ …… ☆ ……

在普林斯顿大学的学习对我和安迪来说都很吃力。来到学校的头几周，我忽然意识到，其他学生对于大学的学习准备得有多充分。很多学生来自贵族私立高中或大城市的重点高中，能够很顺利地开始大学的学习生涯。有件事我至今仍记忆犹新：在一堂文学讨论课上，有同学提到了“乔伊斯”这个名字，我还以为他说的是一位女性。尽管我选择了文学和写作这个专业，却从未听说过爱尔兰作家詹姆斯·乔伊斯（James Joyce）的大名。

这件事之后，大一的我就不敢在讨论课上发言了。我害怕陷入尴尬的局面，决定最好还是先埋头苦学。普林斯顿大学有一些美国最有名的作家任教，我在第一学期就申请了写作入门课程，但是被拒绝了。第二学期、第三学期也一样。我从 16 岁起就想当一名作家，但在普林斯顿大学，我连入门课程都进不去。

但我的优点是坚持不懈。第三次被拒之后，我再次申请。父母的教养方式令我从不觉得自己天赋过人——他们不希望子女自以为是，因此我认为一定是我的写作出了什么问题。于是我专心阅读，努力改进。下一个学期，我终于获准上入门课程。到了期末，这门课的教授拉塞尔·班克斯对我产生了兴趣，成为我早期的导师之一，并鼓励我继续走写作的道路。

大三的时候，我对自己缺乏学术训练这件事有了新的认识。我发现自己缺乏的其实只是一些表面的特质，但并不缺少关键性的东西：我会思考，我很勤奋。我发现自己逐渐赶上了其他同学，而且开始感到自己的背景带来的优势。我成功申请上了作家约翰·麦克菲的非虚构写作讨论课，因为我在希克曼高中这样多元化的学校就读的经验，让我擅长采访并描述不同类型的人。在一堂人类学课上，麦克菲教授给我写了很长的一篇评语，说他被我的论文深深打动了。这篇文章描述的是居住在福利院、曾经遭受性暴力伤害的青少年的生活。我从大二起，每周都会走出校园到那里给他们做家教。我选择这项志愿服务是出于个人原因，并非出于学术原因，但我发现这两者之间是相通的。做这件事对我个人来说是有意义的，也帮助我成为一名更好的学生。而我之所以这样做，是因为我以心系社区的父母为榜样。

安迪在普林斯顿大学遇到的困难更大，他的应对办法也更少。他觉得自己与环境格格不入，学业负担也令他不堪重负，他必须拼命努力才能拿到普普通通的成绩。他再也没有像那天在密苏里州冠军杯上那样跑得那么快。有一次，他坦率地告诉我，他不想再那么拼命地跑步来证明自己了。"在高中时，我只想打败别人，"他说，"我不再有那种感觉了。我现在只是享受跑步，也喜欢和队友在一起。"虽然他再也没能成为明星选手，但他喜欢团队友谊，四年中一直为普林斯顿大学校队效力。

摩门教的男孩在大一结束后要去完成一次传教的任务，这是他们的传统。那时，摩门教徒传教必须自己承担费用，所以安迪没有被教会派往国外，而是被派往伊利诺伊州的东莫林市（East Moline）。那时候我在普林斯顿大学刚上完约翰·麦克菲的讨论课，他鼓励我尝试以自由职业者的身份写专题文章。当我开始构思选题的时候，"当一个摩门传教士是怎样的体验"这一选题脱颖而出。

安迪和他的传教伙伴同意了，于是我和他们在东莫林共度了一个星期。我穿着标准的传教服装——白衬衫、深色裤子、深色领带，和他们一起挨家挨户传教。我的任务是拿着《摩门经》，不开口说话。在漫长而炎热的白天，我们从一家走到另一家，人们往往当面给我们吃闭门羹。有一天晚上，我们完成了一天的工作，顺道去看了一场当地的棒球比赛。看台上的一些球迷从我们显眼的服装中发现了我们的身份，对我们发出嘘声。

回到住处的时候，我采访安迪和他的伙伴，研究教会提供的资料。传教的规矩非常多，令人惊讶：传教士不能阅读非摩门教的报纸、书籍或杂志，不能看电视或电影，不能游泳、踢足球、骑马；可以打篮球，但只能打半场。

写文章的时候，我描述了这些错综复杂的规矩，也从心理学的角度分析了可能的原因：也许教会的长老们给这些年轻人制定这么多规矩，是为了让他们仅从打破那些较小的规则中就能获得满足。但除了分析之外，我还试图写出传教中的感性一面——这些人的奉献精神，以及面对不断拒绝时的坚韧。我把这篇文章寄给一位杂志编辑，他立即接受了，这成了我发表的第一篇文章。杂志社付给我 600 美元稿费——真有人会为我写的文章付酬，这感觉真不错。我用这笔钱做的第一件事就是买了一双跑鞋，寄给安迪。

…… ☆ …… ☆ …… ☆ ……

在第十一章中，江学勤引用了格奥尔格·齐美尔（Georg Simmel）提出的“陌生人”（the stranger）概念。齐美尔是 19 世纪德国哲学家、社会学家，他描述了个体在现代城市中的互动方式。在此之前，思想家如卡尔·马克思（Karl Marx）和埃米尔·涂尔干（Émile Durkheim）主要关注宏观的概念，如社会演变、阶级、家庭、宗教和国家，很少关注个体相互连接的过程。齐美尔是第一个研究人类的社会化，并思考这些微观互动如何创造社会宏观结构的学者。

正如江学勤在书中解释的，齐美尔的“陌生人”是行走于社区边缘的过客，在社区的边缘活动。他可能是每天经过固定路线的邮递员，可能是商店的常客，也可能是摩门传教士。陌生人与本地人之间的情感纽带较弱，因此能提供客观的意见。他的观点可能更灵活，他的观察可能更敏锐。人们往往愿意和他相处，向他倾诉秘密。他处在社区中，但又不属于社区。

我被身为社会学家的父亲养大，也受到齐美尔等社会学家的影响。我自己也倾向于研究陌生人的角色。在中国，我常常描写从农村来到城市的外来打工者，并花时间和他们相处。我的第二本书写的是一位维吾尔族企业家从北京到华盛顿的生活历程，他在两地都是陌生人。之后我去了埃及，写了一篇关于上门收垃圾的人的专题文章，还用两年时间研究那里的浙江企业家。这些浙江人长途跋涉来到埃及南部的边远城镇，生意做得风生水起。

所有这些陌生人都在社区中与人结交，同时默默旁观。我自己往往也扮演着同样的角色。1996 年至 1998 年，我住在长江边上的涪陵，是当地一所高校仅有的两名外国教师之一。我注意到人们对我的反应——他们欣赏我能在那里待相对久的一段时间，同时也对我局外人的临时身份感兴趣。在我的第一本书《江城》中，我用自己在涪陵的两个名字——彼得·海斯勒（Peter Hessler）和何伟——描述了这种状态。我的身份是流动的，在我的美国角色和中国角色之间来回变化。对于一名观察者来说，这是一个完美的定位。从那时起，我一直努力发掘这一状态的潜力。每当我去开罗或成都这样的新地方，都会尽可能住一段相对长的时间，想方设法用当地人的语言和他们交流。当人们愿意和我相处之后，我会不断观察他们，设法理解他们正面对的挑战和他们的想法。

江学勤也了解局外人的价值。他小的时候，一家人移民到加拿大，他不得不适应新的语言和新的文化。进入耶鲁大学后，他身为经济困难的移民，更感觉格格不入。回到中国后，由于他的视角被他在美国和加拿大的经历和教育所塑造，他又不再是一个中国人：他身处中国，却不属于中国。同样，他在加拿大和美国的任何地方，无论是他的第二故乡多伦多还是母校耶鲁大学，他都是一个陌生人。

这样的处境使他成为一个敏锐的观察者。我认识他已经有 20 年了，他对中国社会和他成长于其中的西方精英学术世界都有着深刻的理解，这给我留下了深刻的印象。他的童年并不顺利，因此他花了更长时间才理解自己，但在这样的过程中，他也学会了深入分析自己的思维方式和经历。他善于理解并应用重要的社会科学理论，同时也理解个人层面的体验。这也许是本书传达的最重要的信息：可以从大处思考，但也要见到小处。

很多时候我们很少关心个体互动的方式，因为我们被制度或国家等宏观概念所困。对家长来说，这种思维方式尤为危险。家长常常将自己视为孩子的教练，推着孩子从一所学校走到下一所学校：小学、好的初中、更好的高中、最好的大学。教育就是一系列目标、考试和成就。

我的幸运之处在于，我父母不是这么看待学习的。他们重视孩子对待他人的态度，强化我们与各种社群（如运动队和“救济厨房”）的纽带。这种教育的过程比结果更加重要。通过这种方式，我们对成功的生活有了更广阔的定义。我的三个姐妹的人生轨迹和我不同：我是唯一一个上了常春藤大学的孩子；我的姐妹都上了宗教学院，和我父母一样。我的姐姐是一名小学教师；我的大妹妹研究地质学，有时教书有时写作；小妹妹在养育孩子的同时做做兼职。姐妹中的两人都在老家生活，嫁给了警察。我们四个人的婚姻都很幸福，这可能是健康、有意义的生活中最重要的因素。父母从来不在意我们从事的工作的社会地位，他们在意的是这份工作对社会的贡献。学校教师、警察和驻外记者没有高低贵贱之分，都有同等的价值。

父母教会我们不要以狭隘的眼光来看待教育。我很幸运，在普林斯顿大学遇上了非常好的写作老师；但在希克曼高中，一样有非常热情而敬业的教师激励过我。童年之后，对我最有教育意义的经历是我在和平队（Peace Corps）的那段时期。在那里我学会了做一个局外人，并泰然处之。那也是我工作后挣钱最少的时期：一个月1000元人民币。我在普林斯顿大学和牛津大学的同学几乎没有人会接受这样的工作，因为地位低、钱又少。可以说，接受这份工作是在拿自己的职业生涯冒险。但是我抵御了常春藤名校的思维方式，回想起我童年学到的东西：我父母始终强调，赚钱多少并不能说明工作的意义。如果一个人孤单、不快乐，对社会又没什么积极贡献，赚再多的钱又有什么用呢？

…… ☆ …… ☆ …… ☆ ……

当然，说起来容易，做起来难。我深深理解中国父母的困境。他们感到身陷竞争的泥沼，担心如果不给孩子那么大压力，孩子就会落后。但我要鼓励他们尽可能地抵御这种压力。学业很重要，但在教育中，培养孩子的社会性也很重要。孩子们需要空间，以避开父母如影随形的“监视”，自然地互动；他们需要积累独立自主地安排生活的经验。中国孩子紧张的日程安排以及没完没了的补课不仅没有必要，而且往往适得其反。始终被他人训练、被他人指引的孩子，无法学会训练自己、指引自己。

作为一名作家，我需要自己制订计划、管理时间，因为没有老板时刻监视我。童年田径比赛和送报纸的经历教会了我独立。我还学会了珍视人与人之间的感情，因为作为一个局外人，这种关系和感情让我能够脚踏实地。我的一个目标就是和我曾经写过的人和社区保持联系。随着时间的推移，做到这一点变得越来越困难，因为我写过的书和文章越来越多，但我仍尽力而为。在过去的 20 多年间，我和将近 100 个之前在涪陵的学生通过信，只要一有机会，就和埃及的朋友通电话。最近我回到四川，这是 20 年前我在和平队受训的地方，因为我想和曾去过的那些地方、曾认识的那些人恢复联系。

我和安迪仍然保持着联系。他毕业于普林斯顿大学的工程系，在东海岸的一家大型制药公司找到了一份很好的工作。但几年后，他认为那个环境不适合他，因为他更想体验人与人之间的情感连接。安迪之所以重视这一点，是因为他看到了自己家人的不幸：父亲早逝；哥哥进过很多次监狱，最后死于吸毒过量。

于是安迪搬回了他和妻子都生于斯、长于斯的中西部。他通过进修，成为一名牙医。从那之后，他一直在小镇上生活。现在，他在靠近加拿大边境的美国原住民保留地的一家诊所工作。我们最近在那里相约跑了一场马拉松，部分原因是庆祝我的 50 岁生日。我们俩都跑不快了，但我们仍然喜欢跑步。

几年前，我的父母收到了一封来自安迪的长信，感谢他们在他上高中时对他的支持，我父母深受感动。安迪最近告诉我，那几年他之所以经常到我家来玩儿，就是因为我父母的缘故。他很欣赏我父母与彼此、与孩子的互动方式，他觉得他在观察的过程中可以学到一些东西。安迪告诉我这些的时候，我感到既难过，又心存感激——我希望安迪曾经可以不用那么努力就能找到值得学习的成人榜样，但我也很高兴我们以这种方式彼此相连。我也觉得自己很幸运，能够在一个这样的家庭中长大，可以自然而然地学到为人处世之道。毫无疑问，这是我所受教育中最重要的部分，也是我能够走上作家之路的主要原因。

彼得·海斯勒

2021 年 2 月于中国成都

（彼得·海斯勒，美国作家，中文名何伟，《寻路中国》《江城》《奇石》作者，曾任《纽约客》驻北京记者，以及《国家地理》杂志等媒体的撰稿人。）

前言

1968年4月4日，美国黑人民权运动领袖马丁·路德·金（Martin Luther King）遭到暗杀。这一消息震动了美国，更震动了简·埃利奥特（Jane Elliott）。

她的年龄和马丁·路德·金差不多，但两个人的经历有天壤之别。她出生于美国艾奥瓦州的赖斯维尔（Riceville）。这是一个安宁的小镇，居民都是白人。几乎没什么人搬进来，也没什么人搬出去。埃利奥特是位有着金色头发、棕色眼睛的小个子女性，她教了15年书，从来不引人注意，也从来没有想引人注意。

马丁·路德·金的死引燃了她心中的火花。她认为，作为一名教育工作者，她有责任让她教的三年级孩子认识到美国存在制度性的种族主义。但她意识到，在这个白人小镇，学生很难理解与众不同意味着什么。

于是，埃利奥特采取了极端的手段，进行了有史以来在小学里开展过的最著名的实验。

她把24个学生分成两组，棕色眼睛的学生为一组，蓝色眼睛和绿色眼睛的学生为另一组。每个学生都要佩带一个臂章，臂章上标记了他们眼睛的颜色。埃利奥特告诉学生，在一周之内，两组学生会受到不同的对待。棕色眼睛的学生可以坐在教室前排，在特别为他们保留的操场区域里玩儿，还可以吃两份午餐。

蓝色眼睛和绿色眼睛的学生对新规则很不满。为了说服他们接受新规则，埃利奥特发明了一套理论。她告诉学生，科学家发现黑色素（一种可以保护皮肤免受紫外线伤害的皮肤色素）与智商有关，眼睛颜色越深就越聪明。这种理论纯粹是无稽之谈，毫无根据，但对于埃利奥特的学生来说却很有说服力。于是，这些学生成为埃利奥特的实验品。

在那一周，埃利奥特发现了两种趋势。第一种正如她预测的一样，棕色眼睛的学生开始自高自大，欺负其他同学。而第二种是她没想到的。她赞扬棕色眼睛学生的智力，批评其他学生蠢笨。但她没想到她的话会影响学生的学业成绩。学生的态度改变了，成绩也随之改变。棕色眼睛的学生坐得笔直，认真听老师的话，即使是以前不好好学习的学生也一样。而蓝色眼睛和绿色眼睛学生的情况正好相反——即使原来学习最好的学生，现在也不再认真学习。

一个蓝色眼睛的女孩退步最为明显。她原本是个安静的孩子，学习认真，计算从不出错。现在她开始犯各种低级错误。课间，埃利奥特望向窗外，窗外的景象让她明白了为什么。棕色眼睛的学生在操场上故意撞这个女孩，还反咬一口，强迫她道歉。她只得照做。她又紧张又害怕，因此课上无法集中注意力。

一周之后，埃利奥特让学生们写下自己的经历，并且把这些作文投稿给当地报社。于是这个实验在全国出了名，她多次受邀在电视上发表演说。

她的实验揭示了课堂中那些看不见却影响巨大的力量。实验显示，教室是一种强有力的媒介，在这里，教师的潜在价值观、思想和偏见塑造了教室的现实，并进一步决定了学生的认知、行为和表现。

不幸的是，后来的教育者并未从埃利奥特的实验中吸取教训。我们知道根据皮肤或眼睛的颜色来歧视学生是不对的，但是我们中的很多人却相信，根据智商（IQ）来歧视学生却没有什么不对。

很多国家都将教育制度建立在这种观点的基础之上，相信智商是区分成功者和失败者的最好方法。下图说明了这种基于智商的精英制的本质：

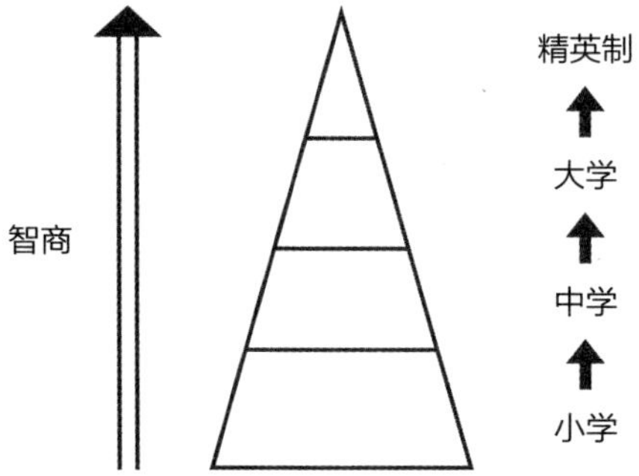

尽管美国和中国的政治、经济、文化存在差异，但两国的精英大学都采用同样的选择性录取制度，来塑造两国的精英制。这是因为两国都已大规模工业化，其教育制度关注的是以下三个问题：

- **怎么既经济又有效地教会几千万学生基本的读写和计算？**
- **怎么保证学生获得工作技能？**
- **怎么以相对公平和公正的方式决定成功和失败？**

我们在本书中将讨论，尽管使用智力测试的变种（美国的 SAT、中国的高考）来选拔社会精英似乎是分配有限教育资源的最公平的方式，但这样的制度实际上对那些最富裕、最有文化、最有资源的家庭的孩子最有利。因为智商与学生的社会经济背景有强相关性，而且富有的父母拥有足够的知识和手段，能够操纵教育制度，使之对他们的孩子最有利。

实际上，美国、中国以及其他工业化国家的情形都一样，富人和穷人面对的是两种不同的教育轨迹，如下图所示：

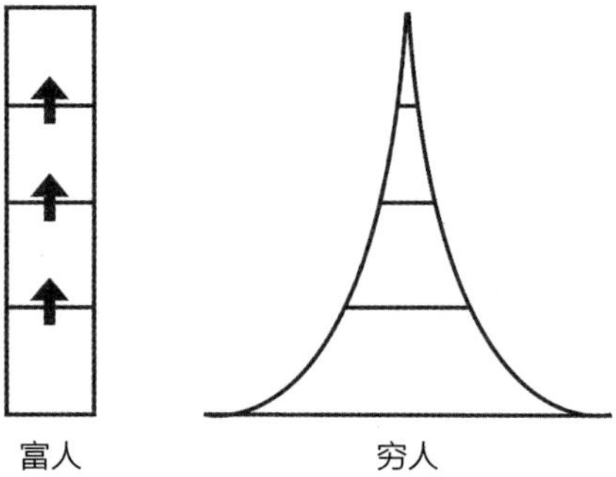

在上图的左边，富有的父母能把孩子从最好的小学输送到最好的中学、最好的大学；而在图的右边，贫穷的家庭必须杀出一条血路，才能抢到剩余的机会。在全球范围内，这导致不平等程度更高、社会流动性更低。经济数据显示，富人和穷人之间的鸿沟从未像今天这样深。

今天，自动化和人工智能的兴起对旧的经济模式造成了威胁。各国政府意识到，必须使教育适应这一改变，否则就会在竞争中落后。在从工业经济向创意技术经济转变的过程中，各国政府开始寻求以下三个问题的答案：

- 如何教每个学生成为终身学习者？
- 如何激发每个孩子的创造力？
- 如何让每个孩子都成功？

我们将在本书中讨论，基于最近几十年间心理学的领先研究成果，我们已经知道了如何回答以上三个问题。

瑞典心理学家安德斯·埃里克森（Anders Ericsson）的刻意练习理论（Deliberate Practice）告诉我们，只要遵循简单的规律，学生就可以学会任何技能。这一简单的规律是：明确学习目标，将目标分解为可测量、难度逐渐增加的子目标，并确保一次达成一个子目标。

匈牙利裔美国心理学家米哈里·契克森米哈赖（Mihaly Csikszentmihalyi）通过几十年对创造力的研究，提出了心流理论（Flow）。他认为有内驱力的人在不断挑战自己，并不断获得适当反馈的过程中形成了创造力。麻省理工学院媒体实验室（Media Lab）的阿莱克斯·彭特兰（Alex Pentland）拓展了契克森米哈赖关于个人创造力的心流理论，在《智慧社会：大数据与社会物理学》（*Social Physics: How Good Ideas Spread-The Lessons from a New Science*）一书中提出了群体创造力理论。

美国心理学家卡罗尔·德韦克（Carol Dweck）花费数十年研究人们因何而成功。她的结论是，成功者之所以成功，并不是因为他们毕业于顶级大学，而是因为他们拥有成长型思维（growth mindset）。成功的个人相信智力不是天生的，而是来自辛勤工作。他们不断挑战自己变得更好。他们最显著的特征是对失败的态度：他们认为失败是成长和学习的机会。

虽然刻意练习、心流和成长型思维这三种理论广为人知，但它们在教学中得到应用却很慢。本书认为，我们可以使用一种游戏化（gamification）的教学模型，将这些理论应用到课堂中，为所有学生创造更愉快也更有效的学习体验。

游戏化在今天的教育中是时髦的名词，意味着把那些引人入胜的游戏元素引入教学中。但不幸的是，多数教师引入的是经验值、徽章、排名和竞争这些看似能激励学生的肤浅工具，却无视游戏的三大精髓。本书将论证，自主（autonomy）、挑战（challenge）和反馈（feedback）是游戏化教学模型的三大根本元素，将这些元素融入课堂，有助于培养学生的创造力。

让我们来简要解释一下原因。在传统的"讲台 + 粉笔"的授课模式中，教师讲，学生记笔记，学习效果的评估是通过考试来实现的。而在游戏化教学模型中，教师向学生提出一个问题，或交给学生一个任务、一个项目（挑战），学生需要自主寻求解决方案（自主）。教师成为协助者，为学生提供指导和提示（反馈）。

教师给予学生多少自主性应取决于挑战的难度（即任务与学生当前能力的差距），挑战的难度也决定了教师需提供反馈的数量。游戏化教学模型十分灵活，允许教师根据学生不同的能力水平调整挑战的难度，实现个性化学习。

"讲台 + 粉笔"的模式不考虑学生的个体差异，因此那些父母受过良好教育、有丰富资源的学生就拥有明显的优势。这经常在教室里造成简·埃利奥特式的效应：教师不断称赞表现好的学生，忽视其他学生。我们将在本书中讨论，这种歧视对每个人都会造成伤害，那些最好的学生更难以幸免，因为这种做法会强化自私、狭隘的思维方式，给他们的长期发展带来负面影响。

游戏化教学模型力求解决精英制存在的这些问题，为此我们提出了以下问题：

- 我们怎么能让课堂上的每个学生都感到安全，感到受尊重？
- 如何让学生喜欢一起学习？
- 如何让学生具有全球意识和社会责任感？

简·埃利奥特的实验告诉我们，教室文化决定了学生的学业成就。教师视教室为一个所有学生都能相亲相爱、为建设更好的世界而共同努力的社群，那么每个学生的生命都会改变。爱（love）、社群（community）和使命感（purpose）将成为激励所有学生学习的动力。

要想培育学生的创造力，游戏化教学模型需要破除以往教育的三个不良习惯：

- 以往的学校只认可个人成就，但在工作中，人们通过合作来创新。因此，学校需要鼓励学生通过合作来迎接挑战。
- 以往的学校只在乎结果，因此学生总是试图走捷径，不在乎工作的过程。在真实世界中，只有聚焦工作过程，才能开发出具有创造性的产品。因此学校需要评价学生的学习过程，而非只关注考试成绩。
- 以往的学校将知识分割为不同的学科，但实际上，融合不同领域的逻辑和知识，将激发人们的创造力。因此学生需要跨学科思考和工作的能力。

接下来简要介绍一下本书的结构。本书分为四部分：成功、学习、创造力和游戏化。

第一部分《成功》中，我们将讨论美国精英制的起源和发展。我们将解释为什么根据智商挑选精英的做法是伪科学，而这种伪科学却因为少数精英大学中少数有权力的个体的鼓吹而支配了全球教育模式。我们将向读者展示，数十年的研究已经否定了智商高就能取得事业成功的观点。卡罗尔·德韦克关于成长型思维的研究告诉我们，是价值观、习惯和态度决定了成功。而勒内·斯皮茨（Rene Spitz）的孤儿研究和哈里·哈洛（Harry Harlow）的猴子实验发现，情感上的安全感决定了我们的价值观、习惯和态度。

在第二部分《学习》中，我们将目光投向安德斯·埃里克森的刻意练习理论。关于神经可塑性的科学研究将帮助我们理解刻意练习是如何起作用的。我们将深入大脑，探究大脑获得新技能的方式；还将回顾安全感这一主题，学习安全感是如何帮助我们发展记忆，并支撑潜意识的。

在第三部分《创造力》中，我们将探讨俄裔美国作家、哲学家安·兰德（Ayn Rand）关于创造力的原始理论，它是精英制的理论框架之一。兰德主张，天才个人引领社会前进，因此他们的创造力应该受到丰厚的奖赏。我们将驳斥她的理论，用米哈里·契克森米哈赖的心流理论来分析内部动机和外部动机的区别。这一部分的结尾，我们将再次回到本书开头讨论过的美国精英制的话题，说明为什么这种教育制度在全球范围内引发了创造力革命，却又对创造力形成了威胁。

在第四部分《游戏化》中，我们将整合前几部分内容，提出游戏化教学的框架。还将讨论为什么以及如何变革学校，才能帮助每个孩子成功。

…… ☆ …… ☆ …… ☆ ……

本书可以独立阅读，也可以视为我在 2014 年出版的《创新中国教育》一书的续集。《创新中国教育》是我的回忆录，记录了我的经历：出生于中国贫困的农村，移民到加拿大，在贫穷的社区中长大，获得耶鲁大学全额奖学金后加入精英制。这本书还记录了我在 2008—2012 年间试图在深圳中学和北京大学附属中学（以下简称北大附中）建设新课程模型的努力。

本书的第四部分和后记记录了我在中国继续推动以创造力为导向的教育的经历。我在 2012 年离开北京后，回到多伦多，通过长达数月的自我反思，发现不安全感和傲慢阻碍了我实现理想。

我花了一年多的时间，通过一系列课程，实现了个人的转变。这时我才第一次开始怀疑精英制教育的基础。2016 年春季开始，我在清华大学工作了一年，开发计算机科学课程，这一经验帮助我形成了游戏化教学模型的框架。2017 年春，我来到成都，与当地学校合作，继续开发、完善游戏化教学模型。

在这一人生旅程中，我遇到了我的妻子。2017 年 12 月，我们的孩子出生了，而这本书就像我们一起孕育的另一个孩子。2017 年夏，我妻子将我粗糙的观点绘制成鲜明的图画，作为本书的插图。在之后一年多的时间里，我访问了很多学校，在教师中测试我的想法。每次演讲之前，我都在妻子面前排练。2018 年 6 月中旬，她鼓励我把这些想法写成一本书。我过去写过几本书，多数都很失败，也没有出版。而且比起失败，写作的孤独更令我生畏。然而写这本书的过程与以前不同，因为妻子每天都会读我写的章节，鼓励我，同时提出建议和反馈。没有她，我不可能完成这本书，因此我把这本书献给她。

我的孩子也成为我写这本书的动力。看着他一天天成长，我对本书中提到的很多科学理论有了更深刻的认识，尤其是关于安全感和神经可塑性的理论。每当看到他，我就认识到自己必须完成本书的理由：作为一名父亲，我有责任为给所有孩子创造一个更好的世界而奋斗。

变革全世界的教育制度绝非易事，但我们内心对孩子、对彼此的爱源源不绝，这是推动世界的无穷力量。

第一部分

成 功

科南特在哈佛大学读本科时已经读过《理想国》，所以他知道要让美国人民接受精英制的规则，也需要一个“高尚的谎言”。幸运的是，已经有人为他编制好了这个谎言——一种并非科学但显得很科学的理论。这就是智商理论。它支持了精英制的崛起。

第一章 全球精英制的崛起

1. 美国的民主

1831 年，年轻的法国贵族阿历克西·德·托克维尔（Alexis de Tocqueville）出发前往美国。他的目的是寻求一个问题的答案，这个问题已经缠绕他的国人几十年之久。1776 年，美国宣告从英国独立；13 年后的 1789 年，法国大革命爆发。然而，美国日渐繁荣强大，法国却频频遭受内乱和外国的侵袭。为何美国人开创了历史，而法国人却步履维艰?

托克维尔穿越了广袤的大地，最终在无尽的荒地和充满希望的人群那里找到了答案。在他的名作《论美国的民主》中，托克维尔认为，美国无限的土地是使民主天然生长且不会遭到破坏的决定性因素。欧洲移民为逃离贫穷、悲惨的生活来到美国之后，相互之间获得了平等的身份。即使是欧洲贵族，在面对大自然的力量时，也必须投身于艰苦的体力劳动。

> 欧洲人新建的一切殖民地，如果说不是发展了完全民主的萌芽，至少可以说是保留了这个萌芽。造成这个结果的原因有二：可以说移民在离开祖国的时候，一般都没有你比我优越或我比你优越的想法，认为幸福的人和有权有势的人都不会去流亡，贫穷和灾难是平等的最好保障；但是，也有一些富人和大领主因为政治或宗教纷争而被赶到美洲，在那里制定了一些贵贱有别的法律，而人们不久就发现美洲的土壤与领主贵族制度格格不入。人们认为，为了开发这

块不易开发的土地，只有依靠土地所有者本人的不断努力和经常关心。虽然有了土地，但土地的出产并未多得使地主和农民可以同时致富。因此，土地自然被分成许多小块，由所有者自己耕种。[1]

土地极多和人力稀缺两个因素共同奠定了美国“条件平等”（equality of condition）的政治基础和社会基础。托克维尔发现，缺乏世袭财富迫使每个美国人必须进行自我学习和自我完善，从而获得个人成功。而一定的文化水准，也使他们具有了监督政治家的政治能力。

托克维尔指出，当国家工业化之后，财富开始积累，但美国的幸运之处在于，那些在商业竞争中失败的人仍然可以选择向西迁徙，在“一条条源头永不枯竭的河流，一块块湿润青葱的绿野，一片片没有触过犁铧的无边无际的土地”[2]上重新安家立业。由于拥有这样的机会，而不是只能走被资本剥削这一条路，民众在资本家面前赢得了相对平等的地位。

对于托克维尔来说，美国精神既充满平等，又鼓励个人奋斗。欧洲贵族政治视二者为洪水猛兽，而美国民主却借此走向繁荣。

在法国，人们把趣味单纯、习惯朴素、家庭情感、安土重迁视为国家安宁幸福的最大保证。但在美国，好像再没有什么东西比这些美德更有害于社会了。……

今天，美国为人们提供了无边无际的土地，只要你勤劳，可以任你开垦。

在美国，知识大有用武之余地，因为所有的知识既可能为有知识的人带来好处，又可能对没有知识的人有用。这里不怕出现新的需求，几乎所有的需求都容易得到满足。激情的变化过速亦不足为惧，几乎所有的激情都能找到有益的和容易发泄的场所。这里也不会使人过于自由，因为他们从来也未想让人滥用自由。[3]

托克维尔的观察在欧洲引起了人们极大的兴趣，在美国也产生了很大影响。受《论美国的民主》的启发，美国人弗雷德里克·杰克逊·特纳（Frederick Jackson Turner）做出了本地语境下的诠释。

托克维尔看到了美国民主的繁荣和胜利，20 世纪初的特纳则看到了其危机。边疆已被征服，大地被纵横交错的铁路相连。资本家占有大量财富，而移民则涌入他们的工厂。人人平等随着拓荒时代一起消亡，美国社会的分层日益明显，这是托克维尔从未想到的。特纳提出的解决方案是：让人人享有高等教育。他认为，这将永远改变美国社会。

2. 拓荒者精神

弗雷德里克·杰克逊·特纳出生于 1861 年，这是美国南北战争开始的一年。南北战争是两个相互竞争的经济体系——相信自由劳动力及自由市场的工业化的北方和依赖奴隶劳动的以农业为主的南方——的战争，这场战争决定了美国的命运。特纳出生于美国威斯康星州一个富裕的家庭，这里位于美国的边疆①，因此在战争的开始，特纳与战争绝缘。后来北方获胜，铁路使西部边疆成为东部资本主义市场的一部分。看到边疆的土地和人民被吞噬，特纳想知道这对美国的民主意味着什么，而他的想法令他不寒而栗。

和多数生活在边疆的人们一样，特纳喜欢《论美国的民主》中的这一句话："在联邦的边远地区，或在人口稠密地区与荒野的接壤地带，有一些大胆的冒险家在那里落户。他们为了不在家乡挨饿受穷，而不怕艰险，深入到美国的荒僻地区，在那里建立新的家园。"[4]

---

① 从 17 世纪英国殖民者定居北美大陆开始，北美大陆上的人口就持续向西迁徙，因而居住地也不断向西扩张。已定居地和尚未定居地之间的边缘地区被称为美国的边疆（The American Frontier）。美国的边疆不仅是历史和地理概念，也是文化概念。特纳认为，美国边疆推进的过程，定义和塑造了美国的国民性。——译者注

特纳非常喜欢这句话，这句话赋予他“边疆假说”的灵感。这一假说是关于美国历史最大胆的论述。特纳认为，是他的父母和邻居这些生存在美国社会边缘地带的“大胆的冒险家”，使美国的民主充满勃勃生机。

在托克维尔访问美国的50年后，特纳看到，早期移民所逃离的欧洲不平等状态，在大西洋彼岸被复制。持不同政见者、受压迫者开始离开美国东海岸，到西部边疆去寻找新的命运。特纳认为，这些拓荒者在驯服新土地的努力中，收获了一种美国特有的创造性精神，这种精神使美国民主经久不息。

> （边疆）给拓荒者提供了无休止的能量之源，使他拥有了判断和行动的能力、对自由的信念、选择的自由，以及对阶级不平等的抵抗，给他注入了生机与力量。即使在新开辟的林间空地上休憩时，拓荒者也能对新的社会秩序产生创造性的洞见。在想象中，他使森林的边缘让位于强大的国家，使林间木屋成为伟大城市里高耸的建筑。在他的律令中，他的子孙应该拥有教育、舒适的生活和社会福利。正是为了这一理念，他承受荒野在他身上刻画的伤痕。在这样的想法中，他的任务成为高贵的使命，成为民主国家的深刻基础。[5]

当工业化的北方在南北战争中获胜后，美国踏上了工业化的道路，同时也将“大胆的冒险家”转化为顺从的劳动力。随着移民洪水般涌入这个国家，劳动力的增长稀释了他们在资本家眼中的价值和尊严。民主走向衰退，美国陷入与之前的欧洲相似的政治混乱。

特纳认为自己是一个边疆人，他职业生涯中的大部分时间都在威斯康星度过。在他成为当时最知名的历史学家之后，哈佛大学于1910年向他发出了邀请。他来到了哈佛大学，并在那里退休。

哈佛大学自1636年成立以来，一直服务于美国东海岸的上层阶级家庭。对于边疆的人们来说，它给人的感觉，就像欧洲一样遥远。南北战争结束之后，工业财富爆炸式增长，新资本涌入哈佛大学，使其成为一所全国性的大学。此后，哈佛大学开始将欧洲的启蒙文化传给一代新贵的子女。

特纳在东海岸上层精英环绕的哈佛大学中仍然相信，边疆精神将决定美国未来的命运和美国民主的存亡。他对欧洲式的精英主义心存厌恶，在哈佛大学，他的这种态度更加明显。他的最后一篇论文《拓荒者的理想和美国大学》（Pioneer Ideals and the State University）发表于1922年，在他退休之前不久。在这篇文章中，特纳呼吁联邦政府建设公立大学，以保护和滋养美国的民主制度和精神。

特纳首先强调，拓荒者以保卫和耕耘自身土地一般的激情，捍卫和培育了美国的民主及创造精神。是驯服土地的经验，教给拓荒者灵活、坚韧和自我重塑。

> 拓荒者从经验中学到，边疆不会自动推进，只有通过辛勤的开荒和耕耘才会推进。他不得不发明旧工具的新用法，改变过去的习惯、风俗和观念以适应新的环境，在旧方法不再适用的时候找到新方法。他在开垦新土地的同时，也在建造新的社会。他拥抱变化，不因循守旧。他反叛传统。[6]

在这一重塑自我的过程中，拓荒者坚定地相信，只要给予恰当的机会，人人都能应对挑战。

> 每一个拓荒者都和他的邻人一样好。他们拥有同等的机会、同样的条件。经济平等带来政治平等。在西部，人们普遍拥有一种乐观主义的坚定信念，相信人人独立自主而平等。民主成为拓荒者的信仰。他热情地相信，他在建设一个自治、服务于大众福祉的自由新社会。[7]

托克维尔认为，少量人口试图征服广阔土地的经历，造就了美国民主的独特性。特纳则看到，工业财富的集中和大量廉价移民劳动力的涌入稀释了民主。边疆已然关闭，美国人民需要寻求新的自我重塑的疆土。

特纳相信这片新疆土就是人的精神。

因此，特纳提倡面向大众的公立高等教育，希望美国大学能够再次凝聚拓荒者精神。

> 早期拓荒者是个人主义者，是寻求未知的探索者，但他还没有完全理解生活的丰富与复杂，没有充分利用个人主义和探寻发现的机会。他站立在昏暗的森林中，正如旅人站立在阿尔卑斯山的村落里，迷雾遮盖了一切，只能看到肮脏的小屋、遍布石头的地面，以及泥泞的小路。但是突然一阵风吹走了迷雾，冰雪在他面前延伸，深渊在他脚下敞开，当他抬起眼睛，宏伟的马特峰劈开稀薄的空气，在远远的高处耸立着。一个新世界在他面前展开。大学的功能也是一样，它向人们呈现生命的神秘和光荣，开启人类理性的欢欣和成就，保存过去的文化，展示宇宙的美丽，向灵魂打开责任与力量的大门。大学必须给予诗人与画家、作家与教师、科学家与发明家、音乐家与预言者——所有令生命更高贵的人以荣耀；必须重新点燃拓荒者对创造性的个人主义的热爱，并将其用于更好的用途，为其提供精神的氛围，让人格在这里得到提升；必须抑制在平庸的社会大众中过分强调繁荣和政治理想的倾向。简而言之，大学必须献身于社会的福祉和丰富的精神，必须在人群中唤醒新的品味与新的雄心。[8]

特纳相信，对于美国的民主来说，教育和边疆一样有着重要且富有变革性的意义。粗犷而冷漠的边疆能够磨砺人，使他们成为充满创造力、勇气和适应能力的个人；高等教育也能够塑造美国人，使他们成为富于想象、见多识广、充满激情的灵魂。边疆拥有变革的力量，因为边疆开放、自由、充满挑战；高等教育也必须如此，才能成为新的边疆。这是高远的梦想，恐怕也是拯救美国民主的绝望呼声，因为人人平等已经让位给了极度不平等。

巧合的是，一名叫作詹姆斯·布赖恩特·科南特（James Bryant Conant）的年轻人大约与特纳同时来到了哈佛大学。科南特本科和研究生阶段都在哈佛大学就读。我们不知道科南特是否上过特纳的课，但由于特纳如此有名，我们可以猜测，科南特就像当时哈佛大学的所有学生一样，对特纳的观点很感兴趣。但是不同之处在于，科南特的同学们只能仰慕这位伟人的思想，而科南特后来却成为哈佛大学的校长，拥有了使特纳梦想成真的力量。

也许科南特在感情上能够认同特纳的观点，但是作为哈佛大学的校长，他的首要目标是确保哈佛大学的权力和特权长盛不衰。因此，在推动特纳的愿景时，他将特纳这一平等、民主、开放的理想变为精英主义、筛选性和等级制的现实。

3. 科南特的“天选之子”

詹姆斯·布赖恩特·科南特的世系可追溯至随五月花号来到美国的清教徒。他虽然来自古老的家庭，但在 1909 年到哈佛大学攻读学士及后来的化学博士学位期间，他还只是哈佛大学的局外人。他的家庭足够富裕，能够为他建造一间实验室，以满足他自 10 岁起就燃起的对科学的热情，然而相较于那些富有的同学，他的家境就是小巫见大巫了。他中学就读于美国最古老的私立学校——罗克斯布雷拉丁语学校（Roxbury Latin School），但他是通过严格的入学考试，凭借奖学金才获得入学资格的。科南特身材矮小，皮肤苍白，且近视，这使得他永远不会像他的知名校友——西奥多·罗斯福（Theodore Roosevelt）那样，在橄榄球的球场上取得成功。

事实上，科南特在同学中不受欢迎。他是个书呆子，除了刻苦学习之外什么都不知道。而在当时，哈佛大学最受欢迎的活动是橄榄球和聚会。即使是哈佛大学的教授都不热心于学术，给学生分数也十分随意。美国最富有人群的儿子们来到哈佛大学，学习绅士的言行举止；而绅士看不起实用性知识的学习。

然而科南特对待学习很认真，对哈佛的风气并不全盘接受。他已经规划好了自己的人生，树立了三个主要的目标：首先成为美国最知名的化学家，然后通过在科学界的成就当上哈佛的校长，最后借此获得政治影响力，以重新设计美国的教育和科研机构。他师从化学系主任，两人关系非常好，后来他还娶了恩师的女儿。

科南特不擅社交，喜欢书本甚过喜欢人群。然而他的野心太大，而且孤独的天才在哈佛很招人厌恶，所以他不得不努力讨同学的欢心。加州大学伯克利分校社会学教授杰罗姆·卡拉贝尔（Jerome Karabel）在其著作《被选中的：哈佛、耶鲁和普林斯顿的入学标准秘史》（*The Chosen: The Hidden History of Admission and Exclusion at Harvard, Yale, and Princeton*）里描述了科南特是如何竭尽全力适应哈佛大学环境的。

> 通过艰苦的努力，科南特在哈佛大学复杂且高度竞争的社会等级中终于争得了一席之地。这是一项不小的成就，只有经过艰苦努力才能实现。科南特是一个自我意识和自控力很强的人，他就像做科学实验一样，精心构建自己的公众形象，以获得想要的结果。“微笑，该死，微笑！”他在大一时的日记中这样写道。他在第一个微笑下面画了四道横线，在第二个微笑下面画了十道横线。这种严格的努力奏效了，他不仅获得了同学的欢迎，也获得了年轻女士们的欢迎。[9]

1933年，科南特成为哈佛大学的校长。在之后的20年间，他使哈佛大学成为像他自己一样成就卓著的年轻人的家园。他招募了最优秀的人才，使哈佛大学成为世界知名的研究型大学；他还用奖学金吸引了来自不同背景的最优秀、最聪明的学生。他的目标是让这些“天选之子”进入即将统治美国的技术官僚机构，使哈佛大学在美国社会中拥有极大特权。

记者尼古拉斯·莱曼（Nicholas Lemann）在其著作《美国式“高考”：标准化考试与美国社会的贤能政治》（*The Big Test: The Secret History of the American Meritocracy*）中指出，科南特是美国精英制之父。

这种精英制实际上抛弃了传统的WASPs①贵族血统制，尽管科南特本人曾经是这种贵族制中的一员。

> 科南特的目标是抛弃这种现存的非民主的、血统决定的贵族制，而以头脑聪明、受过良好教育、具有公共精神、来自不同背景的新的精英取而代之。这些人（确切地说，男人）将领导这个国家。他们将管理大型技术型组织，这些组织构成了20世纪后半叶美国的基石。他们将创造一个前所未有的体制，这一体制将为所有美国人提供机会。科南特认为，正确地选择新的精英将促进民主和公正。制造一个新的领导阶层和新的社会结构，是一个大胆的计划——这是一场静悄悄的革命。[10]

为了实现这场革命，总设计师科南特指派亨利·昌西（Henry Chauncey）作为他的副手和总工程师。他们两人截然不同，科南特是哈佛大学野心勃勃的局外人，而昌西在哈佛大学则如鱼得水。昌西的一位祖先是剑桥大学教授，后来成为哈佛学院第二任院长。昌西在哈佛大学橄榄球和棒球都打得非常好，连职业球队都来招募他加入。然而作为圣公会牧师家庭高贵世系的一员，昌西没有成为运动明星，而是将精力投入重整美国社会的伟大事业中。当科南特成为哈佛大学校长，决意推动国家更加精英化时，昌西成为他第一个也是最热心的追随者。

在科南特的支持下，昌西将学术能力测试（Scholastic Aptitude Test，简称SAT）作为哈佛大学的录取测试。这一做法获得极大成功。1947年，昌西创立了美国教育考试服务中心（Education Testing Service，简称

---

① WASPs是White Anglo-Saxon Protestants（白人盎格鲁—撒克逊新教徒）的缩写，意即英国移民后裔的美国白人新教徒，他们构成了美国传统的精英阶层。特别在20世纪中叶以前，WASPs精英在美国社会拥有强大的政治、经济和文化影响力，通过通婚、继承和裙带关系维持自身的垄断地位。尽管WASPs的社会影响力自20世纪40年代有所下降，但该群体仍在政治、金融等领域占据重要地位。——译者注

ETS)，在全国推行 SAT 测试，使得最优秀、最聪明的人才能够在美国社会的顶端占有一席之地。

4. 选择、分类和鉴别学生

科南特成为美国最有影响力的学府的校长，正值一个危险的时期。“大萧条”粉碎了公众对现状的信心，而法西斯主义的崛起对美国民主造成了威胁。科南特尊敬托克维尔和特纳，但当他重新定义 20 世纪的美国民主时，他有意错误解读了两位先知。

托克维尔和特纳都强调，经济平等是政治自由的基础。但在“大萧条”时期，经济不平等已经威胁到民主和社会的稳定。美国似乎已来到革命的边缘，社会主义观点影响了成千上万人。

作为哈佛大学的校长，科南特必须维护校友的利益。这些校友向哈佛大学慷慨捐赠，但他们的贪婪也导致了“大萧条”的发生。科南特不能推翻这些特权阶层校友的领导，只能让他们的领导更容易被美国人接受，直到他们慢慢被更好的领导者取代——那些贤能者、智力精英，科南特的天选之子。在这个过程中，他必须确保哈佛大学始终拥有权威，以决定什么人更有价值。

为此，科南特采纳了特纳建设免费公立大学体系这一民主和平等的观点。从哈佛大学到华盛顿，他一生都在宣传这个观点，但做了一个微小的修改。特纳提倡条件平等，希望哈佛大学的特权能够被公立大学稀释，而科南特则强调“机会平等”(equality of opportunity)。科南特相信不是每个人都有智力上的天赋，对他们提出这样的要求既不公平也不明智。大多数民众最好上职业或技术学院。更实际、更明智的做法，应是保证最有价值的人能上哈佛大学，无论他们出身怎样。

“高等教育的至少一半任务是选择、分类和鉴别学生。”科南特在他的文章《美国大学的使命》(The Mission of American Universities)

中写道。1938 年，科南特在另一篇发表于《哈泼斯杂志》（*Harper's Magazine*）上的文章《高等教育的未来》（The Future of Higher Education）中，解释了根据智力区分学生、帮助学生定位自我的重要性："如果给无法应用这种训练的人提供高等教育，将是社会的一个极大的错误。"

机会平等是科南特在职业生涯中始终宣扬的观点。同时，他又将条件平等诠释为"结果平等"（equality of rewards），因为他知道多数美国人都反感这种观点。虽然时代政治令科南特必须对特纳予以合理的尊重，但他的观点实际上来源于一位更古老的哲学家。

柏拉图（Plato）在公元前约 427 年出生于雅典一个最富有、最古老的家族，他是苏格拉底（Socrates）的忠实门徒。苏格拉底于公元前 399 年因为反民主的教学在雅典受审。在导师苏格拉底被判处死刑后，柏拉图创立了学园，传播苏格拉底的学说。

柏拉图曾是一位剧作家。他运用自己的写作才能，使他的老师苏格拉底的学说广为人知。柏拉图在他最著名的作品《理想国》中解释了在苏格拉底的理想社会中，最明智、最高贵的人能够统治其他人。

> 言归正传，我们必须寻找坚持原则孜孜不倦为他们所认为的国家利益服务的那些护卫者。我们必须从他们幼年时起，就考察他们，要他们做工作，在工作中考察他们。其中有的人可能会忘掉那个原则，受了欺骗。我们必须选择那些不忘原则的、不易受骗的人做护卫者，而舍弃其余的人。你同意吗？
>
> …………
>
> ……你知道人们把小马带到嘈杂喧哗的地方去，看它们怕不怕；同样，我们也要把年轻人放到贫穷忧患中去，然后再把他们放到锦衣玉食的环境中去，同时，比人们用烈火炼金制造金器还要细心得多地去考察他们，看他们受不受外界的引诱，是不是能泰然无动于衷，守身如玉，做一个自己的好的护卫者，是不是能护卫自己已受的文化修养，维持那些心灵状态在他身上的谐和与真正的节奏（这样的人对国家对自己是最有用的）。人们从童年、青年以至成年经过考验，无懈可击，我们必须把这种人定为国家的统治者和护卫

者。当他生的时候应该给予荣誉，死了以后给他举行公葬和其他的纪念活动。[11]

苏格拉底认为雅典的民主有缺陷，因为雅典的民主主张人人生而平等且自由。他认为这毫无道理，因为只有少量被选中的人才拥有政治上的美德，这意味着政治平等的虚幻将压抑美德。

苏格拉底难以说服雅典人。民主确实是一种存在问题的政治制度，因为一旦雅典人相信他们是自由且平等的，就不愿放弃他们的权利。因此，就需要设法哄骗他们相信人生而不平等。而由于人们是迷信的，那么就可以用虚构的人类起源说使他们相信，苏格拉底称之为“高尚的谎言”。他建议宣传这一观念，即人们是由不同金属构成的。

科南特在哈佛大学读本科时已经读过《理想国》，所以他知道要让美国人民接受精英制的规则，也需要一个“高尚的谎言”。幸运的是，已经有人为他编制好了这个谎言——一种并非科学但显得很科学的理论。这就是智商理论。它支持了精英制的崛起。

5. 刘易斯·特曼的圣战

智商（IQ）是法国心理学家阿尔弗雷德·比奈（Alfred Binet）首次提出的。为鉴别有学习障碍的孩子，他在 1904 年发明了一套量表，以使他们能够接受治疗服务。他知道一些孩子出于基因及社会经济背景的共同作用，在智力上发育得不如同龄的孩子。他认为采用干预措施能够帮助这些孩子克服出生的不利因素。

如果有人向比奈提出，使用他的发明来鉴别或定义不同的人群，他一定十分震惊和气愤。他会指出，这种行为既不科学，又不道德。人的智力无法被精准定义，更无法被精确测量。误用智力测验会禁锢那些弱势群体，使他们永居人下。

很不幸，为达到自己的目的而应用比奈研究的人，认为自己不需要获得比奈的允许和指导。刘易斯·特曼（Lewis Terman）是一名心理学家，斯坦福大学教育学教授。他率先使用智力测试，尤其是他的斯坦福—比奈测试（Stanford-Binet IQ Test），来鉴别社会的成功者与失败者。这一做法在美国加入“一战”期间获得了支持。美国动员了170多万士兵参加一战，斯坦福—比奈测试被用于挑选军官，且颇有成效。该测试能够筛选出记忆力强、数学水平高、词汇量大的人，这些人在军队体制中可以成为成功的中层领导。

战争结束后，特曼对他的事业更加投入。1921年，他开始跟踪研究高智商儿童的生活，试图证明智商决定命运。

然而特曼的研究存在很多问题。他用智力测试筛选出1400余名儿童，他们大多数都出自加州的上层中产阶级白人家庭。他没有将类似出身但智力分数较低的儿童作为对照组，也没有对智商高的白人和非白人儿童进行区分。他筛选出的研究对象都很健康，且拥有获得成功的意愿及动力。特曼没有在实验中保持中立观察者的态度。他为这些儿童宣传，他们被称作“特曼儿童”（Termites）。特曼亲自指导其中一些孩子，甚至动用关系，把他们招进斯坦福大学。

即使在特曼的种种干预下，特曼儿童仍然未能达到他的期待。特曼于1956年去世，未能完成他的研究；但是在那时已能看出，这些孩子并未像他期望的那样，成为美国的领袖。有一些特曼儿童较为成功，但多数过着平凡的生活。作为一个整体，特曼儿童比一般儿童更健康，寿命更长，婚姻关系也更稳定；但是后来的研究表明，从美国中产阶级白人家庭中随机选择样本，也会产生同样的结果。也就是说，如果特曼使用对照组进行了严谨的研究，他会发现智商和人生的成功没有什么相关性。

但是与其说特曼是一名科学家，毋宁说他是一个宗教战士。他是优生运动的重要成员，这一运动团体由美国本土出生的WASPs组成。而天主教移民和犹太移民涌入这个国家，填充这个日渐庞大的工业机器，令他们充满警觉。由于这些移民一般人丁兴旺，而WASPs生育较少，优生论者深感不安。他们害怕自己的基因被稀释，所以试图利用智力测试限制移民数量。移民在智力测试上分数不高，这被特曼作为他们先天低劣的根据。

随着时间的推移，研究者发现，阿尔弗雷德·比奈是正确的。学校教育和父母更好的养育可以提升智商，因此移民孩子的智商比他们的父母更高。特曼如果能抛弃偏见，本应在研究中发现自己的理论有缺陷。

詹姆斯·科南特和亨利·昌西很可能知道特曼智商论的问题，但并不在意。因为对他们来说，智力测试就是那个"高尚的谎言"，他们可以借此构筑他们理想的世界。苏格拉底认为某些人具有与生俱来的美德，美国人不会相信这种观点。然而他们却愿意接受一种伪科学的概念，认为有些人生来智商就高，他们比富裕的人更配得上哈佛大学的教育。

科南特和昌西在哈佛大学录取中使用 SAT 达到了两个目的。第一，吸引了最雄心勃勃、奋发努力、精于算计的学生——这些学生更容易在日趋技术官僚化的美国取得成功。第二，让哈佛大学在大众中获得了公正、公平的名声，实际上其录取程序严重偏爱有钱校友的子女。

SAT 在哈佛大获成功，科南特和昌西决定创立 ETS，在全国推行 SAT。SAT 看起来是一种能够决定每个美国学生命运的公平而又聪明的方法，以至于只有一个有影响力的学者反对。

讽刺的是，这个人正是 SAT 的发明者。

卡尔·布里格姆（Carl Brigham）是普林斯顿大学的心理学教授，他是一个优生论者，相信智力测试，并且创造了 SAT 用于普林斯顿大学的录取。然而随着越来越多的证据挑战智力测试的有效性，布里格姆守住了科学家的底线，没有像特曼一样沦为圣战战士。他推翻了自己年轻时的学说，不再承认 SAT 或智力测试的有效性。

当布里格姆听说科南特和昌西主张成立全国性的考试机构时，他提出两点担忧。首先，基于一生的研究，他了解 SAT、斯坦福—比奈测试和任何智力测试都存在偏差。如果推广到全国，许多人会因此受到不公平的对待。其次，他认为全国性的考试机构必然以实现自身的机构目标为第一要务，难免为了维护机构自身利益而不愿纠正 SAT 的偏差。布里格姆担心，全国性的考试机构——无论其意图和工作人员有多么高尚——最终会成为一个秘密的官僚组织，而非科研机构。

假如这样，这种精英制不仅会对教育产生不良影响，更会威胁到美国的民主和创造精神。

要理解为什么会这样，就需要回顾特纳的“边疆假说”。特纳相信，开放的边疆是美国民主和创造力的基石。大自然迫使早期拓荒者依赖自己的智慧，迎接征服边疆过程中不可预知的挑战。这一经历使他们成为自由和平等的捍卫者。当边疆不再，特纳认为，联邦政府应该投资建设公立大学，使其成为 20 世纪的“边疆”——自由、开放，通过文明的传承为人们提供挑战，让他们拥有更有智慧的灵魂。

如果边疆存在反义词，特纳会说，那就是官僚机构。假如边疆不是崎岖不平的荒野，而是需要人们付费参观的国家公园，那么缺少了未知领地带来的危险和不确定性，这种经验也不会具有变革的能力。

让我们再来想象，这些国家公园有不同级别，来访者需要依照考试成绩被分配到不同的公园。特纳和每一个美国人一样，将视此为对民主的背弃。而且更不公平、不公正的是，官僚主义者控制了这一体系，将考试和筛选的过程变得既神秘又复杂，以保障自身在这一体系中的特权。

这就是科南特倡导的高等教育体系。可惜，布里格姆只是一名学者，而科南特却是高等教育界最有名的权威。“二战”中科南特是“曼哈顿计划”的首席非军方顾问，“二战”后他成为美国教育科研体系的总设计师。

“二战”胜利后，世界迎来了美国的世纪。历史被改写，科南特使用他在哈佛大学和华盛顿的影响力和特权，保障他的“天选之子”成为统治者。

6. 精英制的崛起

1958 年，当科南特的精英制在美国冉冉升起之时，英国社会学家迈克尔·扬（Michael Young）发表了一部讽刺精英制的作品——《精英制的崛起》（*The Rise of the Meritocracy*）。在其中，扬虚构了一个 21 世纪初由精英制统治的英国。

这本书描述了“二战”后，英国想实现经济转型，并决定采用一种最公平也最快速的方法——让那些智商最高的人上升到权力结构的顶部，公众也快速接受了这一观点。在扬的想象中，精英制起初确实见效了，国家治理得更好，经济发展也更快。

扬指出，精英制最奇异的讽刺之处，在于左翼成为其最热心的支持者。

> “进步的”政府有时候要面对这样的情况，即教师主动要求引入智力测试。而且研究证明，传统的教师报告和考试对来自较低经济阶层的儿童不利，因为教师会下意识地偏爱来自自己阶层的孩子，老式的考试也对文化水平较高的家庭有利。而智力测试更少偏差，对社会公平更有利，即使是激进左翼政府对此也难以无视。[12]

在扬的作品中，英国以极大的热情拥抱了科南特的机会平等。善意的权力机构设计了工具和机制，确保那些智商高的穷人家的孩子不会因家庭环境而受到歧视。那些曾经被用来压制聪明的穷人的公共政策得到修改，让愚笨的富人让位给聪明的穷人。社会精英需要周期性地接受智力测试，以剥夺愚笨富人的特权。

当社会重组之后，社会流动性不再，经济不平等固化。然而公众更能容忍精英制的不平等，而非贵族制的不平等。偶有智商低的父母生下了智商高的孩子，这样的例子受到媒体的极大关注，以至于即使是最穷的父母也相信，他们的孩子或许也能成为这场基因博彩中的幸运儿。在扬设想的这种英国精英制中，智商是“高尚的谎言”，而这种虚幻的社会流动性确保了社会稳定。

扬设想的精英制是历史上最多元、最开放的。无论是女性、少数族裔还是同性恋者，只要智商高，就能进入精英的行列。但是随之而来的则是最不平等、分层最严重的社会，因为精英制吸收了所有具有足够智商、能够质疑这一制度不公平性的人们。本来能够成为穷人领袖的那些人愉快地加入了精英制，用他们的天赋智力维持现有秩序，而非打破结构性的不平等。

在扬这部讽刺作品的结尾处，精英试图把自己塑造为新的贵族。科学家利用自己的权威试图欺骗公众，说服他们相信智商是遗传的。为维护这种伪科学的可信性，他们设法鉴定并绑架贫穷家庭中智商高的孩子。公众知道自己被愚弄了，但是他们没有能够组织他们开展有效政治行动的领袖。最终公众暴动而无果，精英制使英国陷入了永久的混乱和经济的萧条。

托克维尔、特纳、布里格姆和扬都认为，精英制有一个致命的缺陷：如果知识精英垄断了学习，久而久之，他们就会将他们的智力用于维护这种垄断，而非用于知识再生产。他们将保护自身特权，编织他们不可能失败的幻象，并控制谁能成为“天选之子”。精英们虽不断拣选社会上最聪明、最优秀的人，但保守秘密、把其他人和新观点拒之门外的这种过程，将破坏他们的创造力，久而久之，他们自然会滑向平庸。

唐纳德·特朗普（Donald Trump）当选和英国脱欧，使我们清楚地看到，扬的作品并非讽刺，而是预言。扬最有预见性的观点是：贵族知道他们是因为出身而获得地位和特权的，所以他们中的很多人心怀一种深深的内疚，感到自身肩负着一种道德责任，要使这个世界变得更好。而智力精英却不是这样。他们认为自己的特权是靠能力挣得的，所以毫无愧疚。如果别人穷，那是因为他们又懒又蠢。

美国知识分子如今才刚开始意识到精英制对美国的民主、社会流动性和公共道德的阉割。美国律师、记者史蒂文·布里尔（Steven Brill）是精英制的一员。他是犹太人，申请进入耶鲁大学就读——犹太人曾经是常春藤大学录取中最受歧视的族群。好在他申请大学时已经是精英制的 20 世纪 60 年代，不是血统论的 20 世纪 40 年代，所以他没有受到出身的不良影响，并依靠个人智力和雄心收获了财富和名声。显然，他曾认为世界很完美。

然而后来发生了 2008 年金融危机，再后来特朗普当选总统。美国从未如此不平等，几乎处在另一次大萧条的边缘。数据显示，10% 富有的美国家庭几乎拥有全国近 80% 的不动产、超过 90% 的有价证券、约 60% 的银行存款。[13]

美国受过高等教育的精英不仅没有意识到他们垄断知识带来的负面结果，相反还把责任推到教育水平低的大众身上。布里尔在他的新书《失控：美国 50 年失败背后的因素和力挽狂澜的人们》（*Tailspin: The People and Forces Behind America's Fifty-Year Fall-and Those Fighting to Reserve it*）中提出了反对意见，认为精英制正在侵蚀美国民主。

> 那些最有才能也最有雄心的人，推动美国人追求并实现了美国梦。然后，他们以一种历史上前所未见的方式，固化了他们的成功，操纵并拉拢本来可以制约他们的政府成为同谋，然后撤掉梯子，使其他人无法分享他们的成功，或者挑战他们的地位。[14]

科南特的愿景是使精英制保障所有美国人获得机会平等，但他没有想到，精英们一旦爬上了权力的阶梯，就撤掉了其他人的梯子。他也没有预料到，他的“天选之子”一旦获得权力，就开始操纵游戏规则，使之有利于自己，并确保他们的特权能够传递给子孙。在今天的精英制里，穷人的孩子无法和那些能够付得起 SAT 家教费和私立学校学费的家庭的孩子竞争。

也许，科南特并不在意这些？

我们需要记得，科南特奠定了美国精英制的基础，因为他的首要目标是保住哈佛大学在美国顶层社会中的特权地位。社会学家杰罗姆·卡拉贝尔经过数年对哈佛大学、耶鲁大学和普林斯顿大学录取历史的研究，得出结论：这些学校更重视的，是在一个不平等的社会中维持自身地位，而非建设一个更自由、更平等的社会。

> （精英大学录取制度）的实质是维护财富和权力极度不平等的社会秩序。在整个 20 世纪，三大名校的一些极具远见的领导者为此做出了巨大贡献。他们的方法之一是在美国社会“机会平等”的意识形态受到挑战、社会要求条件平等之时，使用录取政策提高个人的流动性。
>
> 机会平等主张个人上升的机会不应该受到社会出身或与生俱来

> 的特征（种族、性别）的限制；而条件平等则主张应该尽量限制财富、权力和身份的不平等。这两者之间的区别成为三大名校贯穿整个 20 世纪的主题……从这个意义上说，精英制——机会平等，但由最具“精英”能力的人统治的社会——并不是平等社会的另一种表述，而是一种不平等的社会。[15]

卡拉贝尔发现，哈佛大学在 1952—1963 年间录取新生的 SAT 分数平均值上升了几乎四分之一，同时“父亲没上过哈佛大学的新生比例从 38% 降到了 16%”[16]。

卡尔·布里格姆的担忧已然成真，今天 SAT 已成为社会固化的一个主要工具。昌西的 ETS 一直主张 SAT 是对学生学术和智力潜能的评价，不受学生的社会经济条件和文化背景影响，而且无法投机取巧。但是许多研究者已证明，SAT 向富裕学生的生活经历和词汇极度倾斜。仅仅从学生的社会经济背景，就可以预测他们的 SAT 成绩。还有许多诸如卡普兰（Kaplan）这样的备考机构，正在帮助富有的学生掌握并操纵 SAT 的游戏规则。正如布里格姆的预测，ETS 对那些证明 SAT 偏差的研究证据一贯无视。

比奈和布里格姆的研究都遭到了扭曲，以服务于某些人的利益；而特纳关于民主、平等、开放的高等教育体系的设想，更受到了惊人的扭曲。高等教育体系不仅没有变成国家公园，而是更差：大学成为娱乐主题乐园，学生成为消费者。学生没有获得能启迪心智、荡涤心灵的严格教育，只获得了啤酒与橄榄球。

美国高等教育系统问题严重。学生贷款的总额已超过万亿美元，60% 的学生无法毕业。即使能够毕业，他们也没有做好走上工作岗位的准备——无数研究表明，多数美国公立大学的学生在四年中没学到什么东西。

同时，哈佛大学一年比一年富有，名声一年比一年大，申请的人数越来越多。对此，科南特一定十分骄傲。

7. 质疑精英制

我是精英制的直接受益者，而且生命中的多数时间都对精英制坚信不疑。

我于 1976 年出生在广东台山一个贫穷的农村家庭。1982 年，我父母、我和我弟弟移民到加拿大多伦多。我父亲成为一个洗碗工，洗了 30 年碗。我母亲是一个裁缝，拿的工资甚至还达不到最低标准，至今还在工作。我上的是多伦多的公立学校，努力学习，SAT 成绩很好，获得全额奖学金进入耶鲁大学学习。我成为精英制的一员，决意传播它的信条。1999 年，我从耶鲁大学毕业，决定回到中国，帮助那些虽贫穷但是有天分的学生进入精英制。我有四个学生进入耶鲁大学学习。

在北京教英语收入不高，社会地位也不高。作为一个年轻的耶鲁大学毕业生，我努力追求成功。之后的 10 年，我做过记者，拍过纪录片，在不同的职业中都取得了成功。我智商高，还有耶鲁学位，这应该能保障我获得成功的人生。

然而并非如此。我从一个职业跳到另一个职业，从未安稳，最终在快 30 岁的时候陷入了严重的抑郁。我回到多伦多，住在父母家的地下室里，开始怀疑我的整个价值观，尤其是耶鲁教育的意义。又花了很多年，经历了很多挫折，我才开始怀疑智商的价值，并且意识到精英制存在的缺陷。

在本书第三部分，我将深入讨论精英制的失败。现在让我们先集中思考智商有效性的问题。正如刘易斯·特曼的研究指出的，智商与成功并无多少相关性。我们的学校体系忽视了其他的东西，而这正是造成我无法稳定生活的原因。研究者发现，安全感比智商要重要得多，我将在下一章讨论其原因。

第二章
棉花糖实验

1. 高智商而无法戒烟的人

到了20世纪60年代中期，智商成为美国教育的主旋律（詹姆斯·科南特和亨利·昌西居功至伟）。但是仍然存在怀疑者，其中之一是斯坦福大学临床心理学教授沃尔特·米歇尔（Walter Mischel）。米歇尔是犹太人，其家庭从奥地利的纳粹统治下逃到美国。尽管当时学术界仍然存在反犹太的氛围，他本人却凭借高智商成功攀上了美国精英制的阶梯。

然而，米歇尔始终被一个问题困扰：他智商高，也在学术界获得了很大成功，但为什么就是戒不了烟呢？他每天要抽三包烟，他知道这对健康非常不利。但是知道归知道，无论他怎么努力，还是戒不了。这使他产生了一个想法，即智商（抽象推理和逻辑思维能力）与自控能力完全不同。由于刘易斯·特曼的智商研究就在斯坦福大学进行，米歇尔了解到，仅凭智商不足以解释人生的成功。他认为，也许自控力才是秘密所在；比起思考能力，做出正确决定并一以贯之，不是对人生成功更关键吗？

在20世纪60年代到70年代早期，米歇尔进行了一系列研究，称为“棉花糖实验”（The Marshmallow Test）。他选择了90名3—6岁、在斯坦福幼儿园就读的孩子，邀请他们来到自己的实验室进行一对一的谈话。在对话中，他会站起来，告诉参加实验的孩子，自己必须离开一会儿。然后他会在桌子上放一个铃铛和一颗棉花糖，对孩子说：“如果你不想等我了，你可以摇铃，我就会立刻回来，并且你可以吃掉这颗棉花糖。如果你能等到我回来，我就会给你两颗棉花糖作为奖励。”

有些孩子只等了一分钟就摇铃叫米歇尔回来，而有些孩子能够等上长达 20 分钟。

米歇尔及其研究团队对这些孩子进行了追踪研究——从他们上学，到工作，再到结婚。1990 年，米歇尔发表了他的实验结果：那些能通过棉花糖实验、在研究人员离开期间一直不吃棉花糖的孩子 SAT 分数更高，更有可能从大学毕业，也更健康、更快乐。

> 4—5 岁的孩子等待的时间越长，他们的 SAT 分数就越高，在青少年时期他们的社交能力和认知能力也更好。那些在棉花糖实验中等得更长的孩子到了 27—32 岁，他们的体重指数更低，自我价值感更强，能够更有效地追求目标，且能够更好地应对挫折和压力。相较于不能等待的孩子，能够等待的孩子（高延迟）到了中年后，其脑扫描图像在与成瘾性和肥胖相关的区域迥然不同。[1]

也就是说，一个关于自控力的简单测试比严格的智力测试更能够成功地预测人生。棉花糖实验促使人们将教育的重点从智商转向人格培养。

2. 不喜欢赞扬的学生

促使这一转折真正发生的，是米歇尔的一名同事。20 世纪 50 年代中后期，在卡罗尔·德韦克还在读小学的时候，她就对智商理论有所怀疑，但她的老师们却痴迷于此。SAT 和精英制的前景吸引了许多进步教育者，德韦克的六年级老师也加入了这一行列，把学生按智商排序。

> （威尔森太太，我的六年级老师）相信智商决定了一个人的一

切。她给我们按智商分配座位，只有智商高的学生才能获得信任，去举旗、擦黑板，或者给校长传递口信。她居高临下的评判态度令人头疼；而且她还造就了一种思维方式，让教室里的每一个人都只有一个目标：要显得像个聪明人，别显得像个蠢货。如果每次测试、每次提问都关系到我们整个人的存在价值，谁还会在乎或者热爱学习呢？[2]

德韦克属于“天选之子”。尽管她没有完全拒斥老师的关注，但她对此十分警惕。她注意到当自己或者同学答对了问题、做完了作业、考试成绩不错的时候，她的老师经常使用这三句话夸奖他们：“你真聪明！”“你做得真快！”“你做得毫不费力！”德韦克是个说话轻柔而敏感的孩子，这几句话令她十分紧张、害怕。

自己真的像老师说的那样聪明吗？她不确定，但也不愿失去他们的认可。“你做得真快！”“你做得毫不费力！”这两句话，在小德韦克心中意味着，老师认为她聪明是因为她数学题做得快，且看起来毫不费力。很快她发现自己在舒适区停滞不前，只做自己会做的题目，害怕犯错。

德韦克本科就读于哥伦比亚大学，博士就读于耶鲁大学。她在学术上不断前行的同时，一直受自我怀疑与不安全感的困扰。

最可怕的想法是我本平凡，因此我需要不断证明自己。别人的每一句评语、每一个眼光都意义非凡，都影响了我的智力分数、魅力分数、受欢迎程度。如果某一天我获得高分，那就是一个好日子。[3]

她的自我价值感是由他人的肯定决定的。一点点挫折、一点点批评，就让她陷入低落。

当我受到打击的时候，我会和自己对话，讨论这件事意味着什么，我打算怎么应对。看起来没问题，我能够处理得很好。但到我睡着了，一切问题都来了。我会接连梦见自己失败、被拒绝，这取决于具体发生的事。如果我真的损失了什么，就会梦见掉头发、掉牙齿、生了孩子而孩子却死了，等等。[4]

当老师表扬另一个学生时，她就会嫉妒。随着她在学术阶梯上越攀越高，她的世界变得越来越狭窄。德韦克不知道是什么如此困扰自己，于是她花了30年做研究，试图弄清楚为什么。

德韦克尤其想回答以下四个困扰她的问题：

- 为什么有些人热爱挑战，另一些人却在挑战面前退却？
- 为什么有些人很快就能摆脱一时的挫折，另一些人却很容易崩溃？
- 为什么有些人能够接受批评，另一些人却接受不了批评？
- 为什么有些人钦佩比自己强的人，另一些人却憎恨？

2006年，德韦克在《终身成长：重新定义成功的思维模式》（*Mindset: The New Psychology of Success*）一书中发表了她的研究成果。该书已售出近200万本，是当今关于成功的最有影响力的一种解释。

经过30年的研究，德韦克发现人的思维方式决定了我们在学校和生活中的成功和失败。她提出一种连续性的评价标准，一端是“固定型思维”（fixed mindset），另一端是“成长型思维”（growth mindset）。拥有固定型思维的人相信智力和能力是天生的，这使他们更警惕风险，不愿迎接挑战，因为挑战有可能带来失败，会向自己和他人暴露弱点。拥有成长型思维的人相信智力和能力可以锻造，可以通过努力和练习来改变。他们甘冒风险挑战自己，视失败为自我学习和自我成长的机会。

德韦克怀疑，正是她老师的称赞，“固定”了她的思维方式。

> 六年级时，我是学校里拼写最好的人。校长想让我参加一个市级比赛，我拒绝了。九年级时我法语很好，老师又想让我参加市级比赛，我再一次拒绝了。为什么要冒把成功变成失败的风险？[5]

德韦克研究了称赞对数万名学生的影响。在一个实验中，德韦克给两组五年级学生布置了同一道逻辑谜题。这个谜题每个学生稍加努力都能解出，但德韦克为他们提供了两种不同的反馈：对第一组学生称赞他们的智商，对第二组学生称赞他们的努力。然后德韦克又给两组学生出了一道谁都解不出的谜题，让每个学生写下解不出的原因。结果，第一组学生回答自己不够聪明，第二组学生回答自己不够努力。当德韦克问学生愿不愿意再次尝试解谜的时候，第一组的多数学生都不愿意尝试，第二组的多数学生则表示愿意。

德韦克在不同的文化环境中复制了这一实验，她发现，当教师称赞学生聪明的时候，学生通常会做出以下四种反应：

- 避免挑战，因为他们害怕暴露自己不聪明。
- 遇到挫折时，他们会情绪失控，轻易放弃。
- 难以接纳他人的建议和批评，拒绝承认失败，拒绝接受批评。
- 嫉恨在某项活动上比自己强的人，会设法欺骗、伤害对手，而且无法为他人的成功感到高兴。

德韦克的研究解释了她为何在学术上屡获成功，却长期被自我怀疑和不安全感折磨，也证实了她并不是唯一这样的人。如今，在培训教师如何培养学生的成长型思维时，她提供了三个策略：第一，称赞学生的努力而非天赋，这样学生会更加努力；第二，在学生尝试使用不同方法解决问题时称赞他们；第三，用称赞学生作为有针对性的反馈。

德韦克为数学教师写了一份指南[6]，教他们如何激励学生努力尝试：

固定型思维	成长型思维
不是每个人都擅长数学，你只要尽力就好。	当你学会做一类新的数学题时，你的大脑就成长了！
没关系，也许数学不是你的强项。	如果你发现自己对自己说“我不擅长数学”，记得加上“现在还”：“我现在还不擅长数学。”
别担心，多试几次就能做好。（如果学生用的方法不对，多试几次也没有用，这会令他们感到自己无能、无助。）	你觉得数学困难的时候，也就是你的大脑成长的时候。
很好！你已经很努力了！（要以高标准要求学生，不应随意敷衍。）	我们的目的不是一次全对，而是一步一步加深理解。你接下来要怎么做呢？

德韦克还建议教师教学生不要害怕挑战，不要将挑战视为失败的可能，而要将之视为学习的机会。因此教师不应对失败做出负面评价。最后，德韦克建议教师告诉学生，通过努力可以提升智力和能力。

如果教师遵循德韦克的建议，学生就能够培养通往成功的三个思维习惯和态度：第一，学生会将挑战、阻碍和问题视为学习和成长的机会，而非失败和出丑的机会；第二，失败的时候，他们会立刻设法寻求新的策略和方法，而非一次失败就放弃；第三，最重要的，是在获得成功后，他们会激励自己，给自己更大的挑战，从而不断成长，而不是沉醉于自己的成功停滞不前。

下图生动地展现了两种思维方式的不同：

固定型思维　　成长型思维

德韦克的研究被很多研究者证实。然而在 2014 年，一组荷兰研究者发现自我价值感和成长型思维的奇异关联。而德韦克本人坚信这一相关性并不存在。这些荷兰的研究者邀请了 240 名 8—12 岁儿童参加一堂美术课。首先学生要填写一个关于自我价值感的问卷。然后研究者让这些学生临摹凡·高的名作《野玫瑰》，并且告诉他们，会请一位著名画家评价他们的画作。实际上“著名画家”是虚构的。学生会收到两种不同的反馈，一种是“很好，继续努力”，另一种是“你真是绘画天才”。然后研究者问学生，是愿意再画一幅简单的，还是复杂的，并强调选择复杂的可能虽然难些，但会收获更多。

按照德韦克的理论，那些被告知“你真是绘画天才”的学生会选择简单的任务。但是这项研究发现，那些自我价值感低且被告知“你真是绘画天才”的学生都选择了简单的任务，而自我价值感高的学生无论获得什么反馈，多数都选择了复杂的任务。为什么会这样？

研究者怀疑，自我价值感低的学生平常从未获得过足够的外部认可，因此无论何种认可，都会对他们造成更深刻、更强烈的影响。也就是说，自我价值感低并获得较高赞扬的孩子可能会失去更多，所以他们更害怕失败。

我对这种想法再熟悉不过了。1982 年移民多伦多时，我只有 6 岁，语言发育迟缓，一句英语也不会说。同学因为我的口吃以及我的名字而嘲弄我（因为他们不会读我的名字）。老师无视我的存在，把我当作一个问题儿童。

然而在二年级的一天，我偶然被表扬了。这就像久旱逢甘霖。当时我们每天下午都会做一个拼写测验，我一般都答得很差，有时候一分都得不到。测验时我们必须把课本合上收在桌子里，但那一天我忘记把本子合上了。老师警告我们不许看同桌的答案，我没法往旁边看，就只能往下面看，正好瞥到了打开的课本。我很快转开视线，但还是看见了几个词。

第二天老师公布测验结果，我终于通过了测验。她在全班同学面前表扬了我，说我的进步让她很满意。我知道我作弊了，但终于能获得些微成就，我太高兴了，难以放弃这种感觉。我开始每次都作弊，保证十个词里能对八个。老师一直表扬我。她越表扬我，我越害怕被发现。终于有一天，我的同桌发现我的书是打开的，我担惊受怕的日子也就此结束了。我用一块饼干收买他，让他不要告发我。我不敢再作弊了，老师也不再表扬我了。

在进入耶鲁大学后，我遇到了相反的问题：我受到太多赞扬，很多时候只因我上了耶鲁。毕业后，我发现被赞扬太多的后果。和德韦克的发现一致，从我 20 多岁到 30 岁出头，每次挫折和拒绝都对我打击巨大，我把别人善意的批评视为对我天赋的妒忌，我嫉妒并怨恨那些比我更成功的人，而非向他们学习。直到 35 岁上下，我读到了德韦克的著作，才开始努力培养自己的成长型思维。这时我才认识到，我的固定型思维并不是过多赞扬造成的，而是来自一个更深层的问题——安全感的缺乏。

3. 棉花糖实验再回顾

沃尔特·米歇尔和卡罗尔·德韦克都相信，来自任何社会经济阶层和文化背景的学生都能培养自控力和成长型思维。尽管他们的理论对成功的解释比智商理论更有力，但他们和智商论者一样过于乐观了。研究者发现，在棉花糖实验中，家庭富裕程度和成长型思维的相关度很高，正如家庭富裕程度和智商的相关度也很高一样。为什么富人更有自控力、更具成长型思维呢？

为回答这一问题，我们需要再次检视棉花糖实验。许多研究者为此而重复了米歇尔的实验。

米歇尔认为棉花糖实验的结论很明显：学校应该更注重培养学生的自控力，或他所谓“延迟满足”的能力。在棉花糖实验中，他观察到很多孩子使用各种方法来控制自己的情绪，包括闭上眼睛、唱歌分散注意力等：

> 成功的延迟者使用多种方法分散注意力，缓解紧张情绪。他们在艰难等候的时间里发明各种富于想象力、好玩儿的方法，减少意志的挣扎：他们编小曲儿、做鬼脸、挖鼻孔、挖耳朵、玩儿周围的其他东西、玩儿手和脚。当所有分散注意力的方法都用尽时，有些孩子干脆闭上眼睛试图睡觉。[7]

因此米歇尔得出结论：只要有意识地想办法，每个人都能控制自己。

> 如果要我总结关于自控力的研究，我想起笛卡尔（René Descartes）的名句“我思故我在”。关于思维、大脑、自我控制的这些研究，让我们可以将这一名句修改为：“我思，故我可以改变自己。”只要改变我们思考的方式，就能改变我们的感受，改变我们的行为，从而改变我们自己。如果有人问我：“我真的可以改变吗？”我就会用乔治·凯利（George Kelly）的句子来回答：“你想改变吗？”——当患者追问凯利他们是否能控制自我命运时，凯利直视对方，如此反问。[8]

因为棉花糖实验又好玩儿又简单易行，很多老师都在自己的学生中尝试。网上有很多孩子尝试棉花糖实验的有趣而温馨的视频。但是这些视频都存在一个相似的规律：不能等待的孩子一般一分钟内就会败下阵来，而且似乎是有意放弃的，成人一离开房间他们就把整颗棉花糖吞下去了；那些成功等待、通过测试的孩子可能会哀鸣、吼叫、痛苦地摇头，但是他们成功了，最后得以享用两颗棉花糖。

因此某些研究者怀疑，棉花糖实验的本质，是一个检验是否相信权威的测试，而不是自控力的测试。该测试是在一个孩子和一个成人间进行的，孩子如果认为成人不可信，为什么不立刻吃掉棉花糖呢？

2012 年，罗切斯特大学的研究者重新设计了棉花糖实验，以验证这一假说。研究者在进行棉花糖实验之前先让孩子和成人玩儿纸牌游戏，约定胜者有奖品。孩子被分成两组。第一组的成人故意输掉游戏，然后给孩子奖品。第二组的成人也故意输，但是没有给孩子奖品。然后再进行棉花糖实验。正如研究者所预测的，第一组的孩子通过实验的比例高得多。

之后在 2018 年，纽约大学和加州大学欧文分校共同发表了一项研究，复制米歇尔的原始实验。他们认为米歇尔的样本（90 名斯坦福幼儿园学龄前儿童）太小，而且过于均质，所以招募了来自不同社会经济阶层、文化背景和不同地区的 900 名儿童进行研究。研究结果强化了 2012 年罗切斯特大学研究者的结论：棉花糖实验是一个关于是否信任权威的测试，这也是为什么来自中上层家庭的儿童更可能通过棉花糖实验的原因。研究还发现，比起棉花糖实验，社会经济背景更能预测一个人成功与否。来自中产阶级家庭但没有通过棉花糖实验的孩子，比起通过实验但出身贫穷的孩子在学校里成绩更好、学历更高、婚姻更稳定。

为什么社会经济背景对个人成功比智商和自控力都要重要?

4. 协作培养

宾夕法尼亚大学社会学家安妮特·拉鲁（Annette Lareau）主要研究美国中产阶级家庭和贫困家庭养育方式的区别。1993—1995 年，她详尽研究了 88 名不同社会经济背景的 10—11 岁儿童。在她的著作《不平等的童年：阶级、种族与家庭生活》（*Unequal Childhoods: Class, Race, and Family Life*）中，拉鲁向读者展示，中产阶级家庭和贫困家庭养育孩子的方式天差地别。

拉鲁发现，中产阶级家庭不断寻求新的养育信息和养育方法，通过在孩子的生活中融入有组织的活动来培养孩子的能力，她称之为“协作培养”（concerted cultivation），而贫困家庭却对孩子放任不管。

> 相比工薪阶层家庭或者贫困家庭，中产阶级家庭的父母能更快速、更全面地改变养育行为。当专业人士提倡从奶瓶喂养转向母乳喂养，从严厉管束转向爱和温情，从打屁股转为“计时隔离”（time-outs）[①] 时，中产阶级父母最先照做。……

① 计时隔离是一种旨在改变孩子行为的养育技巧。通常是在孩子犯错时，让他暂停当下的活动，在规定的时间里独自待在一个角落或类似的空间，以反思自己的行为。——译者注

中产阶级父母遵从最新的专业标准，通过协作培养，激励孩子的发展，培养孩子的认知和社交技能。……

这种育儿哲学和方式到底会带来什么结果呢？简而言之，这些方法给孩子带来特定优势的传递。在本研究中，中产阶级家庭的人们对话更多，因此儿童对语言更敏感、词汇量更大、和权威人物相处更轻松、对抽象概念更熟悉。[9]

为了理解穷人和富人育儿方式的不同，让我们将父母比作农夫。富有的父母认为他们的土地有无穷潜力，是可以通过努力来耕耘的。贫困的父母则听天由命，认为他们无法控制土地，所以将一切交给阳光、雨水和土壤的自然作用。

中产阶级父母主要是通过和孩子的对话实现“协作培养”的——中产阶级父母喜欢和孩子对话，而贫困家庭父母往往不对话。在堪萨斯大学心理学家贝蒂·哈特（Betty Hart）和托德·里斯利（Todd Risley）1995 年的一项名为“意味深长的差异”（Meaningful Differences）的研究中，他们发现中产阶级家庭的 3 岁幼儿和贫困家庭的 3 岁幼儿累计听到过的词汇数相差约 3000 万。研究团队追踪了 42 名婴儿从七八个月到 3 岁的成长历程。这些婴幼儿被分成 3 组：上层中产阶级家庭、工薪阶层家庭和低保家庭。研究者每月录制一次婴幼儿和父母之间的对话，每次一个小时，并统计这一个小时中说了多少个词。上层中产阶级家庭的平均值是 2150；工薪阶层家庭是 1250；低保家庭是 600。因此到 3 岁时，上层中产阶级家庭的孩子听到了 4500 万个词，而低保家庭的孩子只听到了 1500 万个词。

不同阶层的用词方式也有区别。上层中产阶级家庭使用更多词汇和更复杂的语法表达逻辑性的思维，还使用平和而友善的语气向孩子提出有挑战性的问题，让孩子参与对话：“你觉得这个怎么样？”贫困家庭则更倾向于使用简短的句子来责骂或制止孩子：“别动！”

简而言之，哈特和里斯利发现父母使用语言的方式塑造了孩子的特质，使养育方式和养育理念在代际传承。

当我们独立观察语言本身，发现父母通过语言传递给孩子的文化差异令我们震惊。我们因这些使用语言的方式而感到惊奇：有的家长态度温和地说“你能把玩具捡起来吗”，孩子就能很信赖地照做，就如同家长提出了“把玩具捡起来”的命令一样；有的家长想提出“你需要回你的卧室找找”的命令，却以“你觉得呢”开头；有的家长频繁对孩子说“你真傻”；有的家长因为两岁孩子试图把勺子放在鞋里而威胁要揍她……

我们看到所有孩子长大后，他们说话和行为的方式都越来越像自己的父母。如果父母说“别动”“闭嘴”，孩子的语言也一样简单粗暴。如果父母说“你得自己玩儿一会儿，好吗？因为我要做午饭，还要叫你妹妹起床”，孩子也会对一件事做较详细的解释。我们发现，我们使用语言的方式暗示了我们传递给孩子的文化。[10]

哈特和里斯利发现，社会经济条件决定了家庭中人际互动的质量，从而决定了对话中使用词汇的数量和质量。富有的父母有意使用语言来塑造孩子的思维方式。当研究者回访这些儿童时，他们毫不惊讶地发现，上层中产阶级家庭的子女在幼儿园和小学适应良好，在词汇和语言习得方面有极大优势。

但令哈特和里斯利惊讶的是，贫困家庭的孩子在学校出现了种种行为问题，经常被留校或请到校长室。为什么这些孩子在面对权威时总是陷入麻烦？

拉鲁在研究中也发现了这一现象。她认为，中产阶级的父母善于教孩子如何和权威人物打交道，但是贫困家庭的父母在面对权威时的冷漠、恐惧和愤怒，则影响了孩子的态度。

在研究中，中产阶级家庭的孩子体现出一种自然而然的中产阶级特有的权利意识（sense of entitlement）。他们给人的印象是，他们有权在学校中追求个性、自主交流。他们在学校中舒适自在，愿意分享信息和寻求他人的关注。尽管有的孩子更外向，有的更内向，但他们可以根据自己的需求改变人际交往的方式。……

相反，工薪阶层家庭和贫困家庭的孩子在学校的互动中则显露出一种拘束感（sense of constraint）。他们很少改变人际交往的方式以适应自己的需求。像他们的父母一样，这些孩子接受权威者的行为（尽管有时也会暗中反抗）。工薪阶层家庭和贫困家庭的父母有时不了解孩子在学校的情况（例如孩子不做作业等）。另一些时候，他们还会毫无理由地不遵守学校规定。[11]

富裕家庭和贫困家庭之间的终极差异在于，富裕家庭能够为孩子提供稳定而强大的支持，而贫困家庭则不能。很多贫困家庭是离异家庭，母亲需要一个人努力工作养活孩子。拉鲁认为，稳定的家庭环境给了中产阶级家庭的孩子信心，使他们得以积累社会资本：

中产阶级的孩子……学会了在与专业人士相处的过程中为自己争取利益。当他们利用规则使之对自己有利时，他们就积累了适应这一环境的“文化资本”。然而工薪阶层家庭和贫困家庭的孩子在学校却无法利用规则为自己服务，也无法获得资本。因此，那些以“协作培养”方式养育的孩子获得了优势，显露出权利意识，而那些自然养育的孩子则显露出拘束感。[12]

很多研究者认为，稳定的家庭和童年经历使富有的孩子比贫穷的孩子更容易通过棉花糖实验。富有的孩子能自我控制、信任权威，因为他们的父母有信守承诺的资本。如果父母一直在孩子身边提供支持，孩子也更容易冒险寻求机会，从失败中恢复，并不断挑战自己做得更好。

5. 马拉松与黑森林

要想理解富人孩子和穷人孩子的区别，我们可以想象一下马拉松和黑森林。

跑马拉松需要极大的自律和意志力，但在选定的路线上，有其他选手激励我们向前，有观众沿途发瓶装水——我们只需要集中注意力，一直跑到终点即可。这就是富人孩子的生活。

而穷人的孩子就像身处黑森林里，孤单、寒冷，还不认识路。他们看不到道路，甚至不确定有没有出口。所以他们就像害怕的小动物一样，无助地倒在地上，在愤怒和恐惧中哭泣。

我在多伦多上小学和初中的时候，一直在“黑森林”里挣扎，又愤怒又害怕。在学校里，同学欺凌我，老师忽视我。家庭生活也强不到哪里去，我家太穷了，连麦当劳都吃不起。我父亲在中国是一名受人尊重的教师，但在加拿大他只是一个洗碗工，还得打扫厕所。为了养家糊口，他牺牲了个人的尊严，这使他愤怒而暴躁。他把怒气发泄在我身上，每当我做了什么错事就打我。我在学校和在家都没有安全感，所以无法集中注意力学习。

我没有安全感，因此哪怕卡罗尔·德韦克本人是我的小学老师，我也不可能拥有成长型思维。事实上，研究发现，比智商、自控力和成长型思维更重要的，是情感上的安全感。安全感是孩子智力、身体、情绪成长的基石，是获得成功、幸福、健康的终生保障。

在下一章里，我们将探索其原因。

第三章
寻找爱的科学家

1. 勒内·斯皮茨的孤儿研究

从 20 世纪 40 年代中叶开始，奥地利裔美国精神分析学家勒内·斯皮茨观察了两组婴儿从出生到几岁大的成长过程。他的研究改变了心理学家和教育学家对儿童生长发育的理解。

第一组是 26 名孤儿，由 4 名护士轮流照顾，每名护士工作 8 小时，多数时间只有 1 名护士照顾所有婴儿。婴儿不停地哭，没人在乎。当时，主流观点是应该无视婴儿的需求，这样才能使他们适应生活环境。这些婴儿的监护人是政府，政府人员认为他们只要负责给婴儿提供吃住，别让他们生传染病就可以了。所以婴儿彼此之间也是隔离的，以避免传染疾病。

第二组是在女子监狱的托儿所里长大的孩子。母亲和孩子是分开的，但她们每天可以和孩子共度 8 小时。这些孩子不是由政府负责监护，所以规则比较宽松。孩子住在一起，监狱看守陪他们玩儿。斯皮茨在研究中发现，人与人之间的接触给孩子的生长发育带来了根本性的影响。

在这些婴儿 4 个月大时，斯皮茨检查了他们的身高、体重、听力、眼动、肌肉控制，以及对光和颜色的敏感性。两组婴儿没有显著差别。

一岁的时候，两组婴儿开始展现出显著差别。监狱宝宝们达到了生长发育指标，但是孤儿们却不会说话，对肌肉的控制能力很弱。他们仿佛处于一种半昏迷的状态，不怎么动，眼神也很空洞。

两三岁的时候，监狱孩子和正常孩子几乎没有区别。但在 26 名孤儿里，只有 2 人能走并且能说几个字。斯皮茨发现，两组孩子之间最惊人的区别是和同龄人相处的方式：监狱孩子和同龄孩子能快乐地玩儿到一起，但孤儿们则回避社交，宁愿躲在角落里。

尽管孤儿彼此隔离，但他们仍然经常生病，免疫系统很弱。斯皮茨第一次去孤儿院的时候，孤儿院共有 88 名 3 岁以下的孩子。当他最后一次去的时候，已经有 23 个孩子死去。而监狱的孩子没有一个死去。[1]

很多人质疑斯皮茨的研究不符合严格的科学标准：样本量太小，大多数发现只是基于斯皮茨的观察。而且出于明显的伦理原因，这一实验不能被重复。

2. 寻找爱的诗人

用猴子做实验没有伦理上的要求，所以威斯康星大学麦迪逊分校的实验心理学家哈里·哈洛进行了一系列恒河猴实验。他的研究验证了勒内·斯皮茨的发现，并增进了我们对亲密关系如何影响婴儿成长的理解。

哈里·哈洛 1905 年出生于美国艾奥瓦州一个贫穷的农业社区。他是一个很有天赋的科学家，也是一名冷漠超然的实验者。他的实验从猴子的角度来说很残酷，且成为动物解放运动的导火索之一。

作家德博拉·布卢姆（Deborah Blum）在她撰写的哈洛传记《爱在暴力公园：哈里·哈洛与爱的科学》（*Love at Goon Park: Harry Harlow and the Science of Affection*）中写道，哈洛外表孤高冷漠，但内心敏感脆弱。他在斯坦福大学读研究生时，描述自己为一个“羞涩的、离群索居的年轻人，心怀诗意的未来”，甚至“常常在开门前对门道歉”。[2] 结果，哈洛没有成为将情感倾泻在纸上的诗人，而成为在实验室里解剖爱的本质的心理学家。

哈洛制造了一个实验设备，用有洞的屏障隔开母鼠和新生幼鼠。这些小洞足够幼鼠通过，却阻碍了成年鼠通过。在屏障的一侧，

> 幼鼠茫然无措，漫无目的地疯狂绕圈；在另一侧，母鼠则绝望地想要来到孩子身边。它们猛咬隔离屏障，试图钻过根本不可能通过的小洞。一旦隔离屏障被拿走，它们立刻就能找到自己的孩子。就算母鼠很饿，且旁边有食物引诱，它们也要先找到自己的孩子才进食。
>
> 为什么这些母鼠反应这么激烈？是什么强大的力量使它们不管不顾地来到孩子身边？只是一种感官反射吗？……哈洛摘除了这些母鼠的卵巢，刺瞎了它们的眼睛，摘除了它们的嗅觉器官。即使没有视觉，没有性激素的作用，结果仍然一样，母鼠仍会义无反顾地爬向幼鼠。它们的行动也许变慢了，但本能就像磁力一样把它们吸引到孩子身边。[3]

哈洛在斯坦福大学进行的实验激发了他对母爱这一伟大力量的兴趣。但当他到威斯康星大学任职后，他的研究并不是关于老鼠的爱，而是关于猴子的学习和认知。

为此，他不得不分开幼猴和母猴，分别饲养。尽管他精心照料这些幼猴，但他发现它们的精神十分不安，处在一种“战或逃”（fight or flight）的精神状态中。它们的血压升高，呼吸加快，瞳孔放大，肾上腺素升高。它们或者畏缩，或者具有攻击性；很多猴子依恋自己的尿布。

哈洛的老鼠实验展示了母亲离开孩子的绝望。而在猴子实验中，他看到母子分离使孩子情绪崩溃，影响了它们的生长发育。为什么会这样？

这一问题是如此困扰着哈洛诗人的一面，以至于他在职业生涯中一直试图复制勒内·斯皮茨的孤儿研究。

3. 情感调谐

哈洛的第一组实验证明，比起食物，幼猴更需要爱，或哈洛所说的“接触带来的舒适感”。幼猴自出生起，哈洛就将其从母猴身边分开，在它们的笼子里放一个母亲的替身——用布或者铁丝制作的娃娃。幼猴依恋这些替身母亲，对它们产生了感情。哈洛把幼猴和替身母亲分开，又将替身母亲混入一个装了很多娃娃的笼子，然后再把幼猴放入这个笼子，幼猴立刻认出了它们的替身母亲，并形影不离。

在第二组实验中，哈洛把幼猴放到有两个替身母亲的笼子里，一个替身是布做的，幼猴可以拥抱；另一个替身是铁丝做的，里面藏着一瓶牛奶。哈洛发现，幼猴平均每天在布妈妈身边待 18 小时，只有 1 小时到铁丝妈妈身边喝奶。

在第三组实验中，哈洛给一组猴子铁丝妈妈，给另一组猴子布妈妈，并观察两组猴子生长发育的情况。两组猴子的身长、体重基本相当，但第一组猴子经常腹泻或有其他消化系统的问题。哈洛认为，与布妈妈亲密接触带来的舒适感减轻了幼猴的精神压力，如果没有这种接触，幼猴就更容易在压力的作用下患病。研究者们在老鼠和其他动物中复制了哈洛的实验，证明爱的确能够缓解幼兽的压力。

从哈洛的实验中，很多心理学家证实了一个长期以来关于婴儿情感和智力发育的假说，即“情感调谐”（emotional attunement）。要理解情感调谐，让我们先来回顾一下堪萨斯大学贝蒂·哈特和托德·里斯利的词汇量研究。

哈特和里斯利发现富有和贫困家庭 3 岁幼儿的词汇量存在 3000 万的差异，但他们强调，更重要的结论是：决定孩子成长发育中出现差异的，并不是词汇的复杂程度，而是父母和子女对话的特征和质量。

哈特和里斯利解释了对话对儿童学习说话和认识自我的重要性。在贫困的家庭里，语言常常用于发号施令或者责骂，因此是单向的；在富有的家庭里，语言往往是双向的，用于帮助父母更好地了解孩子。这种双向性的对话在家长和孩子之间建立起情感的纽带，使孩子拥有安全感。

在这样一种情感调谐的过程中，父母不仅深入了解了儿童心理，也帮助儿童了解自己：就像提供了一面镜子，让孩子看到自己的情感，并尝试与之相处。通过这一过程，孩子得以建立起清晰的自我意识。因此，情感调谐理论的支持者认为，情感连接和安全感是信息、经验、观念得以进入儿童的通路。

哈洛进一步的猴子实验支持了情感调谐理论。在“恐惧实验”中，哈洛引入了一个外来的威胁物——一个发出刺耳噪声的机械玩具熊，并观察幼猴对此的反应。如果幼猴是单独待在自己的笼子里，它们就会很害怕，试图躲藏或者逃跑。但如果替身母亲也在笼子里，幼猴就会拥抱“母亲”，然后转过身来研究这个入侵者。这就是情感和智力发育的“安全基地模型”（secure base model），如下图所示：

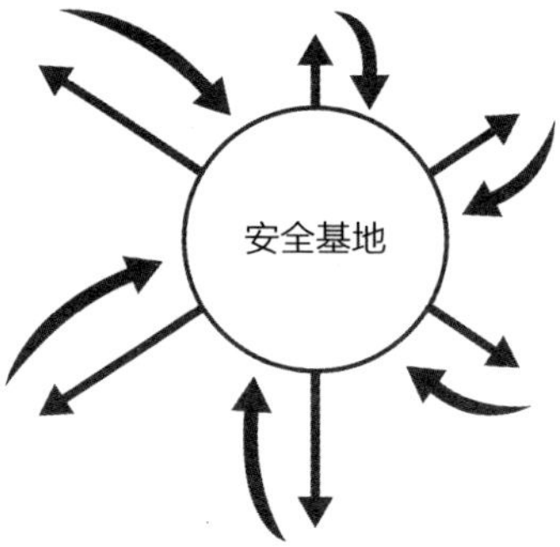

让我们看看这一模型在现实中的例子。想象一个三岁孩子和妈妈走进一个新公园的情景。孩子循着其他孩子快乐的尖叫声，激动地发现不远处有一个游戏场地，很多孩子正在那里玩儿沙子和攀登架。他拥抱了妈妈，妈妈向他微笑，让他去玩儿。于是他跑向游戏场地，但跑到半路，有些紧张害怕，便转身回来，跑向妈妈。妈妈又拥抱了他。温暖的怀抱给了他进入游戏场的足够勇气。他到游戏场和其他孩子一起玩儿了一段时间，又有些焦虑，又跑向妈妈。妈妈再次拥抱了他，直到他准备好再次探索世界。妈妈就是孩子的安全基地，安全基地给了孩子探索世界的安全感。

4. 救赎之路

哈洛的最后一系列实验争议最大，也证实了安全感是和空气、水、食物一样的必需品。

在实验中，哈洛把猴子长时间关在一个昏暗的空间里，他称之为“绝望之渊”。哈洛发现，三个月的禁闭期足以使原本有安全感的猴子受到极大创伤。把猴子放出来之后，它们呆呆地看着周围，无法和其他猴子有眼神接触。它们精神恍惚地绕圈，甚至开始自残。它们的精神非常不稳定，不能和别的猴子玩儿。

猴子痛苦的状态，也影响了哈洛自身的精神状态和情绪。他开始酗酒，婚姻也走向破裂。日后哈洛写道：“唯一在实验中受到持久精神损伤的，是实验者本人。”[4] 应当说，他弱化了残酷的实验对猴子的影响，而夸大了自己的痛苦。

痛苦的哈洛问自己：禁闭的效应能否消除？如果缺乏亲密感情会导致猴子抑郁与焦虑，那么也许友谊和爱能够救赎它们。于是哈洛及其团队开始测试这一假说：

> 哈洛的研究生伦纳德·罗森布拉姆（Leonard Rosenblum）进行的实验强有力地证明了友谊的治愈力量。他重新引入布妈妈，让它带大 4 只幼猴。之后他扩大了幼猴的社交圈。幼猴除了可以和布妈妈一起生活之外，还可以和另一个伙伴一起玩儿，每周 5 次，每次 30 分钟。幼猴迅速成为朋友，很高兴见到彼此。这些小猴长大后，和以前只跟着布妈妈长大的小猴完全不同：它们社会性健全，甚至可以说和正常猴子一样——外向、合群、善于社交。[5]

罗森布拉姆经过比较，发现布妈妈养育的这些猴子和正常猴子没什么区别。在后来的实验中他还发现，如果延长幼猴一起玩耍的时间，替身母亲养育的这些幼猴甚至更自信、更好奇。

证实了爱和亲密的力量，哈洛及其团队转向了更艰巨的任务：拯救那些被禁闭过的猴子。然而这一任务存在一个主要的障碍：正常的猴子不愿意和它们相处。它们行为怪异，别的猴子感到它们对自己构成了威胁，如果它们靠近便会攻击它们。

哈洛及团队想到了一个创新的解决方案。还记得那些强迫性地依恋布妈妈的幼猴吗？这些幼猴爱玩儿，它们是否可以成为治疗师，治愈那些一度被禁闭的猴子？

哈洛等人感到被禁闭过的猴子处境绝望，因此大胆尝试也不会损失什么。当他们尝试后，再次被爱和亲密的力量所震惊。

> 一开始，科学家让幼猴“治疗师”和被禁闭过的猴子每天一起玩儿两小时。这几乎像是一场奇怪的追逐游戏：小猴接近，被禁闭过的大猴紧张地后退，一次又一次，直到退到角落，抱头颤抖。然后幼猴会拥抱它们，抚摸它们，和它们亲热。这一过程不断重复，最终被禁闭过的猴子不再胆战心惊，产生了兴趣。慢慢地，它们开始回应幼猴的热情。[6]

随着一次又一次成功，哈洛和团队对于爱和友谊的救赎力量越来越感到好奇。安全感能拯救所有被禁闭过的猴子吗？他们发现，六个月的禁闭时间是猴子崩溃的临界点。禁闭超过六个月，猴子就会陷入疯狂。“如果是一年的禁闭时间，猴子基本上不可能恢复了。”德博拉·布卢姆在书中写道，“一只幼猴在科学家第一次抱它的时候晕过去了，因为这种温暖、鲜活的触碰真是太陌生、太可怕了。”[7]

最后的挑战是拯救禁闭时间最长、人人都认为已经不可挽回的猴子。他们知道，被单独禁闭了这么久，猴子可能会认为突然的亲密行为比禁闭更可怕。所以哈洛及其团队采用了一种缓慢、耐心的方法让禁闭的猴子逐渐社会化。

> 研究团队让受过长期禁闭的猴子能看到笼子外的其他猴子。首先，它们会观察其他禁闭过的猴子，发现这些猴子的行为和自己一样。然后它们看到了那些猴子“治疗师”，而这些“治疗师”也从旁边的笼子里回望自己。之后，每只被禁闭过的猴子每天都可以和一只友好的小猴共处几分钟的时间。随着共处时间逐渐延长，它们最终可以全天和一只年轻、社交技能强的猴子“治疗师”待在同一只笼子里。需要花几个月，甚至半年的时间，曾长期受到过禁闭的

猴子才会对“治疗师”做出正常的回应。但在这种循序渐进的努力中，受过伤害的猴子开始逐渐接受其他同伴。

最终，在朋友和家人的陪伴中，它们的举止逐渐变得和正常猴子一样，我们无法从一群猴子中辨认出它们。但如果它们突然受到惊吓，或者再次被单独关到笼子里，孤独的阴影会再次浮现，它们会暂时恢复禁闭时的行为。[8]

哈洛及其团队发现，安全感可以使猴子重新社会化。

救赎被禁闭过的猴子之后，哈洛开始寻求自我救赎。他为了追求爱的真相牺牲了一切：婚姻破裂，又因为虐待动物而声名狼藉，在实验室之外几乎没什么熟人。他在酗酒中孤独度过每一天。当哈洛从威斯康星大学退休之后，他做了他早就想做，但是一直缺乏勇气去做的事：找回前妻，和她复合。

哈洛在实验室研究亲密关系一辈子，最终才拥有它。

5. 一个国家，两个世界

既然哈洛的实验告诉我们，动物——无论是老鼠、猴子还是人类——都有爱孩子、养育孩子的天性，那么为什么富有的父母和贫穷的父母养育孩子的方式却如此不同？

贝蒂·哈特和托德·里斯利的研究告诉我们，尽管所有的父母都爱孩子，但不同社会阶层的父母做出了不同的选择。

家庭之间的差异反映了父母通过无意识的谈话向孩子传递的文化。在上层中产阶级家庭中，大量的对话，不同的词汇，丰富的名词、修饰语和语法，体现了一种重视名称、关系以及记忆的文化。通过这种语言方式，父母似乎是在帮助子女做好准备，去参与一个关注符号和逻辑思维的文化。为保证孩子能够接受高等教育，父母需要花费时间和精力去发掘孩子的潜能，需要提问，需要用肯定来鼓励孩子倾听，发现词语的意义、联系与区别。父母需要密切关注孩子说什么、做什么，及时给出准确的语言提示，鼓励并引导孩子探索世界。在这一文化中，让孩子和成人相互交流，并且在更熟练掌握这一文化模式的成人面前练习使用语言至为重要。

在低保家庭中，对话较少，话题多由家长发起，且有很多命令和禁令。这说明该文化重视对现有习俗的遵守。教给孩子社会上约定俗成的行为，不需要很多名词或者词性的变化；服从、礼貌、循规蹈矩是生存的关键。这些父母的所作所为并不是要让孩子拥有知识和技能，以准备好适应这一技术性的世界（他们对此并无多少经验），而似乎是让孩子为那些有可能向他们开放的工作岗位做准备。在这些工作中，成功和升职主要是由工作态度、工作表现和精神面貌决定的。[9]

哈特和里斯利发现父母对待孩子的方式，与他们在工作中被对待的方式一样。父母会用自己在家庭、学校、工作场所使用的思考和对话模式来养育孩子。上层中产阶级父母对孩子说话的方式（即“父母需要密切关注孩子说什么、做什么，及时给出准确的语言提示，鼓励并引导孩子探索世界”），使我想起耶鲁大学教授引导课堂讨论的方式。在精英制的职场，专业人士十分注重细节，与同事合作也务求精细；回家后，他们自然也会以同样的方式对待孩子。

但哈特和里斯利还揭示了更深刻的一点。他们发现父母慎重而理性地选择养育策略，是基于对孩子未来生活的现实期望。也就是说，穷父母知道机会平等是谎言，所以为了保护孩子，他们限制孩子的志向和愿望，以帮助他们在一个不公平的世界中生存。

这就成了一个怪圈：如果穷父母相信世界不公平，不给孩子奋力抗争、向上攀爬的机会，他们的孩子就永远没有机会。

但是在谴责穷人没有远见之前，让我们重新回顾社会学家安妮特·拉鲁对美国穷人和富人的研究。

首先让我们来看拉鲁的书里一个富有家庭的案例。斯泰茜·马歇尔（Stacey Marshall）和姐姐都就读于所在学区里最好的公立学校。她们申请进入学校为资优生开设的超常班，但没有通过考试。她们的母亲决定插手干预。

> 马歇尔女士认为进入这个超常班有极大好处，因此当孩子们智力测试分数略低时（斯泰茜的智商为128，低于130的分数线），她采取了积极行动。马歇尔夫人充分利用了学校老师的建议、其他学区朋友的提示、家庭的重要经济资源，以及自身的坚定决心，掌握了上诉的规则，并且进行了上诉。她带孩子单独做了智力测试（每个孩子200美元），从而成功地让两个孩子进入了超常班。[10]

马歇尔女士对斯泰茜教育的早期投资收到了丰厚的回报。斯泰茜被哥伦比亚大学录取，但她拒绝了，以全额奖学金上了马里兰大学。

让我们看一个贫穷家庭的反例。布林德尔女士有三个孩子，其生父都不同。她是一位失业的单身母亲，依赖政府救济。一天，安妮特·拉鲁决定陪同布林德尔女士去福利办公室，在那里，她目睹了贫穷是多么令人羞辱和疲惫。

> 布林德尔女士每个月需要亲自去福利办公室两次，领取食品券和现金补贴。由于没人看孩子，她通常带儿子梅尔一起去。好在这一次由姐姐杰娜看孩子，所以她不必带孩子一起去。去领食品券是一件她非常讨厌但又非做不可的事。坐公交车需要花很长时间，发放办公室阴沉丧气，发食品券的日子里队排得很长，大部分都是拖着小孩子的疲惫妇女（只有极少的男性）。办公室开门以前人们就开始在外面排队。那一天，我们在外面排了15分钟才进去。进去之后，前面还有75人在又小又脏的屋子里排着长队。屋子里没有卫生间也没有饮水池。我们又等了30分钟。工作人员动作很慢，既不耐烦又冷漠。9:05我们终于办完事了，但是已经筋疲力尽。这一趟加上来回时间大概需要两个小时。[11]

即使洗衣服这样简单的事对布林德尔女士来说也很麻烦：

> 洗衣服在中产阶级家庭看来，是件虽无聊但简单的家务，但对布林德尔女士来说，则麻烦、昂贵、充满挫败感。她很难找到足够的 25 美分硬币（投币洗衣机必须投这种硬币——译者注）。因为她没有银行账户，银行经常不给她换硬币。超市提供硬币，但需要坐 20 分钟公交车才能到。更重要的是，在她们居住的公寓楼里，公用的三台洗衣机和两台烘干机总是出故障。……有时候因为洗衣机坏了，没有干净衣服，她的女儿凯蒂没法去上学。[12]

我们在读马歇尔女士和布林德尔女士的故事时，心中可能有一种成见，以为马歇尔女士是白人，布林德尔女士是黑人。实际上马歇尔女士是黑人，布林德尔女士是白人。在精英制下，贫困的白人家庭与贫困的黑人家庭一样在苦难中挣扎。贫穷使人窒息，甚至夺走了人们生存的意志。在失去了一个孩子，被从自己的房子中赶出去之后，布林德尔女士曾试图自杀。

6. 乡下人的悲歌

J. D. 万斯（J. D. Vance）是耶鲁大学法学院毕业生，白人，娶了一位有印度血统的同学。他的法学院同学以及在纽约和华盛顿的同事视他为同类。他们想当然地认为万斯的父母是受过良好教育、与他情感调谐，并把他送进学校精心培养的专业人士。

所以万斯写了一本回忆录叫作《乡下人的悲歌》（*Hillbilly Elegy: A Memoir of a Family and Culture in Crisis*），告诉他的同学和同事，自己不是他们中的一员，实际上还有千百万白人孩子正过着与他们全然不同的生活。

万斯是个敏感而有天赋的孩子，但是他的生活被情感暴力摧毁，使他难以集中精力学习。他的母亲换了一个又一个男友，被他们虐待，又从毒品中获得安慰。万斯在这种不安稳的家庭环境中成长，他儿时最大的希望就是有一个安静的地方可以完成作业。

在万斯的家乡——肯塔基州东部山地的小镇杰克逊（Jackson），一个被绝望和消沉所裹挟的白人社区，这样的悲剧再寻常不过了：

> 杰克逊无疑有很多好人，但也充满了瘾君子，以及至少一个能够造出八个孩子却没有时间抚养他们的男人。杰克逊无疑是个美丽的地方，但其美丽被遍地垃圾和废料遮蔽。那里的人们很勤劳，但也有大批领着食品券、对诚实工作没有兴趣的人。[13]

贫穷毁灭了杰克逊及其周边地区，那里大多数人没有能赋予他们尊严的工作，也没有能赋予他们生活意义与快乐的社区纽带。那里的人们有神圣的荣誉感和自尊，但荣誉感给他们带来的是愤怒和自我憎恨，因为他们认为自己是全美国最受藐视、最受嘲弄的一群人。慈善家和常春藤学校的招生办公室宁愿把奖学金给城市黑人孩子也不会给他们的孩子。万斯在他的书里说，工薪阶层的白人比任何其他阶层对未来都更悲观，这也是他们大量投票给唐纳德·特朗普，想“让美国再次伟大”[14]的原因。

绝望导致了种种自毁行为，正如万斯在书中所述：

> 我姐姐的朋友和她母亲（我见过的最大的“福利女王”）住在一起。她有七个兄弟姐妹，多数都有同一个父亲——这种情况算是非常少见的了。她母亲从来没有工作过，似乎唯一感兴趣的事就是“繁殖”（用我阿嬷的话来说）。她家的孩子根本就没有向上的机会。一个孩子找了个虐待她的男友，还没成年就做了母亲；另一个孩子吸毒过量，高中毕业没多久就被拘留了。
>
> …………
>
> 我们的家庭也是一团糟。每人都对其他人大喊大叫，就像在橄

榄球球场上一样。家里至少有一个人吸毒，有时候是父亲，有时候是母亲，有时候两人都吸。在压力最大的时候，我们当着所有家庭成员，包括小孩子的面大打出手。有时候以邻居打电话报警告终。孩子们去寄养家庭，但是从来待不长久。我们向孩子们道歉，他们相信我们是真心觉得抱歉，我们也确实是真心的。但过不了几天，我们仍像以前一样恶毒。

做孩子的时候，我们不学习。做父母的时候，我们不让孩子学习。我们的孩子在学校里表现很差，有时候我们因此对他们发火，但我们从来不给他们能让他们成功的工具——比如和谐安宁的家庭环境。[15]

万斯成为精英制的一员，他知道这就如同中了彩票。他很幸运，天生智力高、记忆力好，让他在学校中能获得一席之地。尽管他母亲有种种问题，但她相信教育的价值，这一点在当地非常罕见。更重要的是，万斯有一位外祖母（他叫她“阿嬷”），当他自己都决定放弃自己时，外祖母却不肯放弃。她无条件的支持使他获得了逃离贫穷和绝望的动力，于是他参了军。得益于军队的福利，万斯上了俄亥俄州立大学，后来进入了耶鲁大学法学院。

在通往成功的道路上，精英的孩子往往没有经历过什么迂回曲折。他们可以选择上哪个大学，可以在学校和成功的职业生涯间做无缝切换，一路被父母引领呵护。而穷人的孩子正如安妮特·拉鲁和 J. D. 万斯在书中所写的那样，一边认为大学是他们负担不起的奢侈品，一边却借债买最大的电视。

大量研究表明，在棉花糖实验中失败，是穷人在其生活条件下做出的理性选择。当生活如此不稳定、如此不可预期时，为什么要去等不知道会不会来的第二颗棉花糖？沃尔特·米歇尔错了——自控力不是个人选择，而是个人无法选择的社会环境的产物。

米歇尔在他《棉花糖实验：掌握自控力》（*The Marshmallow Test: Mastering Self-Control*）一书中，写下了他最后是怎么戒烟的。

青少年的时候我有时尝试一两根，没多久就成了习惯。……作为大学教授，吸烟帮我上课时减少焦虑、更深思熟虑。……有一天早晨，我在洗澡，水淋在我身上，我才意识到点燃的烟斗还在我嘴里。至此我不得不承认：我是个瘾君子，对香烟上瘾。那时候我每天要吸三包烟，还要补以烟斗。然而这种认识并没有带来行为的改变，只是令我更加焦虑。……那次洗澡事件之后不久，我从斯坦福大学医学院走廊里经过，看到一件事令我很害怕：一个男人被捆在病床上推过走廊，他睁大眼睛看向天花板，手臂伸开，赤裸的胸前和剃光了的头上到处是绿色记号笔的标记。护士告诉我，这名患者的癌细胞已转移，正要去做放疗，绿色记号是用来引导放疗的。我不禁想象自己烟瘾的后果，无法从心中抹去那鲜明的景象。……我和爱吃手的三岁女儿达成了一项协议，她同意不再吸大拇指，我同意不再吸烟。我也向同事和学生做出了戒烟的承诺。我痛苦了几周，最后还是成功了。[16]

米歇尔不是因为知道吸烟有害健康才戒烟的，这一点他早就知道了。他是从家庭和朋友那里获得了力量，才得以成功戒烟。安全感保障了他的自控力。

在本部分的最后一章里，我们将聚焦于安全感，看看安全感是如何帮助处境最不利的孩子超越其出生环境的。

第四章
罗马尼亚孤儿

1. 齐奥塞斯库的实验

上一章里，我们讨论了哈洛的实验。哈洛的研究表明，安全感是幼猴的根本需求，安全感能够保护它们，降低其精神压力，赋予它们探索世界的勇气以及发展亲密关系的能力。

今天美国和世界上很多国家的现实是，由于财富的不平等以及阶级的分化，穷父母经常无法满足孩子最基本的需求。当马歇尔女士急于把孩子送到精英公立学校的资优生超常班中时，布林德尔女士的孩子却因为洗不了衣服而没办法上学。

怀疑者可能认为，猴子不是人类，它们的发展需求不同。从科学角度来看，只有将哈洛的实验在样本量足够大的人类婴儿身上复制，才能证明他的发现对人类也同样有效。

不幸的是，有一个人确实这样做了。

尼古拉·齐奥塞斯库（Nicolae Ceausescu）在 1965—1989 年之间是罗马尼亚的实际统治者。他成长于一个保守的农民家庭，相信能使他贫穷的农业国家走向工业化的唯一路径是增加人口以充实工厂的劳动力。

哈佛大学医学院教授查尔斯·纳尔逊（Charles Nelson）及其同事在《罗马尼亚被抛弃的孩子：遗弃、大脑发育与复原的艰难挣扎》（*Romania's Abandoned Children: Deprivation, Brain Development, and the Struggle for Recovery*）一书中讲述了齐奥塞斯库政权为增加人口而采用的荒谬、极端的手段。

齐奥塞斯库尝试了多种提高生育率的方法，包括向不生育的妇女罚款，向年轻夫妇收“无孩税”，法定婚姻年龄降低到15岁，只有45岁以上且至少生育了5个子女的妇女才可以堕胎。

齐奥塞斯库在国家安全部招募了一批妇科医生，他们被称为“月经警察”。他们把女性从工作场所或学校带走，给她们做检查，以确保怀孕的妇女不堕胎，逼迫没怀孕的妇女怀孕。对于堕胎的情况，齐奥塞斯库要求政府介入调查。如果女性没有生孩子，或者生得不够多，她们会受到质询和威胁。[1]

到了1977年，齐奥塞斯库的政策成功强迫贫穷人口为了避免罚款而生孩子，然后把孩子送进国家举办的孤儿院。政府并不介意养活这些孩子，只要保证把健康的孩子和残疾的、有遗传缺陷的孩子分开就行。这一管理举措出于冷酷的算计：以最低成本养大健康的孩子，使其成为工厂的廉价劳动力；以最小的代价让不健康的孩子慢慢死掉，而不会消耗国家资源。

到了20世纪80年代早期，齐奥塞斯库的经济管理已经非常失败，国家极度贫穷，只好把所有的弱势群体送到同样的机构里。无论是健康的孩子、生病的孩子，还是有精神问题的孩子，都受到忽视和抛弃。

1989年，柏林墙倒塌，齐奥塞斯库政权被推翻，罗马尼亚孤儿院的情况被公之于世。美国有线电视新闻网（CNN）和英国广播公司（BBC）播放了罗马尼亚孤儿院的图像，全球为之震惊。这些孩子营养不良，缺衣少食，受到虐待。很多孩子遭到殴打，而且由于吃不饱，身体难以恢复，身上遍布深色的伤痕，这是他们受苦的证据。很多孩子被捆在床上，被限制自由，而且有几千个孩子感染了艾滋病毒，因为他们使用的医疗器械从未消毒。最可怕的则是受到虐待的孩子数量庞大：有超过10万的孩子居于罗马尼亚孤儿院中。

这些场景令人心碎。西方国家迅速发起了拯救这些孩子的运动。在20世纪90年代早期，英国、美国、澳大利亚、加拿大母亲收养了很多罗马尼亚孩子。科学家们对这些孩子进行了研究，以检验勒内·斯皮茨和哈里·哈洛的研究。

不幸的是，研究者发现勒内·斯皮茨的孤儿研究和哈里·哈洛的猴子实验都是对的，也都是有预见性的。领养的母亲为孩子倾注了爱与温情，但是由于罗马尼亚孤儿们欠缺安全感，他们的反应就像受伤的动物来到新环境一样，无法和新母亲形成情感纽带。随着年龄的增长，这些被收养孩子的行为就像自闭症儿童一样，而且智力发育不良，在学校学习也有很大困难，甚至很多出现了严重的行为问题，如自残和攻击性行为。照顾这些受到创伤的孩子给他们的新母亲也带来了创伤，她们中的很多人决定把孩子送还罗马尼亚。

2. 齐奥塞斯库的遗产

美国和英国研究者追踪了上千名进入西方社会的罗马尼亚孤儿。现在这些孤儿已有 30 多岁了。通过对他们的研究，研究者对于安全感对人的塑造有了更深的认识。

好消息是，人类比猴子具有更强大的恢复力。大多数孤儿和养父母形成了强大的情感纽带，适应了社会。

但是生命最初那些年的伤痕仍然深深埋藏于他们的潜意识中。尽管今天的罗马尼亚孤儿可能看起来十分正常，但研究者估计，他们中至少有 40% 存在严重的心理疾病，包括抑郁症和精神分裂症。他们无法长期待在一个工作岗位上，因为他们常常在工作场所发脾气。几乎每个人都自述难以保持稳定的亲密关系。

更令人痛心的是，如果他们结婚，他们的不安全感很可能传递给孩子，因为有研究者发现，不安全感带来的压力能够通过男性精子中的 DNA 传递。[2] 也就是说，他们的孩子更有可能出现行为问题，药物滥用、不安全性行为、暴力行为发生的可能性更高。可以说，罗马尼亚孤儿及其后代，命中注定将拥有短促、暴烈、不快乐的一生。

罗马尼亚孤儿的人生很不幸，我当然不能把自己的生活与之相比。

我的父母爱我，努力工作以满足我的每一个需求。尽管我在学校受到欺凌，在家里挨打，我仍然能够获得全额奖学金，在世界名校学习，在那里我获得了充分的成长机会。有了耶鲁学位，我的机会无限。

但是尽管有耶鲁学位，有高智商，我的很多行为仍然类似没受过多少正规教育、智力低下的罗马尼亚孤儿。20多岁的时候，我频繁换工作，没法做任何一份全职工作超过一年。我在北京做了9个月的高中英语老师，然后仓促辞职，自断后路。有几年的时间我尝试自由写作，但当我在香港一个著名杂志社获得全职记者的工作时，我对老板很无礼，又和一名同事发生了激烈冲突，当场辞职。我还做过纪录片，但最后我发现自己没法和制片人合作，而这名制片人也是投资人。

后来我得到一份梦寐以求的工作，挑不出任何毛病。我受雇成为联合国在阿富汗的一名公共关系官员。工资很高，而且不需要实际做事，还是终身雇佣；如果我成家，联合国还会支付我孩子的学费和医疗费；退休金也很丰厚。要想解雇我，除非我杀了人，还得经过漫长的听证程序。世界上不可能有比联合国的这份工作更好的差事了。结果6个月后，因为与同事不和，我辞职了。

我从一个短期工作跳到另一个短期工作，最后总是回到多伦多的家，成月成月地住在父母的地下室里。我过着吸血鬼般的生活，每天夜里玩儿《星际争霸》，白天睡觉，下午六点起床继续玩儿。我愤怒又痛苦，连父母都躲着我。

当我上耶鲁的时候，我不知道的亲戚一个个冒出来，说我是家族的骄傲；当我成为失业的耶鲁毕业生，他们避我如瘟疫。好在我父母从来没告诉他们我辞去了联合国的工作，不然他们没准会要求把我锁进疯人院。

那时候只有一次换工作我没有回多伦多，因为我当时和女朋友住在一起。我们深夜喝醉，然后早上因为某件破事大吵一架，中午分手。不用吵架了令我很轻松，然而我随即又感到心灵空虚，身体颤抖，仿佛将要化为虚无。然后我发现我恨她，但还是不能没有她；她也打电话告诉我她恨我，但也还是不能没有我。然后我们再喝酒，再进行同样的循环。我们加剧了彼此的愤怒和痛苦，我们称其为爱，但我们都知道，那只不过是自我厌憎罢了。最后我觉得再和她在一起就要疯了，所以有一天我坐上飞机回了多伦多，在父母的地下室过吸血鬼的生活，直到再度幸运地得到下一个短期工作。很快我就 30 了，觉得自己的人生完蛋了。耶鲁学位为我打开了世界的大门，我却因为情绪不稳定而亲手毁掉了人生所有道路。

为什么我不是罗马尼亚孤儿，但行为却与之类似？研究者发现，罗马尼亚孤儿的生活也不都是相同的，很大程度上取决于个体的敏感程度。有的孩子不太敏感，就会比别人过得更好。我则是一个超级敏感的孩子，这一点既带来好处也带来坏处。我的敏感使我具有极好的记忆力、观察力以及创造力，却让我记得自己受欺负、挨打的每一次经历。即使今天，这些糟糕的回忆仍然鲜活，威胁着我的自尊和理智。我的敏感令我成功进入耶鲁，但也把我关进囚笼，让我在清醒的每一时刻面对我最大的恐惧和脆弱。这种痛苦令我无法忍受。

对于遭遇创伤的受害者所经历的情感上的麻木，心理学家有个专门的词——“解离”（disassociation）。罗马尼亚孤儿受到了过度创伤，所以他们从世界中解离，难以与养父母建立感情。我则从自己 20 多岁的那段经历中解离。当我和同事发生矛盾时，我的精神从身体中解离，仿佛悬浮在空中，笑着观察自己的自毁行为。我的身体发热、发抖，但精神却没有感觉。一切都结束后，我又断了一条后路，最后以酒精麻醉自己。我没有真正意识到我给自己和他人带来的伤害和痛苦，因此我也无法控制自己的生活。我的悲剧在于，我永远不愿向自己承认，我对生活没有控制力。我只是挣扎前行，如同受伤的野兽。

3. 哈佛大学的幸福研究

正如勒内・斯皮茨、哈里・哈洛以及罗马尼亚孤儿所证明的，安全感是发展健康的亲密关系之关键；而哈佛大学的幸福研究则证实，健康的亲密关系是幸福人生的关键。1938 年，哈佛大学医学院的研究者选择了 268 名哈佛大学的大二学生（其中之一是后来的美国总统约翰·肯尼迪），追踪了他们的一生，以寻找幸福、健康人生的关键因素。80 年后，研究仍然在继续（只有当所有观察对象都已死亡或退出实验时研究才算结束），但研究者认为他们已经收集到了足够的数据，可以得出这样的结论：人际关系的质量和亲密程度决定了一个人是否能够度过幸福、健康的一生。研究者们认为，被身边的人爱和尊重，比饮食和锻炼对健康的影响更大。

其他进行长寿研究的研究者得出了同样的结论。世界上有一些著名的长寿区，居住在这些地区的人们常常活到 100 岁以上，如日本的冲绳（Okinawa）、意大利的撒丁岛（Sardinia）、哥斯达黎加的尼科亚（Nicoya）、希腊的伊卡里亚（Icaria）、美国加州的洛马林达（Loma Linda）等。这些地方无论是地理、文化，还是饮食习惯都相差很大，但科学家发现它们之间也有很多共同点：第一，百岁老人在性方面仍然活跃；第二，这些老人都受到社会的高度尊重；第三，他们都有强大的社会支持网络，和家人，尤其是孙子女关系很亲近，并且持续为社会做贡献。

也就是说，最幸福的哈佛大学毕业生和长寿地区的老人都有高度的安全感，且这种安全感可以通过与身边人的亲密关系而不断深化。因此，也正如我个人的经历所显示的那样，安全感不仅是童年时需要用心呵护的，也是一生都要不断精心培育的，因为它是我们得以学习、得以成长的基础。

现在让我们来回顾简·埃利奥特的“棕色眼睛—蓝色眼睛”实验。她进行这一实验的目的是想让学生了解，如果一些人比另一些人得到更好的待遇，这是极不公正的。

她的实验告诉我们，歧视会侵蚀安全感。她让棕色眼睛的学生感到安全，因此他们的学习动机明显上升；她让蓝色眼睛的学生感到不安全，因此他们失去了学习兴趣。由于埃利奥特所在的艾奥瓦州赖斯维尔是一个非常均质且团结的小镇，我们可以认为，她的学生一直都受到父母、亲戚、邻居、教师的关爱——但只需要一周在校时间，就可以提高或者降低他们的安全感。

数十年后，卡罗尔·德韦克仍然记得一位有偏见的教师是如何毁了她的安全感的。

> 我曾经数学特别好。在高中，我代数、几何、三角都是99分，还参加了数学竞赛队。在竞赛队里，我和男孩子们一起参加了空军的视觉空间能力测试，因此我后来好多年一直收到空军的征兵广告。
>
> 后来我遇上了“地狱先生”，一个不相信女生能学好数学的老师。我的成绩下降了，我再也没上过数学课。[3]

安全感能够激励学生取得学业上的成功，对此我们可以找到很多证据。研究者早就知道，最有效地提升一个脆弱、被忽略的少数族裔学生学业成绩的方式，就是让一位受尊敬的精神导师给他指导。一个失败的学生遇上一个在乎他学业成绩的精神偶像，足以令他于一夜之间改变学习态度和行为。

4. 生而无安全感

黑人产妇在美国医院中生产的经历，也许能够为安全感可以决定生死的强大力量提供最有力的证据。2018年4月11日，《纽约时报》增刊发表了一篇文章——《为什么美国黑人母婴处于生死危机》(Why America's Black Mothers and Babies are in a Life-or-Death Crisis)。这篇文章提出了惊人的观点，认为由于医疗行业中存在制度性种族主义，黑人产妇在生产过程中的婴儿死亡率高达白人的两倍。这是因为制度性种族主义给黑人孕产妇带来压力和不安全感，而这种不安全感带来的不是哈洛猴子实验中的腹泻，而是婴儿营养不良和体重过轻，最终导致婴儿死亡率上升。与此同时，黑人孕产妇死亡率也高达白人的3—4倍。

这些数字很惊人，但对此，医疗机构之前有两个简单解释。他们说，出现这种现象的主要原因是黑人妇女教育水平低、生活方式不健康（黑人少女怀孕和孕期吸烟、喝酒、使用毒品的概率都更高）；他们还怀疑黑人妇女可能存在基因缺陷。

然而这两个解释都是无效的。

研究表明，研究生学历的黑人产妇的婴儿死亡率超过受教育不足八年的白人产妇的婴儿死亡率。即便两者拥有同样的生活方式（禁酒、吃健康食品、按时产检），黑人产妇的婴儿体重仍然更轻。

基因解释更是无稽之谈。1997 年，研究者发现，从非洲贫穷国家来到美国的新移民的新生儿，比美国黑人母亲的新生儿体重更重，前者与白人新生儿的体重相当。2002 年，同一批研究者发现，在美国长大的非洲和加勒比地区移民的女儿，她们的新生儿的体重比她们自己的出生体重要轻。而白人欧洲移民的数据则相反：女儿比母亲出生体重更重。

这些数据指向医院对黑人女性的歧视。五分之一的黑人女性表示，医院对待她们的态度很差，而只有 8% 的白人女性做出同样的表示。研究者发现，如果黑人女性有能够提供较好的孕产期护理，且能够代表其利益与医生进行协商的代言人，母婴就都能更快乐、更健康。

5. 追求安全感

詹姆斯·科南特在展望当前全球精英教育体制时，相信追求机会平等能够为人们创造一个公平的竞技场，使最优秀的人才胜出，无论他们是穷还是富，是白还是黑，是出生于美国还是外来移民。因此，他鼓吹将 SAT 作为全国性的高校入学考试，同时也支持建立一个以哈佛为顶层的大学金字塔。

然而机会平等只是一个神话，因为安全感比智商和成长型思维更能预测穷人和富人的人生差异。在美国，悲剧性的现实是穷人和富人的安全感处于两个极端。穷人安全感极低，因此没有自控力，看见第一颗棉花糖就急于吞下，因为他们担心再也不会遇上下一颗了。他们日复一日承受压力，因而陷入种种自毁性的行为，例如滥用药物和暴力。尽管在美国长大的穷人并没有经历罗马尼亚孤儿所经历的虐待和遗弃，但他们的人生很相似。

而富人安全感太多，也带来了问题。安妮特·拉鲁观察了美国精英阶层的养育方式，对此并不赞许。她发现，由于这些父母无微不至地管理孩子的生活，这些孩子无法靠自己找到生活的意义以及自我价值，很容易抑郁甚至自杀。这一现象已经广为人知，我们将在第十二章讨论这一问题。

说得直白点儿，很多批评者认为，美国精英阶层关心的不是让自己的孩子发挥最大潜能，而是防止别的孩子爬上来。这种态度害了所有的孩子。耶鲁大学英语系教授威廉·德雷谢维奇（William Deresiewicz）在其著作《优秀的绵羊》（*Excellent Sheep: The Miseducation of the American Elite & the Way to a Meaningful Life*）中写道，富人垄断了教育资源，断了穷人孩子的前途，也断了自己孩子的前途。

精英制作为教育理念并不成功，我们需要另一条路。那么我们应该怎么做呢？

首先需要辨认科南特在设计精英制时的原罪，他的高尚的谎言。他认为人的智力是与生俱来且不可改变的，因此教育体系需要鉴别出智商最高的人，把他们放进最好的学校里。然而现在大量科学证据表明，人们的学习能力和安全感密切相关，而出生环境决定了人们的安全感。

让我们再次回顾第一章中机会平等和条件平等的争论。每个美国人都会同意，结果平等，也就是说每个人不管是否努力都能获得同样的回报，并不是真正的平等。但是美国人也会同意，每个孩子都应该获得同样的成功机会，不应受其父母的限制。科学告诉我们，如果社会要保证每个孩子都有成功的机会，就需要保证条件平等，而非机会平等。

条件平等如何操作？让我们来看一个成功帮助贫穷孩子在学校获得成功的社会实验。这一实验在 20 世纪 60 年代的密尔沃基进行，这是当时美国威斯康星州最穷的一个地方。密尔沃基项目的基本观点是，到了开始上学的年龄，穷孩子的学业成绩已经命中注定无可挽回了。多数穷孩子的家庭极不稳定、充满暴力，无论什么样的学习辅导也不可能治愈他们的伤痕。

密尔沃基项目选择了17个高风险家庭，为其提供一种全面系统的解决方案，保障其中的40个婴儿在家庭中能够感到安全和爱。他们为单身母亲提供培训，让她们成为助理护士，从而使母亲们在社区中获得尊严，这给她们带来了安全感。同时，这些婴儿从6—8周起还能获得项目提供的高质量的日托服务，这样母亲们就可以集中精力学习、工作。项目还提供家长教练，每周3次、每次3—5小时。这些教练成为家庭的朋友，和母亲聊天，了解她们关心的问题，提供有针对性的反馈，帮助她们用谈话的方式为孩子建立安全感。

密尔沃基项目选择的母亲有一个共同点：她们的智商都低于75，也就是说她们的智力发育存在缺陷。一般而言，她们的孩子极有可能被学校归为发育迟缓。然而，密尔沃基项目进行了8年之后，研究者发现孩子们的平均成绩达到了全国平均值。

贝蒂·哈特和托德·里斯利详细研究了密尔沃基项目，认为儿童早期干预项目是社会实现条件平等的最有效方法，能够为每个孩子提供成功人生的保障。

> 提供基于收入水平的高质量的儿童托育服务，可以帮助每一对父母。在托育服务项目中，儿童可以参与适合其生长发育的活动，父母可以学习养育的方式，并得到关于儿童养育的反馈和建议。高质量的儿童托育服务将从婴儿期起为儿童提供更多运用语言的机会、更多积极的反馈。所有上班的父母都应受益于这种服务，而这种服务在当前只有部分家庭才能负担得起。高质量的托育服务能够使家长专心工作，不用担心孩子。社区儿童托育中心可以提供非全日制的儿童活动，成为早期诊断和早期教育的服务场所，成为处于危机中的家庭的避难所，以及高风险儿童父母的培训场所。[4]

同时，提供早期儿童教育干预项目的社会能够建立强大的社群，可以为年轻人提供就业机会，以及非常宝贵的育儿教育。当新的一代年轻人接受了这种教育，他们将成为合格的父母。长此以往，早期儿童教育服务的需求将降低，费用也将随之降低。

> （社区服务）可以为家长提供家长助理，就像过去的大家庭能为父母提供临时帮手一样。这对父母是极大的帮助。尤其对年轻人来说，做家长助理的经验能够使他们看到运转良好的家庭是如何运作的，看到这些家庭为孩子提供的环境、经验和交流机会，以及对孩子的期望。这种家长助理的项目能够给年轻人提供一个实习机会，使他们了解怎样的养育方式是好的。[5]

要充分理解这些项目是怎样改变人的生活的，让我们再来看看 J. D. 万斯的故事。万斯聪颖而敏感，却不幸生在充满暴力的家庭中。他的母亲不断换男友，男友们虐待成性，因此万斯无法专心学业。在万斯十年级的时候，他的外祖母决定出手干预，让万斯和她住在一起。

> 漫长的七年里，我只希望一切能结束。打架、尖叫甚至毒品，我都不太在乎了。我只想要一个能让我待在里面的家，我想让这些该死的陌生人都滚出去。
>
> 和阿嬷住在一起之后，我的人生完全不同了。十年级，我和阿嬷一起住在她家，没有别人。十一年级，我和阿嬷一起住在她家，没有别人。十二年级，我还是和阿嬷一起住在她家，没有别人。阿嬷家的平静给了我一个安全的港湾，让我能做作业。不再有打架、动荡不安，我可以集中精力学习、工作。安稳的生活让我能够在学校与人结下长期友谊。我找了个工作，接触了社会，这帮助我了解我想要怎样度过我的人生。事后看来，这些事都有其解释，而且我相信每一条解释都有道理。[6]

万斯的外祖母给了他安全感，改变了他的人生。从美国经济最差的地区到耶鲁大学法学院，从退役士兵到畅销书作者，万斯现在的人生充满希望。他甚至可能像另一个有着引人入胜的人生故事而且写过畅销回忆录的常春藤大学法学院毕业生贝拉克·奥巴马（Barack Obama）一样，进入政界，成为美国总统。

詹姆斯·科南特在设想美国精英制的时候，中意的无疑就是奥巴马或者万斯这样的人。但是奥巴马和万斯却绝对不会说，他们是因为有机会参加 SAT 考试、上了常春藤大学，才成为今天这样的人。他们会说，他们之所以在人生中取得了成功，是因为有一位爱他们的祖母，在他们最绝望的时候给了他们一个避风港。

> 大量社会科学研究证实了充满爱的、稳定的家庭的积极作用。我可以引用十几篇文献来证明，阿嬷的家不仅给我提供了一个短期的避难所，更给了我人生的希望。有大量这样走出伤害的例子，来自不稳定家庭的孩子因为获得了一位成人的爱与支持，而得以健康成长。[7]

奥巴马和万斯都对努力为自己提供安全感的祖父母充满感激。为了实现条件平等，政府需要极大的投入，正如贝蒂·哈特和托德·里斯利所指出的：

> 要想为低保家庭的孩子提供工薪阶层家庭的孩子同样的体验，早期教育必须从出生开始，持续整年。不可能事后再补上之前某一周落下的 6 万个单词。让养育员在看护多个孩子的同时，还要每小时对每个孩子说 2100 个单词，这超出了当前最好的早期教育项目的极限。而且，这样的教育项目必须提供极少限制孩子、能让孩子充分参与的活动和环境，还需要训练工作人员持续关注并鼓励儿童的行为。[8]

但是有一个国家做到了。这个国家在给每个孩子提供安全感的早期教育上投入了很多，那么它从中得到了什么回报呢？其国民认为自己在世界上最幸福，其经济充满活力，其学校系统令世界羡慕。

6. 芬兰奇迹

在短短几十年间，芬兰从一个贫穷的国家发展为世界上最富裕的国家之一。芬兰将这一成就归功于其 500 余万国民都接受了高质量的教育。

世界各地的教育工作者来到芬兰学习，离开时认为这一切都是奇迹，所以没法学。在芬兰，教师和医生一样受到尊重，大多数芬兰学生都梦想将来能成为一名教师，或者和一名教师结婚。只有大约十分之一的申请者能获得小学教师师范专业的录取。

在芬兰，小学教师通常来自高中学段成绩前 5% 的学生。这些教师在教室里拥有世界上其他地方都无法比拟的自主权。他们可以自主选择教材，也可以自己编写教材。学生不考试，而接受个性化的评估。教师通过观课、交流来提高自身的教学水平。家长信任教师，遵从他们的判断。

这样的教育成效卓著。芬兰学生上学较晚（7 岁上学），作业很少，没有标准化考试。家庭不择校，私立学校也很少。然而芬兰学生的学业水平与中国、韩国、日本、新加坡学生相当——这些国家的学生以参加高价的课后补习班而著称。此外，芬兰教师平均每天只教约 3 小时课，工作量只有美国教师的一半。

是什么造就了芬兰的奇迹？

答案就在芬兰奇迹的起源中。“二战”之后，芬兰是一个贫穷破落的国家。它的人口很少，也缺少其他北欧国家的自然资源。芬兰历史上一直受到近邻瑞典和俄罗斯的威胁；冷战中，芬兰不得不在两个超级大国的激烈竞争中求生存。因此芬兰认为，自己唯一的出路是开发人力资本，教育每一个孩子成为最好的自己。

芬兰教育家帕思·萨尔伯格（Pasi Sahlberg）在其著作《芬兰道路：世界可以从芬兰教育改革中学到什么》（*Finnish Lessons: What Can the World Learn from Educational Change in Finland*）中写道，芬兰对于要建成什么样的教育体系曾有过激烈的争论，争论的焦点就是条件平等与机会平等。

旧教育结构的基本信念是不可能每个人都能学好每一件事，或者说，天赋和人的能力不是均匀分布的。……

……反对“新课程”的人认为，对于来自不同社会背景、具有不同智力的孩子，不可能期望他们在教育上达到一样的水平。他们认为，人人平等的教育意味着调低期望值，让教育适应那些能力一般的学生，这会影响芬兰的前途。[9]

萨尔伯格注意到，这一争论主要是在小学教师和大学教授间进行的。小学教师相信每个孩子都有能力学会任何东西，而大学教授则信服詹姆斯·科南特的教育理论。最终，芬兰认为自己别无选择，因为这个国家太小了，不可能再对学生进行筛选和分类。它必须坚持每个学生都能成功的信念，即便盲目。

当整个世界转向机会平等之时，芬兰的学校则全面革新，确保条件平等。

“新课程”将过去在不同类型学校（学术型学校或职业型学校）工作的教师合并，让他们都在同一所学校工作，面对能力多样化的学生。正如裘尼·法利贾维（Jouni Välijärvi）教授的解释，综合学校改革并不仅仅是组织结构的变化，而是教育理念的变化。这一教育理念包括以下内容：所有学生在获得适当机会和支持的条件下都能学习；理解人类多样性并从中学习是一项重要的教育目标；学校是小规模的民主主体，正如约翰·杜威（John Dewey）在百年前坚持的那样。“新课程”要求教师使用多种教学方法，设计能够促进个性化学习的学习环境，对教师专业水平提出了极高的要求。这种要求掀起了 1979 年开始的教师教育变革：新的教师教育法出台，其重点在于教师专业发展和基于研究的教师教育。[10]

芬兰致力于推动条件平等，从而改变了其教育系统的重心。如果我们相信詹姆斯·科南特的观点，认为教育的一半任务在于对学生进行筛选和分类，则教育的权力就在 ETS 的出题人员和哈佛大学招生人员的手里。但如果我们相信社会有责任教育每一个孩子，则教育的重心就变成为每一个教师赋能。

这就是芬兰奇迹的答案。并不是因为芬兰教师特别有创造力、有激情，芬兰教育才格外出色；而是因为芬兰社会致力于为每一个孩子提供高质量的教育，迫使芬兰教师成为有创造力、有激情的专业人员。然而，由于多数其他国家的学校体系选择了机会平等而非条件平等，这一真谛被忽视了。

芬兰教师受到如医生一般的尊重，因为他们事实上就是医生。他们的主要工作是诊断学生学习上的问题，并设计有针对性的干预方法。“几乎半数 16 岁学生在离开综合学校时，都接受过某种特殊教育、个性化的帮助或者个人指导。”[11] 萨尔伯格在书中写道。

在学期末，教师不发成绩单，而是给家长提供长达数页的个性化评估报告，描述学生学习的进步和不足。拥有如此细心而专注的专业精神，芬兰教师受到社会高度尊重就不足为奇了。教书受到如此的尊重，对社会有高度贡献，又具有挑战性，因此芬兰最好的学生选择做教师。

芬兰社会对早期教育的大量投入，极大地简化了芬兰教师的工作。贝蒂·哈特和托德·里斯利的所有建议都在芬兰成为现实。

芬兰给所有家庭——无论穷富——提供世界上最慷慨、最全面的产前和产后服务。一旦芬兰女性怀孕，就会受到全方位的支持。一名专业医护人员会每周为她做检查，包括情绪、生活方式及营养。她将有一年产假，其丈夫差不多也有这么长的产假。生产过程是免费的，回家后，医院每周还会派护士回访，确保产妇和孩子一切正常。

当孩子 8 个月大时，新妈妈就可以送孩子到高质量的日托中心。中心收取的月费不高，但如果家庭仍旧无法负担，政府就会负担其费用。芬兰的托育服务人员是受过高等教育、学过儿童发展心理学的专业人员，因此托育服务本质上成为儿童早期干预的国家性体系，其目的是减少社会经济背景对儿童未来命运的影响，保证所有孩子都有机会过上更好的生活。

怀疑者认为芬兰是一个例外，没有代表性，因为芬兰是个非常均质的国家，只有 500 多万人口，国民都信奉个人主义和平等主义，相信每个人都必须独立自主，因此社会有责任确保每个人获得这种能力。

所以让我们再看一个早期干预改变人生的例子。让我们回到曾经将数以万计的孩子关进孤儿院的罗马尼亚。

7. 回到罗马尼亚

查尔斯·纳尔逊是哈佛大学医学院儿科教授。当他在新闻中看到罗马尼亚孤儿院的情景时，他既震惊又好奇。他了解到，很多西方母亲收养了罗马尼亚孤儿，却发现巨大创伤使养育这些孩子极度困难，以至于很多母亲不得不把孩子送还。

纳尔逊产生了一系列疑问。为什么这些母亲失败了？怎样才能改变罗马尼亚孤儿的命运？那些没有被收养的罗马尼亚孤儿又怎么样了？

纳尔逊利用强大的专业知识和关系网，建立了一支研究队伍，和罗马尼亚政府合作开展了干预项目。他研究了哈洛的实验，发现了哈洛的猴子和罗马尼亚孤儿的相似性。被遗弃、被虐待的经历，以及安全感的缺失，伤害了孤儿们在学校的学习和在社会上的生存。哈洛使用亲密和爱治愈了猴子，纳尔逊认为这一方法对罗马尼亚孤儿也可以奏效。

纳尔逊及其研究团队选择了6个孤儿院的136名孤儿，分成两组：第一组留在孤儿院，第二组与寄养家庭一起生活。为减少寄养家庭再次抛弃孩子的风险，纳尔逊团队为寄养家庭提供经济补助和培训。另一创新举措是建立寄养家庭的社群，通过社群，养父母们可以相互支持和学习，并组织起来为自己和孩子争取利益。

为了加强研究的科学性，纳尔逊团队研究了三组不同的孩子：寄养家庭中的孤儿、孤儿院中的孤儿，以及罗马尼亚普通儿童。他们在儿童的不同发育阶段（30个月、42个月、54个月、8岁、12岁）进行了包括脑扫描在内的一系列测试。

纳尔逊团队从2000年开始进行布加勒斯特早期干预项目（The

Bucharest Early Intervention Project)，2008 年他们发表了研究成果，信心十足地宣布，这一项目取得了成功。

> 寄养家庭比孤儿院提供了更好的养育吗？在 30 月龄和 42 月龄，寄养家庭的养育质量都显著高于孤儿院，与从未进孤儿院的普通儿童接受的养育相当。我们希望寄养能为那些曾经在孤儿院生活过、经历过严重匮乏的孩子提供安全和稳定的生活。在这一项目四年干预的过程中，我们没有发现一例虐待的情况。84% 的孩子在干预期结束后（通常是 54 月龄）继续留在寄养家庭。[12]

纳尔逊团队的结论证实了勒内·斯皮茨和哈里·哈洛的发现。孤儿院即使金碧辉煌，但如果没有人爱这些孤儿，他们就没有安全感，容易生病，容易焦虑、抑郁，免疫系统和智力也会发育不良。这些研究驳斥了刘易斯·特曼和詹姆斯·科南特的智商与生俱来、不可改变的观点。

> 总体而言，这些孩子的认知展现出一个令人不安的规律：留在孤儿院的孩子在语言和认知各方面都表现出严重的倒退和停滞，智商低，执行能力和记忆有缺陷，语言能力发展迟缓。与之相比，寄养家庭里的孩子，尤其是那些两岁以前就进入寄养家庭的孩子，在智商和语言能力方面都有长足进步，然而比不上从未在孤儿院中生活的孩子。最令人难过的是，曾经处于孤儿院中的孩子在一系列执行能力上都有缺陷，即使之后来到寄养家庭（无论其年龄），也无法逆转这一现象。[13]

纳尔逊的研究再次证实了爱和热情对于人类的力量。不仅祖父母的爱能够改变人生（如奥巴马或万斯），任何人的爱都能改变周围孩子的命运。确实，罗马尼亚孤儿的寄养父母最开始是收钱领养这些孩子的，但是很快他们就像爱自己的孩子一样爱这些孩子，从而改变了他们的人生。

> 孤儿院养育对孩子的情绪反应、情感依恋和社会性发展的影响是深远的，但孩子的恢复能力也同样惊人。我们最先看到的就是社会和情感功能的恢复……30 个月时，反应性依恋障碍恢复正常的现象也十分明显。安全依恋的增长在 4 岁以后仍然显著，且可以用于预测精神病理学和社会性发育方面的结果。这些曾经处于显著不利条件的孩子与寄养父母形成的安全依恋，对其恢复正常生长发育有重要的作用。最后，到了干预结束后数年的童年中期，这些孩子的大脑功能发生了显著改变。[14]

所有的学校都可以，也应该做到万斯的外祖母为他所做的，以及布加勒斯特早期干预项目为罗马尼亚孤儿所做的事。即使是最贫穷、最暴力、最危险的社区的学校也可以改变孩子的人生，只要它们能够为孩子提供安全的避风港，并相信孩子的潜力。在本书的第四部分，我们将具体讨论如何设计这样的学校；其关键在于，未来的学校需要以爱、社群和使命感为动力。如果做法正确，假以时日，学校就能赋予学生安全感和勇气，让他们梦想更好的未来。

在当今世界经济极度不平等的背景下，这也许过于乐观和天真。但我们人类有极强的适应力，这种适应力深深嵌入我们大脑的可塑性之中。在我 30 岁出头的时候，我以为我的人生完蛋了。但我偶然了解到神经可塑性的概念，通过数年痛苦的努力，我重塑了我破碎的灵魂。在这一过程中，我也找到了梦想中的女性，并与她相爱。我们一起养育我们的孩子，让他不要继承我的不安全感。虽然我们都会受到童年经历的影响，但童年经历不能定义我们的一生：我们可以成为自身学习和命运的主人。在下一章，我们将深入讨论这一点。

SCHOOLS FOR THE SOUL

第二部分

学 习

如果把我们效率不高的大脑比作一个学生，它就是智商低的读写障碍者。大脑无法立刻理解或者立刻记住老师课上讲的内容，必须竭尽全力才能应付学习。在挫败中，它觉得比起死记硬背，学会学习方法还更容易些。等到走向工作场所，这样的大脑不会有那种自以为无所不知的好学生的傲慢态度，因为它知道自身的局限性。虽然它在学校中学到的知识不多，但至少学到了乐于学习的态度。

第五章 刻意练习

1. 一万小时定律

2008 年，加拿大记者马尔科姆·格拉德韦尔（Malcolm Gladwell）的《异类：不一样的成功启示录》（*Outliers: The story of Success*）成为《纽约时报》图书排行榜销量第一的作品。在这本书中，他提出了"一万小时定律"。基于瑞典心理学家 K. 安德斯·埃里克森（K. Anders Ericsson）的研究，格拉德韦尔认为，成功并非来自智商或天赋，而是来自埃里克森所谓的"刻意练习"，即策略性的学习。

格拉德韦尔发现世界著名的披头士乐队（The Beatles）于 1960—1964 年在德国汉堡的酒吧里开始了演艺生涯，在演出一万小时后获得了全球性的声名。他采访了比尔·盖茨（Bill Gates），发现盖茨从 1968 年 13 岁的时候开始编程，在积累了一万小时以上编程经验后创办了微软。格拉德韦尔认为，任何人坚持做一件事 10 年，每周 20 小时，就可以精通这件事，无论它是什么。他花了 10 年时间打磨写作技艺，最终成为 5 本畅销书的作者。

一万小时定律流行后，有很多人质疑。披头士成员保罗·麦卡特尼（Paul McCartney）在 2010 年的一次采访中指出，有很多乐队在汉堡演出了一万小时，只有披头士大获成功，因此运气和天赋也是他们成功的因素之一。而微软成功的关键，是与 IBM 签约，为其提供操作系统 DOS。之所以它能和 IBM 签约，不是因为盖茨是编程专家，而是因为盖茨的母亲是 IBM 董事会成员——即使在美国，关系也很重要。

格拉德韦尔使埃里克森的研究出了名，但埃里克森认为格拉德韦尔错误地解释了他的研究，对此十分担忧，于是写了一本书来反驳一万小时定律。

格拉德韦尔的主要立论依据是埃里克森1987年对柏林艺术大学小提琴专业学生的研究。这些学生都有音乐天才之名，都来自同样社会经济背景的家庭，都立志成为职业音乐家，但只有最好的才能成功。格拉德韦尔写道，埃里克森的研究表明，成功的学生练习了一万小时以上。

埃里克森在他的书《刻意练习：如何精通一切》（*Peak: How to Master Almost Anything*）中则指出，最好的学生确实比同龄人练习得更多——18岁时，音乐专业的学生花在小提琴上的训练时间平均为3420小时，较好的小提琴专业学生平均练习了5301小时，最好的小提琴专业学生平均练习了7410小时。但是埃里克森还指出，重要的不是练习的数量，而是质量。最好的学生能识别自己的弱点，与老师一起制定改进的策略。他们迫使自己踏出舒适区，这一过程绝非易事。

> 无论是什么样的学生都承认，改进十分困难，他们并不乐在其中。即使是好学生，努力练习也不是轻而易举之事。他们之所以练习强度那么大，那么专心，是因为他们理解练习对改进的意义。[1]

埃里克森在对小提琴专业学生的研究中，从未发现天才能代替努力。所有中年的职业小提琴家在18岁的时候，平均练习时间是7400小时。

埃里克森还指出了格拉德韦尔对披头士乐队成功的解释存在的问题。他说，披头士实际在汉堡演出了1100小时，虽然不少，但远不到一万小时。埃里克森认为，披头士出名并不是因为完美的演出，而是因为创作了原创歌曲。

> 表演和练习不一样。当然，披头士在汉堡演出了很多场，肯定水平有所提高，但这并非因为他们每次都唱同样的歌，而是因为从演出中他们获得了来自观众和自我的反馈。即使是这样，在人群前演出一小时以呈现最好的表演，也不同于专注的、以发现弱点和提升水

平为目标的一小时练习。这种练习是解释小提琴专业学生能力差异的关键。……同时，披头士的成功并不在于他们演出别人的音乐有多完美，而在于他们创作原创歌曲的能力。因此如果要用练习来解释披头士的成功，必须解释乐队的两名主创——约翰·列侬（John Lennon）和保罗·麦卡特尼是如何通过练习来提升作曲能力的。[2]

格拉德韦尔的观点最根本的缺陷在于，他认为学生可以自己学习，但埃里克森的研究发现，有教师提供指导和反馈，学生才能学得好。

这就是所谓的“邓宁—克鲁格定律”（Dunning-Kruger Rule）。

2. 邓宁—克鲁格定律

全世界有成千上万的蹩脚音乐家和作家相信格拉德韦尔的一万小时定律，追逐着自己的梦想。他们为什么不知道自己水平有多差呢？

美国心理学家戴维·邓宁（David Dunning）和贾斯廷·克鲁格（Justin Kruger）想知道，人到底能否真正了解自己的能力。于是两人在他们教授的本科课程中做了一个实验：先让学生做一个逻辑推理的测验，然后让学生填写问卷，评估自己做得怎么样。

令两人吃惊的是，没有一个学生能够准确地评估自己的能力。做得好的学生低估自己的表现，因为他们认为别人的能力也一样强，甚至更强；做得不好的学生则高估自己的能力，因无知而自信。

表现最差的学生的估计和实际表现相差最远。邓宁指出：“他们缺乏做出题目的能力，也就缺乏判断自己答案是否正确的能力。”[3]

邓宁和克鲁格的结论是，最有效的学习者是那些最能察觉到自己能力局限性的人。为了提升自己，他们不断自我评估、自我反思，同时也评估他人并向他人学习。

> 对于自己的决策是否正确，有能力的人能够做出较好的判断。……我们发现，熟练掌握某项技能的人在一项不同的，甚至可能更重要的元认知任务上表现更好：他们有能力判断他人表现的好坏。[4]

埃里克森在其著作《刻意练习：如何精通一切》中解释了刻意练习的作用。为了防止邓宁－克鲁格现象，即学生无法正确判断自己的表现，就需要一名教练或老师为学生提供反馈和指导。为掌握一项技艺，学生需要把任务分解，分阶段学习，在这一过程中不断挑战自己做到更好。在失败中，他们将更深刻地了解自己的弱点，然后和教练共同调整练习的策略。（如果你觉得这些听起来有些熟悉，那是因为刻意练习与卡罗尔·德韦克的成长型思维有相似之处。两者的区别在于，刻意练习是学习的一种系统性方法，而成长型思维是有效学习的正确价值观。）

举个例子，假设我们准备跑马拉松。效率不高的策略是直接开始跑，跑不动了就停下来。刻意练习意味着采用更有耐心、更有策略的方法：先练习在一定时间内跑 3 千米，然后是 5 千米、10 千米、半程马拉松。

因为跑马拉松不仅需要意志力，还需要我们的身体和精神都发生转变。这种转变需要时间。在练习的每一个阶段中，我们都需要改变生活习惯、饮食习惯和锻炼方式，才能进入下一个阶段。如果有一名专业跑步者在身边陪同指导，我们就容易成功；否则我们就容易受伤，因为我们会高估自己的体力，低估烈日的威力和硬质山路对身体造成的负担。

3. 学习和生活的阶段

为更好地理解刻意练习，让我们再以两项只要学生足够努力就都能掌握的运动为例——巴西柔术和攀岩。这两项运动不像足球或者篮球，有时候花很长时间训练却提高不了多少；大多数学巴西柔术或者攀岩的学生只要花时间练习就能进步，因为这两项运动都包含刻意练习的元素。

在巴西柔术中，根据能力学生被分成不同的等级：白带、蓝带、紫带、棕带、黑带、红带，等级之间都有明显的差异。攀岩也一样，会根据路线的难度进行分级。这种分级系统使学生能够认识到自己的能力，避免陷入邓宁—克鲁格定律的怪圈，同时了解进入下一等级所需要的能力。

对于练习巴西柔术或者攀岩的人来说，等级的提升不仅是身体能力的提升，也是视野的提升。在这些运动中，身体必须协同运用不同肌肉群，以克服不断变化的挑战。

让我们以画布来比喻：巴西柔术或者攀岩的初学者仅能看到画布上模糊的轮廓，随着能力的提升，他们逐渐看到了画布上精密的线条、色彩和阴影，以及遍布画布的细节。每次提升一个等级，他们虽然面对的是同一张画布，却看到了画作的不同层次，这证明了他们对画的理解变得更深入、更广博，也更精微。

随着我们在这幅画上看到越来越多的内容，我们的思维方式也改变了。以下是一名学习者从一个阶段进入下一个阶段走过的大致历程。

初学者：

- 充满好奇和热情。
- 缺乏耐心，急于求成。
- 花费很多时间，但看不到多少进步。
- 以获得荣誉与他人的认可为动机。
- 一心求胜。

小有成就者：

- 掌握了基本技能。
- 有明确的学习策略。
- 能教别人。
- 竞争性极强。
- 极度渴望获得荣誉与他人的认可。

专家：

- 熟练掌握技能。
- 已经获得了荣誉和他人的认可。
- 能够帮助他人制定明确的学习策略。
- 希望影响并帮助他人。

大师：

- 不再关注荣誉、他人的认可或者影响力。
- 不再教别人，开始重新学习。
- 视学习为自我发现之旅。
- 通过内省，发展新的视野与技能。

4. 迈克尔·乔丹和他的教练

让我们再来看一个刻意练习的真实例子。20 世纪 80 年代早期，芝加哥公牛队是 NBA 的笑柄，也是芝加哥城市的笑柄。一次，公牛队的经理因开车超速被抓。他试图送警察几张篮球票以换取宽大处理，警察反问："你有曲棍球票吗？"球迷的段子是，有人曾潜入球队的办公室，不是为了偷东西，而是为了退掉季票。[5]1983 年，芝加哥公牛队是全联盟成绩第三差的队伍，27 胜 55 负。

第二年，公牛队选中了迈克尔·乔丹（Michael Jordan）。乔丹天赋非凡，第一年就获得了最佳新人奖。他使一支垫底的队伍成为冠军争夺者。在季后赛中，公牛队连续三年和底特律活塞队对战，但每一次比赛中，快速灵活的乔丹都受制于身形庞大、体格强壮的乔·杜马斯（Joe Dumars）。乔丹的教练担心，乔丹会因好胜心太强而在和杜马斯的对战中受伤。

乔丹确实好胜，但他也十分有策略。他知道自己的弱点在于力量，并设法提升。但是假如他增加体重，固然会提升力量，但也会失去其赖以得分的速度和灵活性。他想要更强壮，同时又能保持速度和灵活性。他的教练认为不可能做到。

幸运的是，在乔丹确定其目标的时候，毫无名气的 25 岁教练蒂姆·格罗弗（Tim Grover）主动找上门来，给乔丹提供了一个训练计划。乔丹没有当即拒绝，而是给了格罗弗 30 天的时间，让他证明他的训练计划有效。乔丹的传记作者戴维·哈伯斯塔姆（David Halberstam）记录了格罗弗的长期战略。

> 格罗弗告诉乔丹，他虽然无法提高乔丹的篮球水平，但可以使他更强壮，更重要的是可以延长他的运动生涯。这很有吸引力，因为乔丹知道，朱利叶斯·尤因（Julius Erving）等运动员是在运动生涯的晚期才开始力量训练的。格罗弗则建议乔丹尽早开始，显然有其道理。格罗弗还告诉乔丹，力量训练有正确的方法和错误的方法。不能训练过度，要在数年的时间内逐渐增加重量和强度，使身体逐渐适应。乔丹进入 NBA 时体重是 185 磅（1 磅 ≈ 0.45 千克——译者注），遇上格罗弗时大约是 195 磅。乔丹认为自己的理想体重应该是大约 215 磅。这一估计相当准确。格罗弗认为需要 3—4 年的时间逐渐达到这一体重。每年增加 5 磅是比较理想的，因为这样既能让身体逐渐适应，又能增加肌肉，并保持技能水平。他说："如果我们让你的体重增加得太快，你在球场上的表现就会受到影响，你肯定会受到损失。"[6]

当时埃里克森还没有发明刻意练习这个词，但是格罗弗已经在使用这一方法了。格罗弗明白，提升球场上的表现并不意味着在球场上花更多时间，而是要理解这项运动需要的身体机能，并针对这些机能的提升精心设计训练的内容。

> 乔丹和格罗弗不仅要强化上半身的力量，还要强化篮球运动员

最易受伤的部位：脚踝、手腕、肩、膝和髋。这些训练很枯燥，而且多数篮球明星对此不屑一顾，因为这看起来没有明显效果，不会使体型变得更出众或者更强壮，至多只能部分避免运动对身体造成的慢性损伤。然而格罗弗发现，乔丹目标坚定，倾注全力，心甘情愿地完成这些单调的训练。篮球运动员由于防守时总是横向移动，因此大腿根部容易拉伤，乔丹也一直受此困扰。格罗弗通过测试发现，乔丹腿部的内侧肌肉比外侧肌肉有力，这种力量的不均衡是大腿根部拉伤的原因之一。因此格罗弗和乔丹进行了一系列训练来平衡肌肉力量，从而减少了拉伤的发生。[7]

两人成为最佳搭档。乔丹是充满雄心的学生，格罗弗是耐心的教练。格罗弗不懈地在乔丹的身体上进行精密的试验。通过刻意练习的方法，格罗弗的训练使乔丹从明星运动员变为 20 世纪美国最伟大的运动员。

格罗弗的训练方法的长期优势直到后来才显现。乔丹退役，先是去打棒球，后又回来打篮球，直到 30 多岁时仍然处于罕见的巅峰状态——多数篮球运动员在这一年龄，状态已经开始显著下降。乔丹在格罗弗做教练时一共打了 7 个赛季，其中只缺阵 6 场比赛。在他从棒球回归后的 3 个赛季中，从未缺席一场比赛。

格罗弗的训练很成功。乔丹体重增加了，力量也提升了，从他的肩膀和手臂就能看出来。他每年都会对格罗弗说："你让我多花了好多钱。"格罗弗装作不懂，问为什么。——"因为衣服又不合适了，我老得把所有衣服都扔掉买新的。"训练一年后，乔丹的身体明显更强壮了，一个标志是他上篮的完成率提高了。过去在上篮的过程中如果有防守队员撞击，乔丹往往不能完成上篮。现在他可以承受进攻中的撞击，完成上篮。[8]

在乔丹能够以力量对抗底特律活塞队的乔·杜马斯之后，他领导芝加哥公牛队连续五次夺冠。公牛队不再是城市的笑柄，而成为 **NBA** 历史上最强大的队伍。警察也想要他们的票了。

5. 刻意练习的挑战

刻意练习需要将需掌握的技能分解成不同的阶段，为每个阶段设定明确、可测量的目标，但不是每种领域的学习都可以进行这种分解。运动、音乐、游戏都是结构化的活动，有可测量的目标。我们知道如何分解长跑的目标，但如果要定义一名优秀的医生、教师或者律师，就缺乏公认的标准，这正是刻意练习的方法存在局限性的原因。

为理解这一点，我们可以使用人工智能或机器学习的例子。

2016 年 3 月，围棋程序阿尔法（AlphaGo）以 4∶1 战胜韩国专业棋手李世石。这一事件比 1997 年深蓝（Deep Blue）战胜国际象棋冠军加里·卡斯帕罗夫（Garry Kasparov）更令世界震惊。深蓝的开发始于 1985 年，它由 IBM 创造，能够使用穷举法预测接下来的 20 步棋，拥有 70 万局棋的数据库。但穷举法可以预测国际象棋，却没法预测围棋，因为围棋的棋局复杂得多。因此阿尔法的设计师使用了机器学习的新概念教阿尔法下围棋。

深蓝遵循复杂的算法，且这一算法的设计师之一本身就是国际象棋高手。深蓝获胜的方法是穷举当前局势下所有可能的决策，然后选择最具优势的一步。卡斯帕罗夫等人类象棋高手没有计算机这样强大的计算力，所以做不到这一点。但他们基于对成千上万棋局的熟悉，依赖自己对这一游戏逻辑的直觉性理解，能够分析预测棋局的多种未来状态。

阿尔法模拟了人类的这一学习方法。其设计者采用刻意练习的基本原则，将问题分解成按难度排序的小块，让阿尔法通过和自己对弈数百万局，摸索出围棋的规律。这一过程就是机器学习。

今天，机器学习已经成为我们生活中密不可分的一部分。例如搜索和推荐引擎、面部识别、语音识别、翻译软件等，都依赖于机器学习。很多人因此而害怕人工智能将取代人类。

这种恐惧是对机器学习的根本性误解。机器学习的概念自 20 世纪 70 年代就已出现，当时常用的名称是“动态编程”。机器学习能获得今天的显著地位主要是由于三个因素：摩尔定律①、大数据和智能手机。

任何计算机软件都有三个部分：输入、输出和算法。即使早期程序员也知道，这种系统的致命缺陷在于，软件至多只能和其设计者一样聪明。后来的程序员意识到，可以将输出作为下一次的输入，算法有效性的数据可以帮助算法自我完善。

虽然这一想法很有道理，但数十年之后，技术才足以支持这种想法的实现，因为算法要将实时的反馈转换为可用的数据需要强大的处理能力。摩尔定律预测的计算机处理能力解决了这一问题。到了20世纪90年代，互联网的兴起使互联网公司得以收集大数据，没过多久，智能手机使数十亿人全天候互联。

机器学习最重要的元素是大数据，也正因如此，那些能够获得大数据的互联网公司如谷歌、脸书、亚马逊和百度成为这一时代的先行者和领导者。机器学习的过程如下图所示：

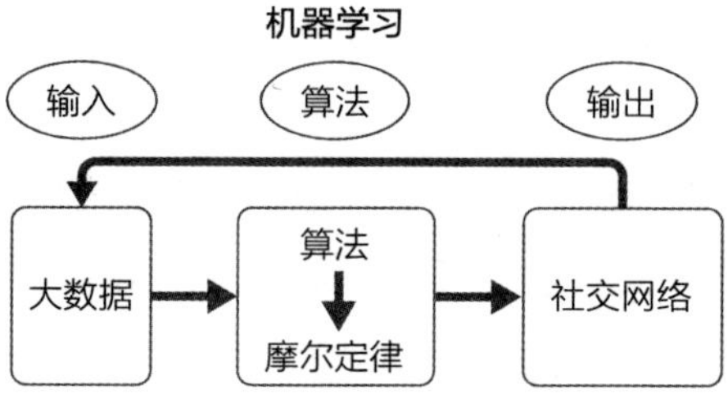

但机器学习的局限性正如刻意练习的局限性：目标需要可测量，学习参数需要结构化，学习过程中产生的信息必须正确。计算机赢得了国际象棋和围棋比赛，因为这些棋类游戏正符合这些特征。识别人脸、翻译文字和推荐商品也属于类似的范畴。

但很多问题无法被精确定义。当机器学习被应用到这些领域，就产

① 摩尔定律：1965年，英特尔公司创始人之一戈登·摩尔（Gordon Moore）发现，计算机集成电路上可容纳的晶体管数目大约每18—24个月就会翻一番。它预测了计算机处理能力的发展，揭示了信息技术进步的速度。——译者注

生了种种荒诞现象。如一个程序员让电脑学习以最快的方式排列大批数据，电脑的做法是直接删除了这些数据（排列时间降低为零）。还有一个飞行模拟器的例子。模拟器被要求识别飞机在不同环境中降落时的最平稳方式，结果每次模拟器都会选择撞毁飞机，因为飞机坠毁使反馈和评估系统过载，从而给出完美分数。

> 另一个例子是一款软件，其任务是设计一个加速最快的物体。为提供反馈机制，程序员为机器学习软件设定了一个 100 米的赛道用于测量速度。于是这个软件设计了一个高 100 米的塔，让加速物体站在塔顶，然后让塔向跑道终点倒去。这样，物体就可以高速落到终点线上。[9]

从这些机器学习的例子可以看出，定义一个明确的目标以及标准化的评价标准是多么困难。但一旦人类可以做到在新的领域应用刻意练习的方法，他们就可以轻易发大财。

詹姆斯·西蒙斯（James Simons）23 岁就从加州大学伯克利分校获得了数学博士学位，他主要研究密码学和模式识别。他痴迷于在混乱、随机的人生中寻求隐藏的规律、逻辑和结构，并决定将这种痴迷转化为事业。1982 年，他成立了文艺复兴科技公司（Renaissance Technologies），这是华尔街历史上最成功的投资公司，其平均年化回报率达到将近 20%。

西蒙斯进入这一行业以前，华尔街的投资人和交易员依赖直觉选股。西蒙斯则建立数学模型，通过数据和股票表现之间的相关性预测未来。

西蒙斯自视为科学家，所以他并不怕犯错。对于很多华尔街的交易员来说，犯错意味着丢脸；但对西蒙斯来说，错误是能够用来改进模型的宝贵反馈。

西蒙斯将刻意练习的原则用于证券交易，永久性地改变了投资行业。今天，多数交易决策都是由使用机器学习算法的电脑做出的。同时，西蒙斯的身价达到了 200 亿美元。

让我们再看一个第三章提到的刻意练习的例子。哈里·哈洛想要帮助被禁闭过的猴子重新社会化，他和他的研究团队采用了三步法来重建猴子的安全感：首先让受到创伤的猴子观察其他幼猴与成年猴子一起玩耍的情景；然后让幼猴和这些受到创伤的猴子共处、玩耍；最后让受到创伤的猴子与它们的正常同伴共处。

哈洛及其团队知道每只猴子的敏感程度不同，受到的创伤程度也不同，因此必须密切观察每只猴子在每一阶段中的反应。如果猴子反应良好，就允许它们进入下一阶段。通过反馈和调整，哈洛及其团队帮助猴子重新学习如何探索世界。

6. 高考如何拿高分

1949 年中华人民共和国成立以后，国家依然贫穷、落后，只有大约四分之一的人口识字。为了让数亿人接受教育，并提升教育的质量，政府规划了诸多解决方案，其中之一就是高考。高考这一可明确定义、可测量的目标，让数以亿计的中国学生为之投入精力。

人们以为，要想高考考得好就需要刷题，刷题越多分数就越高。马尔科姆·格拉德韦尔一定会认为，分数最高的高考考生进行了一万小时练习。中国的家长也相信这一点，所以晚上、周末、假期都送孩子去补习。中国学校的课程体系受到高考的深刻影响。

但是复习一万小时真的能提升高考成绩吗？为回答这一问题，2017 年 7 月，我在浙江温州的一所高中听了一星期的课，以个人和小组的方式访谈了教师和学生，并发放了问卷。

在走进教室的那一刻，我就可以发现不同学生的学习动力不同。有的学生坐得笔直，聚精会神地看着老师；有的学生则懒懒散散，神游天外。他们态度和专注程度的不同是什么造成的？

我把学生分成三组——学习好的、学习中等的，以及看似对学习不感兴趣的，对他们进行了采访。我问了以下一些问题：

- 你的父母是什么职业？什么教育程度？他们关心你在学校的表现吗？你们多长时间交流一次？
- 你最喜欢的老师是谁？
- 你最喜欢的科目是什么？
- 你花多长时间写作业？
- 你有什么兴趣爱好？你休息时喜欢做什么？
- 你锻炼吗？
- 你每天睡多久？
- 你认为自己内向还是外向？
- 你在假期做些什么？
- 你想上哪所大学？
- 你将来想从事什么职业？

…………

我发现，学习好的学生和学习差的学生之间的差异并不在于回答的内容，而在于回答的方式。学习好的学生回答很具体，有细节，经过深思熟虑，展现出自我反思、自我评价的能力——这也是邓宁和克鲁格认为的有效学习者的标志；而学习差的学生的回答则模糊而空洞。

下表说明了好学生和中等学生的差异：

问题	好学生	中等学生
你想上哪所大学？	我想到浙江大学学医。	上我的分数能上得了的最好的大学。
你将来想从事什么职业？	我想当一名医生。	我想成为有钱人。
如何实现你的理想？	除了上医学院，我还需要有相关领域的实习经验。今年夏天我就去实习。我还准备认识很多医生，让他们指导我。	我需要好好复习，高考考高分。
你的父母对你的职业理想怎么看，支持你吗？	我们经常聊，他们会给我意见和建议，告诉我怎么才能实现我的理想。	我很少见到我父母，他们总是在外工作。他们在家的时候，和我说我的成绩不够好，让我努力。

续表

问题	好学生	中等学生
你的成绩现在怎么样？你的成绩对你重要吗？你怎么改进？	我的成绩不错，但是成绩对我来说不是最重要的。最重要的是是否真正学到了知识，是否真正有所成长。	我的成绩一般。成绩对我来说很重要。我需要更努力学习，更认真听讲，多做题。
你和老师相处得怎么样？他们对你有帮助吗？	我和老师相处得很好。如果我做错了题，他们会帮我理解我为什么会犯这样的错误。老师会帮我找到更好的学习方法。	我和老师相处得很好。他们告诉我要更努力学习，更认真听讲，多做题。

基于对学生的观察，我编制了调查问卷，发放给 200 名刚刚上完高一的学生。问卷主要包括三个方面的问题：父母的教育程度以及社会经济背景、学生对学习的态度、学生的学习习惯。从问卷结果和学生成绩的比较中，我发现成绩好的学生有这样三个共同点：

- 能够明确陈述人生目标，能够解释学校学习能如何帮助自己达成人生目标。
- 认为家长和老师为他们提供了帮助。家长和老师尊重他们的自主性，尊重他们的决策，并且能为他们提供指导和反馈。
- 更关注学习的策略而非考试分数。他们不断调整元认知策略，这些元认知策略使他们成为终身学习者。

问卷结果印证了访谈结果以及我个人的经历。学习好的学生的第三个特征尤其引人注意：这些学生虽然不知道刻意练习，但已经在使用这种方法了。

为什么刻意练习如此有效、如此强大？在下一章中我们将了解到，其原因在于刻意练习改变了大脑本身。

第六章
神经可塑性

1. 改变大脑的女人

芭芭拉·阿罗史密斯–扬（Barbara Arrowsmith-Young）在 20 世纪 50 年代还是个小女孩，生活在加拿大多伦多附近。她有严重的学习障碍，连不受伤、平安无事地走回家对她来说都很困难。"我怎么都学不会系鞋带，总是迷路，分不清左右。"阿罗史密斯–扬在她的回忆录《改变大脑的女人》（*The Woman Who Changed Her Brain*）中写道："我总是撞上别的东西，要么身体瘀青、牙齿撞裂，要么需要缝针等，因为整个左半身动作都不协调。"[1]

在童年的照片中，阿罗史密斯–扬长头发，脸上有雀斑。从她精致的面部轮廓可以看出她的苏格兰、爱尔兰和英格兰血统，而从她勉强的笑容中可以看出一个害羞孩子的痛苦。

多年后当她成为学习障碍治疗师，她才知道童年的自己有读写障碍症（dyslexia）、计算障碍症（dyscalculia），以及空间感和动觉失调问题。然而在 50 年代，这些词汇都还没有发明出来，所以阿罗史密斯–扬只知道自己读不懂书，不会把两个大数加在一起，也接不住球。如果成年的阿罗史密斯–扬遇到了儿时的自己，她会让自己上特殊课程，给自己时间和支持，让自己逐渐克服弱点。但在 50 年代，智商理论正当红。卡罗尔·德韦克是优秀学生，坐在最前排；阿罗史密斯–扬则不得不坐在教室最后，成为龟兔赛跑中的"乌龟"，受到其他学生的嘲弄和欺负。[2]

阿罗史密斯－扬在学校深感自己无用，也得不到尊重，不愿上学。她读四年级时旷课 39 天，即使去上学也尽可能不上课："我举手说去上厕所，然后在厕所待 45 分钟，好逃掉阅读课或数学课。"[3]

老师放弃她了，她自己也想放弃自己。

> 14 岁的时候我非常痛苦，已经考虑过自杀。我想要这些痛苦、疲惫、无止境的迷惑和挣扎都终结。我用刀片划手腕，以为我会就此长眠，第二天不会再醒来。因为划得不深，第二天我安然无恙，我责备自己连这件事都做不好。[4]

然而她的家人不肯放弃。她的父母拥有德韦克的成长型思维，他们不相信智商，也不相信学习障碍，只相信努力和永不放弃。

她母亲玛丽·扬（Mary Young）是一名教师、营养师，也是多伦多教育界的一名领导者。阿罗史密斯－扬在回忆录中写道："她是进步主义者。作为学校理事，她支持学校创新，比如开设兴趣课程等。"[5] 她父亲是通用电气公司的工程师，热爱发明，喜欢自问："你今天为了使世界更美好做了什么？"有一天他和女儿坐在一起，对她说："我有四个儿子，但只有一个女儿。你一定要加油。"[6]

阿罗史密斯－扬的母亲承担起确保女儿从高中毕业的重任。从一年级起，母亲就在中午、晚上、周末辅导她学习。

除了有一个充满爱的家庭，阿罗史密斯－扬还有另一项优势：记忆力极佳。她虽然不理解书上的内容，却过目不忘，可以背下大段文字，也可以背下数学公式（虽然不理解也不会用）。母亲是一位有经验的教师，立刻发现了女儿的天赋，于是使用写着诸如"2+2=?"的卡片来帮助女儿背下答案、应对考试。

别的孩子不到半小时就能完成作业，阿罗史密斯－扬却需要母亲辅导整个晚上。最终，母亲的付出和女儿的努力收获了硕果。阿罗史密斯－扬不仅从高中毕了业，而且上了大学、读了研究生，学习教育学和心理学。她的研究方向是学习障碍，因为她想学会如何克服自己的学习障碍。

随着不断深造，阿罗史密斯–扬学得越来越努力。“我以极大的意志力迎接和解决遇上的每一个问题，这转化为一种非凡的工作态度和追求成功的决心。”[7] 她的研究生同学只要通读一篇论文就能掌握大意，但阿罗史密斯–扬需要慢慢地细读 20 遍。

20 世纪 70 年代中期，在研究学习障碍的研究生时期，阿罗史密斯–扬遇上了一位同学，这个人后来成为她的丈夫。他向阿罗史密斯–扬介绍了心理学家亚历山大 · 鲁里亚（Alexander Luria）和马克 · 罗森茨威格（Mark Rosenzweig）的研究成果，改变了阿罗史密斯–扬对自己的学习障碍和童年苦难的理解。

2. 破碎的人

亚历山大 · 鲁里亚出生于俄国一个有名的犹太医生家庭，“二战”、冷战和苏联学术界的反犹主义，都没有阻碍他成为 20 世纪最有影响力的心理学家之一。“二战”期间，一名患者引起了他浓厚的兴趣，他在后来的 30 年间一直和这名患者保持联系，在 1972 年为此写了一本书《一个人和他破碎的世界：脑损伤史》（*The Man with a Shattered World: The History of a Brain Wound*）。芭芭拉 · 阿罗史密斯–扬在五年以后兴致盎然地读到了这本书。

利奥 · 扎塞斯基（Leo Zasetsky）曾经是一名很有潜力的学者，但在 1943 年和纳粹德国作战中，一枚子弹击中了他的大脑。他陷入了昏迷，醒过来之后，鲁里亚对他进行了检查（当时鲁里亚的研究对象是受到脑损伤的士兵）。尽管扎塞斯基看起来十分健康，但他失去了阅读和清晰表达的能力。他的眼睛只有原来一半的视野，照镜子的时候只能看到身体的右半边。他出院后找不到自己的家，即便找到了也认不出来。走很短的路他也会迷路，最后只能被好心的陌生人送回家或者被亲属找回家。扎塞斯基虽然存在多种智力损伤，但身体健康，活到了 73 岁。

扎塞斯基的经历使阿罗史密斯－扬获得了安慰：扎塞斯基的很多问题她都有，而扎塞斯基出现这些问题是因为子弹破坏了他大脑中的神经回路。阿罗史密斯－扬曾经接受了大众的观点，认为她的缺陷源于她的低智商，是基因决定的、不可改变的。现在她知道了，这一切一定与神经回路的缺陷有关。她能修复它们吗？

马克·罗森茨威格对老鼠问题解决能力的研究表明她可以。自 20 世纪 50 年代起，罗森茨威格和他在加州大学伯克利分校的同事进行了一系列实验，研究养育的力量是否能战胜自然天性。智力究竟如刘易斯·特曼所说是与生俱来的，还是可以改变、受外部环境影响的？

罗森茨威格等在两个不同的环境中培养小鼠：第一个环境是空空荡荡的，没有什么东西；第二个环境很丰富，里面有梯子、滚轮等小鼠可以玩耍的玩具。在面对诸如走复杂迷宫等认知方面的问题解决任务时，丰富环境中成长的小鼠表现得明显更好。罗森茨威格认为，我们的大脑具有可塑性，特定的练习可以强化大脑的认知能力，从而改变大脑的结构（这就是 K. 安德斯·埃里克森后来所谓的刻意练习）。

受到罗森茨威格研究的激励，阿罗史密斯－扬决定把自己当作一只小鼠。在鲁里亚的案例中，子弹损伤了扎塞斯基大脑皮层中负责抽象推理的部分。但她不可能像打开引擎盖修汽车一样，打开大脑修复其中损坏的回路；她需要找到其他办法。

鲁里亚在书中写到，大脑皮层受损伤的人存在某些特定症状，包括不会读钟表的表盘。于是阿罗史密斯－扬想到，假如她设计练习来克服这些缺陷呢？这样做是否可以修复大脑内损坏的回路？

虽然她不知道刻意练习是什么，但已经在应用其原理来设计读钟表的练习，以修复自己的大脑了。她每天练习 12 个小时，随着技能的提高不断加大练习的难度。在刻苦练习了很多个月之后，她可以自信地读出钟表上的时间了。这也使她获得了回报：大脑皮层中损坏的回路得到修复，她终于能够进行逻辑性的抽象思维了。

> 数学曾是我的大敌，而现在它终于展露出充满乐趣的一面。我现在能够看到其内在逻辑的美丽。我系统地自学了从小学到高中的

数学，并乐在其中。我再也不怕数学了。本科的时候我勉强才能在统计课上及格，可现在我即便上研究生的数学课，也能够理解其中的概念，而且还得了 A。最惊人的是我第一次学就能学会。不用再一个小时又一个小时痛苦地对着书，重听讲座录音了。我第一次听就能理解。我一生中失去的那些时间终于又重新属于我了。

文学中的象征含义不再需要死记硬背，而是成为文字背后不可分割的一部分。我的词汇量扩展了，因为我开始在意义之间建立联系。我的写作不再是流水账，而能够用有理有据的论述支持一个主题。历史曾经令我避之唯恐不及，现在却成为我的挚爱。[8]

阿罗史密斯–扬回望童年，发现她当时用来克服学习障碍的方法存在严重缺陷。让我们想象一个万米长跑运动员。有一天，教练发现这个运动员一瘸一拐的，觉得他可能是脚踝受伤了，让他去看医生。医生让他多休息，用理疗强化脚踝附近肌肉的力量。如果教练让运动员坚持跑下去，只能令他痛苦不堪，效果适得其反。

我们都知道让受伤的运动员过度运动很愚蠢，但这正是多数教师对待学习困难学生的方式：他们给这些学生补课，留更多的作业，却不去找出真正的原因对症下药。因此，阿罗史密斯–扬在学校才会那么痛苦——她的大腿韧带撕裂了，而治疗方法却是让她多跑圈儿。

3. 自救的大脑

芭芭拉·阿罗史密斯–扬的故事初次见之于世是在 1999 年诺曼·道伊奇（Norman Doidge）的书《重塑大脑，重塑人生》（*The Brain That Changes Itself: Stories of Personal Triumph from the Frontiers of Brain Science*）中。这本书的主题是神经可塑性。笛卡尔以降，科学家一直相信大脑就像一台静态的、机械的计算仪器，不同功能对应着不同分区。

如果一个人听不见或者不会阅读，是因为大脑对应的分区出了毛病。但最近几十年间，随着核磁共振脑扫描技术的发展，科学家了解到，大脑是一个动态的生态系统，就像一座城市一样。大脑不同的分区能够彼此沟通和协作，随着外界环境的变化而调整自身。神经可塑性的一个常见例子是学习外语：学习外语时，大脑会发展出一个专门用来容纳外语的特殊区域。

道伊奇在书中还讲述了佩德罗·巴赫–利塔（Pedro Bach-y-Rita）的故事。佩德罗是一位著名的西班牙诗人，在纽约的大学教书。1959 年，他中风发作，导致面部瘫痪，没法说话，也不能走路。他的儿子乔治当时在墨西哥上医学院，医生告诉他，他的父亲不能康复了。儿子不肯相信他风趣机智的父亲再也不能说话了，便把父亲接到墨西哥和自己一起生活。

其时乔治还是个医学院的学生，没有受过如何治疗中风患者的专业训练，只能依赖自己的直觉不断尝试。现在已经成为一名精神病学家的乔治对诺曼·道伊奇解释了他是如何教父亲重新行走的。

> “我决定与其教他困难地走路，还不如教他爬。我说：‘你是从爬开始学走路的，你先爬一阵子。’我们买了护膝给他，我们握着他的四肢，感到他的手和脚软弱无力，根本不能支撑他，所以一开始时，很困难。”一旦佩德罗可以稍微支撑自己一点后，乔治就要他用墙来帮助他弱的那边肩膀和手臂。“靠着墙爬了几个月后，我就带他去花园中爬，结果遭来邻居的非议，他们责备我不孝，让大教授像狗一样在地上爬。我唯一的模式是婴儿学会走路的方式，所以我们在地上玩游戏，我滚弹珠，我爸要截住这些弹珠，或者我把铜板抛在地上，他要用虚弱的右手把钱捡起来。我们试着把所有的正常生活经验变成练习，我们利用洗脸盆来运动。他用好的左手扶着脸盆，用弱的右手（这只手没有什么控制力，而且会有抽搐的痉挛动作出现）在脸盆中转，顺时针转 15 分钟，逆时针转 15 分钟。盆子的边缘使他的手不会乱飞，我们是循序渐进，每一步都与上一个步骤有重叠的地方，渐渐地，他开始进步，一阵子以后，他帮助设

计练习的步骤，他想要进步到可以坐下来跟我及其他医学院学生一起吃饭。”佩德罗每天花很多小时练习，但他逐渐在进步，从爬到用膝盖移动，到站起来，到走路。[9]

只用了一年进行康复的刻意练习，佩德罗就恢复了说话和写作的能力，返回纽约城市学院教书。他 70 岁退休，两年后去世。去世后，医生对他的大脑进行了解剖，发现他的大脑像是在厨房中爆炸的微波炉一样，存在深度的神经元损伤。假如当年最专业的神经科学家对佩德罗的大脑进行过扫描，他们也会得出一样的结论，认为佩德罗无药可救；面对证据，乔治将无能为力。然而，父子同心，成功恢复了大脑的功能。

4. 阅读的大脑

神经可塑性最惊人的例子也许就是阅读。美国塔夫茨大学儿童发展学教授玛丽安娜·沃尔夫（Maryanne Wolf）在她的书《普鲁斯特与乌贼：阅读如何改变我们的思维》（*Proust and the Squid: The Story and Science of the Reading Brain*）中解释，人类天生就会看、会动，但不是天生就会阅读。阅读是几千年来大脑神经回路重新编织的产物。

阅读的大脑利用了大脑中原有的神经回路，这些神经原本不仅用于视觉，还用于将视觉与概念和语言功能连接起来。例如，把迅速识别脚印形状和推断脚印意味着危险联系在一起；把工具、捕食者或者敌人和某个词联系在一起。因此，在读写和计算发明后，我们的大脑有了三种巧妙的功能：在旧结构中制造新连接；形成具有特定功能的精确脑区以识别信息中的规律；自动从这些区域调用信息并使之相连。大脑的这三种功能成为我们阅读能力形成及发展的基础。[10]

在沃尔夫的叙述中，阅读的大脑经历了三个具有飞跃性的进化阶段。第一个进化的飞跃是原始人开始意识到抽象的符号能够代表现实，学会通过图画来传递意义。这就意味着大脑需要将图像识别的功能和语言处理联系在一起。尽管科学家还不确定是什么促成了这一飞跃，但沃尔夫猜测，早期人类之所以发明了计数系统，是因为他们需要清点物品的数目。

第二个进化的飞跃使大范围的人类文明成为可能。从某一时刻起，人类发现，通过系统化的抽象符号，知识得以储存，并穿越时空、传给后代。埃及象形文字和中国甲骨文都是抽象符号的编码及系统化的例子，这些抽象符号系统成为文明的基石。

第三个飞跃是赋予书写符号以声音，这需要大脑进行根本性的重新布局，使负责听说的脑区和负责视觉的脑区相互连接。欧洲语言都是表音文字，而汉语不是，这也造成了深远的历史影响。

多数西方人都认为印刷术是史上最重要的发明。15 世纪 60 年代，庞大僵化、等级森严的天主教会统治着欧洲。约翰尼斯·谷登堡（Johannes Gutenberg）是一名虔诚的天主教徒，他发明活字印刷术是为了能够更方便、更便宜地印刷《圣经》。然而没有人能够想到，他的发明引发了人们对天主教会的反叛，并最终重构了整个欧洲社会。

当时，教士帮助人们解读上帝的话语。因为在欧洲多数天主教地区，只有教士才识字，而且只有他们才有权利读《圣经》。平民百姓不识字，也不被允许直接接触《圣经》，只能听教士的传教——当时的《圣经》都是手抄本，难以获得。印刷术通过大量印刷《圣经》，彻底改变了这一局面。同时，《圣经》不仅让大众能够接触到上帝的话，更提供了识字的工具。有了这一工具，人们就可以学会阅读。识字的人越来越多，图书市场便应运而生。作家和思想家不再需要依附于富有的地主和商人的资助，可以通过著书立说而成名致富。

密歇根大学历史学教授伊丽莎白·爱森斯坦（Elizabeth Eisenstein）在她的书《作为变革动因的印刷机：早期近代欧洲的传播与文化变革》（*The Printing Press as an Agent of Change: Communication and Cultural Transformations in Early-modern Europe*）中指出，印刷术意味着学习的

民主化，导致了新知识的爆炸。“一旦旧文本汇聚到同一书房里，不同的思想体系和专门化的学科就可以结合起来。总之，针对相对稳定的图书市场而日益增加的图书为人们创造了条件，首先是有利于旧思想的结合，然后就能够产生新的思想体系。”[11]

然而，这也意味着旧有的、老师教什么年轻人就学什么的社会秩序被颠覆，新思想得以爆发。

> 然而，等到印刷术出现之后，书面信息传输的效率大大提高了。不仅是大学校园外的工匠靠自学受益，得到了新的学习机会，同样重要的是，聪明的大学生有机会超越老师掌握的知识了。有才能的学生再也不必匍匐在老师的脚下去学习语言或学业技能。相反，他们可以迅速靠自己掌握知识，甚至就在老师的眼皮底下偷偷地写书——年轻的第谷·布拉赫（Tycho Brahe）在成为天文学家之前就是这样学习的。一位15世纪历史纲要的作者问：“既然年轻人可以靠勤奋学到同样的知识，为什么要让老人教年轻人呢？”[12]

过去垄断了学习和读写的人受到了挑战，甚至是无所不在的天主教会。教士曾声称只有他们才能解读上帝的话，一般百姓只能听从他们的指令，这成为天主教会腐败和独裁的根源。为什么大众不能自己解读上帝的话？

这个问题引发了宗教改革运动，也给欧洲带来遍地战火。在战火中，有些人开始质疑《圣经》自身的权威性和真实性，并认为新的信仰——科学——可以制造工具和战争机器，让欧洲国家统治其他地区的国家，发现和征服新的土地。爱森斯坦在书中指出，科学革命因印刷术而成为可能。

> 向分散的观测者发布相同标签的相同的图像，而不同的观测者又可以向出版商反馈信息，这就使天文学家、地理学家、植物学家和动物学家迅速地扩充资料库，而且能突破前人的一切局限——即使生命力持久的亚历山大博物馆无与伦比的资源设定的极限也可以

突破了。赫拉克勒斯之柱①和希腊人九重天的极限不可能容纳日益扩版的世界地图和星图里收录的新发现。古人封闭的世界被打开了，以往和神秘现象相联系的广袤的空间（以及后来的时间）此时要靠人来计算和探索了。激励宇宙论思辨的累积性的认知进步同时又产生了新的知识观念。代代相传的封闭空间或单一的文献库被开放的研究过程取代了，这个新空间的边疆日益向前推进。[13]

印刷术释放的力量引发了宗教改革、科学革命、启蒙运动及工业革命。难怪西方人认为印刷术是史上最有影响力的发明，比原子弹和互联网还重要。

然而多数西方人不知道的是，中国在谷登堡之前600多年就已经发明了印刷术，但它对中国社会的影响不大，只是士大夫文人的玩具。这是因为汉语并非表音文字，人们必须通过长时间的记忆才能学会其书写系统，印刷术不足以达成扫盲的功效。这也正是中国的学校系统和西方的学校系统不同的一个原因。西方的儿童可以整日进行开放式的讨论与对话，而中国儿童要想达到一定的读写水平，必须痛苦地反复练习写字。

5. 大脑如城市

让我们回到神经可塑性的概念，来看一看大脑是如何重新编织回路的。诺曼·道伊奇在他的书中提出，神经回路的重组有两项基本原则：

① 希腊神话中赫拉克勒斯（大力神）须完成12个任务，他去往的最西处有一扇门，门柱即“赫拉克勒斯之柱”。因此“赫拉克勒斯之柱”代指已知世界的最西端，后指直布罗陀海峡两侧的海岬。——译者注

- *如果某些神经元被同时使用，它们就连成回路。*
- *用进废退。*

以下比喻可以让我们更好地理解这两点。

城市能够极大地促进创造性。它使人们走到一起，分享观点。城市的不同部分以街道和小巷、地铁和公共汽车，乃至运河和直升机相连接，连接越多，人们见面和沟通起来就越容易、越快捷、越便利。如果城市管理者发现某些道路堵塞了，他们就需要拨款拓宽这些道路，因为城市中独特的连接（而非人数）越多，城市就越充满活力，经济效益也越高。

大脑的工作方式与之相似。大脑中，神经元如同城市中的人，神经元以突触彼此连接，突触就如同道路。神经元像信使一样传递信息，使大脑的不同部分能够彼此交流。如果大脑发现某一脑区努力与另一脑区沟通，它就会分配能量和资源，在两者之间建立突触回路，协助这些神经元彼此沟通。这也就是上面所说的第一个原则——如果某些神经元被同时使用，它们就连成回路。如果城市中的人们不再使用某条道路，这条道路的重要性就会降低，维护频率就会降低，道路情况就将恶化。与之相似，如果突触回路长期得不到使用，它就会萎缩。这就是第二个原则——用进废退。

但是大脑最初为什么要建造回路呢？因为刻意练习强迫大脑如此。

让我们再来看一个相关的例子：肌肉记忆。芭蕾舞演员、足球运动员或者体操运动员动作优雅流畅，令我们羡慕。他们的动作看起来轻而易举，毫不费力。确实，比起初学者，他们做同样的动作消耗的体力更少，因为他们有肌肉记忆。通过刻意练习，他们训练身体适应了特定的动作，他们的肌肉做这些动作时消耗的能量不断降低。人们刚开始学习某项运动时，会感到即便做基本动作也很累，需要消耗很大体力。但是通过刻意练习，人们将逐渐掌握基本动作，他们的大脑会逐渐识别规律，甚至在“想到之前”就让神经元通知相关肌肉群准备收缩。肌肉群得到强化，也就意味着大脑建立了降低能量消耗的捷径。为了让大脑建立更多捷径，我们需要继续练习更有挑战性、更耗精力的活动——这就是刻意练习的实质。

大脑建立突触回路的方式也一样。阅读是一个消耗心神、枯燥乏味的过程，要花费很多时间。我们从读写最基本的词语开始，通过艰苦的努力，建立起阅读需要的突触回路。我们读得越来越多，这些回路就会变得更强、更长，让我们能够理解更高级的词汇，掌握更复杂的语法，阅读更长的文章。等到回路越来越密集，我们就能够流畅地阅读大学生或研究生水平的读物了。随着我们逐渐老去，读书的时间减少，这些回路也将萎缩，读复杂的文本开始变得困难。

以上就是刻意练习的原理。通过严格的、难度不断提升的重复性练习，我们可以建立大脑中突触的连接，从而精通某领域，无论是踢踏舞还是读书。

6. 大脑懒且笨

这里我们还需要讨论人类大脑的一个特性：它很懒。大脑建立身体的肌肉记忆和脑内的突触连接，是为了减少能量损失。而它懒是因为它笨——精确地说，大脑效率低下、结构冗余、老旧过时。

约翰斯·霍普金斯大学神经科学家戴维·林登（David Linden）在其著作《进化的大脑：赋予我们爱情、记忆和美梦》（*The Accidental Mind: How Brain Evolution Has Given Us Love, Memory, Dreams, and God*）中指出，人类大脑是数百万年进化的结果，新功能必须在已有的结构之上构建，因此大脑的构造粗糙累赘。

大脑有三个主要部分：脑干是我们大脑中最内核的部分，负责关乎我们生存的自动化功能（如呼吸、心跳）；边缘系统负责情绪调节；额叶负责理性决策。

额叶使我们成为文明人。这也解释了为什么幼儿难以通过棉花糖实验——因为我们的额叶直到 20 多岁才发育成熟。所谓让某人受教育，其实是说让他的额叶发育，这样他才能够控制自我，做出理性决策和长期规划。额叶受到损伤会让快乐健康的人变得喜怒无常、行为暴力。一些冲击性运动，例如拳击和美式橄榄球，会造成大脑额叶慢性损伤，导致一些运动员在退役几年后自杀。

为什么大脑的设计缺陷重重？让我们假想一座老房子。这座房子空间太小，只能容纳最基本的功能区域——一个卫生间和一个很小的厨房。突然有一天我们发财了，打算盖座新房子，但城市规划部门说不能把旧房子推倒重盖，只能在旧房子边上盖新房。于是我们照做了，盖了新客厅、新厨房、新卫生间——旧厨房和旧卫生间成为多余之物。朋友终于可以来新的客厅做客了。我们开始还挺满意，但后来又觉得房子不够大，想要一间书房，用来读书、学习、思考。于是我们又在原来的房子边上盖了一间书房。如下图所示：

我们在愚蠢的城市规划条例下盖的这座房子就如同大脑，叠床架屋，构造冗余。而且，大脑不仅设计充满缺陷，其工作方式也充满缺陷。

回到城市的比喻上。这座城市的修路工又懒又笨，多数时间不干活，即使干活的时候动作也很慢。但是人们需要道路，所以城市只好雇佣更多的修路工。

大脑也是如此——建造突触回路是一个缓慢低效的过程，需要消耗大量宝贵的能量。戴维·林登指出：“大脑的重量约 3 磅，占体重的 2%，但需要消耗身体所需能量的 20%。”[14]

城市建造新路难，但重建旧路则更难——大脑也如此。因此尽管大脑有可塑性，但到我们 20 多岁，大脑的结构基本建成的时候，它就希望我们保持现状——多数人也确实如此。这是神经可塑性的另一个关键点：我们的大脑不再改变，并不是因为它失去了可塑性，而是因为我们失去了学习的动力。

大脑的硬件设计充满缺陷，软件更是如此。在下一章中，我们将解释大脑的突触连接是如何造就记忆的——记忆是建构自我和智力的基本单元。我们将展示，进化造就了大脑，让我们能够在自然中生存，但并未让我们准备好迎接更大的挑战——在学校中生存。

第七章
情绪的秘密

1. 法国大革命

18 世纪 80 年代，曾经争夺全球霸主地位的君主制法国已经没落，经济也濒临崩溃。法国在一系列关键战争中失败，然而其统治阶级——君主、贵族和教士——仍然过着奢华的生活，人民却受苦挨饿。法国国王为了挽救其统治，召开了由贵族、教士和新兴资产阶级代表组成的三级会议，以应对财政空虚的问题。

然而贵族和教士不愿放弃其特权，新兴资产阶级又不愿在没有政治权力的情况下承担更多的税负，于是经济崩溃了，人们走上街头。1789 年 7 月 14 日，巴黎人民攻占了巴士底狱，释放了那里的囚犯，这成为法国大革命的开端。君主制被推翻，国王和王后被囚禁。

革命党人想要建成民主制度，让法国人民享有自由、平等和博爱。欧洲启蒙主义思想家欢庆法国大革命，相信它是启蒙运动和科学革命的自然产物，是世界性革命的开端。欧洲的君主为此而不安，集结军队试图镇压革命。法国人民团结起来捍卫自由，打败了一次又一次入侵；革命党人也因此更加坚定了信念，利用科学和理性的启蒙原则重构社会、传播革命理念。

尽管欧洲自由知识分子在大革命初期大都同情革命者，但一名英国知识分子例外。1790 年，埃德蒙·伯克（Edmund Burke）出版了他最著名的作品《法国革命论》，攻击法国大革命的理念，将矛头直指启蒙运动。

牛顿发现了三大运动定律，揭开了自然神秘的面纱。但伯克认为，人类行为的定律比引力定律更复杂。他认为，经济学、政治学、社会学等新兴领域的学者以为他们能够将人类行为简化为某种数学公式，这是愚不可及的，而法国革命党人试图用科学和数学重构社会的想法简直疯狂。为充分理解伯克的观点，让我们来检视启蒙运动的典型文本——让-雅克·卢梭（Jean-Jacques Rousseau）的《社会契约论》。

《社会契约论》充满力量与激情，同时逻辑清晰而纯粹。卢梭相信只有由相互平等的人之间的自由契约而形成的社会才是公平的。政府基于这种契约而产生，其职责是保卫自由和平等。卢梭认为完美的社会如同数学公式，可以基于优雅的逻辑而建立。这种观点固然有其吸引力，但是让我们看看优雅的逻辑将把我们引向何处。

> 但是，如果人们要问，根据什么标志才能识别某一个民族治理得是好还是坏，那就是另一回事了，这个事实问题是可以解决的。
>
> 然而，人们却根本没有解决过这个问题，因为每一方都想要按照自己的方式来解决它。臣民们赞许公共的安宁，公民们赞赏个人的自由；一方宁愿财产有保障，而另一方则宁愿人身有保障；一方要求最好的政府应该是最严厉的政府，而另一方则主张它是最温和的政府；前者要求惩罚犯罪，而后者则要求预防犯罪；一方认为最好是被四邻所畏惧，而另一方则更愿意被四邻所忽视；一方所满意的是金钱的流转，而另一方则要求人民有面包。纵使人们对于这些以及其他的类似之点都能意见一致，是不是这个问题就能前进一步了呢？道德方面的数量是缺乏精确的尺度的，所以即使人们对于这种标志意见一致了，可是在估价上又如何才能意见一致呢？
>
> 至于我，我总是惊异何以人们竟不认识一种如此之简单的标志，或者说何以人们竟这样没有信心而不肯承认这一点。政治结合的目的是什么？就是为了它的成员的生存和繁荣。而他们生存和繁荣的最确切可靠的标志又是什么呢？那就是他们的数目和他们的人口了。因此，就不要到别的地方去寻找这个聚讼纷纭的标志吧！假定一切情况都相等，那么一个不靠外来移民的办法、不靠归化、不

靠殖民地的政府，而在它的治下公民人数繁殖和增长得最多的，就确实无疑的是最好的政府。那个在它的治下人民减少而凋零的政府，就是最坏的政府。统计学家们，现在就是你们的事了；就请你们来计算，来衡量，来比较吧。[1]

卢梭认为统治是最简单的事，只需要数清每年出生的婴儿数量就可以判断政府的好坏。根据他的逻辑，齐奥塞斯库治下的罗马尼亚威逼利诱妇女生育，显然是20世纪70年代世界上治理最成功的国家之一。伯克指出，这种简化的观点蠢笨到疯狂的地步。罗马尼亚孤儿院中成千上万被抛弃、被虐待的孩子可以为证。卢梭自以为是的演绎论证令伯克深感不满，因为伯克认为社会是一个动态的复杂生态系统，我们应相信这一系统中的潜在智慧，而非以上帝视角来设计或评判社会。伯克进一步提出，社会并非像卢梭所说的那样总是压制个人自由——个人自由是在与社群、传统和律法的互动、协商和妥协中形成的，这一过程使个人能够反思自我、依道德行事。“可是既没有智慧又没有美德，自由又是什么呢？”伯克自问自答：“它就是一切可能的罪恶中最大的罪恶了，因为它是缺乏教养和节制的愚蠢、邪恶和疯狂。”[2]

社群、传统和律法为个人提供了一种稳定性和连续性，这种可预测性使自由成为可能。没有这些生活中的常量，人不可能感到安全。在恐惧中他们将欢迎独裁者。对伯克而言，法国大革命的唯一结果就是军事独裁。

伯克还反对启蒙主义认为人类进程是理性（理智）和成见（情感）的斗争的观点。他认为是成见——个体经验与社群和传统协商的结果——赋予个人智慧和美德，使他们彼此关怀。

先生，您看，在这个启蒙的时代我十足敢于宣称，我们总的来说乃是具有天然的情感的人们；我们不是抛弃我们所有的那些旧的成见，而是在很大程度上珍视它们；而且大言不惭地说，因为它们是成见，所以我们珍视它们；它们存在的时间越长，它们流行的范围越广，我们便越发珍视它们。我们怕的是每个人单只是依靠自己个人的理性储存而生活与交流，因为我们认为这种每个个人的储存是微少的，如果他们能够利用各个民族和各个时代的总的库存和资产的话，他们就会做得更好。我们的许多思想家不是去破除那些普遍的成见，而是运用他们的智巧发现贯彻其中的潜存的智慧。如果他们找到了他们所寻求的东西（事实上他们也很少失败），他们就会认为最聪明的办法还是让这些成见以及其中所包含的理性一起流传下去，而不是抛掉成见的外衣而只留下赤裸裸的理性；因为成见及其理性有一种使那种理性运行起来的动力和使之持续下去的热情。成见可以在紧急情况下迅速得以运用，它事先就把我们的思想纳入一种智慧和道德的稳定行程之中而不让人在决定的关头犹豫不决、困惑、疑虑以及茫然失措。成见使一个人的美德成为习惯，而不致成为一系列毫无联系的行为。正是通过成见，一个人的责任才成为他天性的一部分。[3]

如何理解“成见可以在紧急情况下迅速得以运用”？想象我们在林中散步，看到水池中有一个陌生人溺水了。我们理性的一面要思考救人的种种好处，以及种种风险。如果我们认为值得冒风险去救人，接下来就要制定救人的最有效策略。应该去叫人来帮忙吗？应该找个长树枝拉他上来吗？或者是绳子？到了这个时候我们的决定已经无关紧要了，这个人多半已经溺死了。

对伯克来说，正是成见的力量促使我们跳入池中救人。成见可能会令我们付出生命的代价，但是成见也确保了如果我们自己失足落水，也会有他人跳入池中救我们，这才是我们拥有在池中游泳的自由的基石。如果没有成见，人类交往的成本就太高了，我们必须不断计算做一件事的好处和坏处。在这种计算之下，合作和社群都无从谈起。（必须指出，成见也有严重的负面作用：我们可能会救一个溺水的陌生人，却不喜欢陌生人搬入我们居住的市镇。）

埃德蒙·伯克终其一生都致力于捍卫和推动个人自由。在美国独立时，他在国会发言反对英国向美国宣战，因为害怕这样做会强化王室的权力。之后，他震惊于英国在印度的殖民统治滥用权力，参与了弹劾印度总督沃伦·黑斯廷斯（Warren Hastings）。但他最重要的事迹是对法国大革命的批评。这导致他与很多自由主义思想家的友谊破裂，后者认为他反动保守，指责他的论证无视法国权贵腐朽、人民饥寒的现实。但是不足十年，伯克的预言就得到了证实——拿破仑·波拿巴（Napoleon Bonaparte）称帝了。

伯克对启蒙运动的批评也是正确的，但人们花了将近 200 年才意识到为什么。

2. 可预测的非理性

法国大革命失败了，但其思想的火花继续在欧洲和全世界传播，摧毁了旧的传统。20 世纪的思想家希望把科学、秩序和理性带到人类生活的每一个方面，包括教育——这成为精英制的基础。

20 世纪末的美国比法国更依赖启蒙主义信念，成为全球唯一的超级大国，它的宗教——自由市场经济学——支配了人们的价值观以及交往和思维的方式。

但是自由市场经济学存在一个根本的问题：它是以对人类行为的错误假设为基础的。自由市场经济学假设人是理性的，人的行动基于自身利益、效用或快乐的最大化。这一假设是经济学最核心的原则之一。以色列行为心理学家丹尼尔·卡尼曼（Daniel Kahneman）花费了数十年的时间才得以成功挑战这一信念，并因此获得了 2002 年诺贝尔经济学奖。

为理解卡尼曼的学说，首先让我们来看一看启发了卡尼曼的另一位以色列心理学家的工作。杜克大学教授丹·艾瑞里（Dan Ariely）在他的著作《怪诞行为学：可预测的非理性》（*Predictably Irrational: The Hidden Forces That Shape Our Decisions*）中指出，人们购物的决策并非基于对购物是否能带来快乐最大化的计算，而是基于商家为他们提供的购物选择形式。

例如，多数人不会买一本价格 12 元、运费 3 元的书，但是会买一本价格 15 元但包邮的书。从经济学的角度来看，这两种选择没有区别，但是“包邮”会使很多人慷慨解囊。另外一个例子则是，人们排两小时队，只为获得一份“免费！”冰激凌。

再举一个例子。假如你想销售去巴黎的旅行度假产品，可是多数人不感兴趣。但如果给他们三个选择——去巴黎的度假产品、去伦敦的度假产品、含免费早餐的巴黎度假产品，人们就会买最后一个，即使他们本来并不打算去度假。销售电脑或者电视也是一样，给顾客两个选择，他们就会拿不定主意。给顾客三个选择，他们就会愉快地选择性能或价位居中的那一个。

> 多数人不知道自己想要什么，除非在情境中看到选择是什么样子。我们不知道自己想要什么样的自行车，直到看到环法自行车赛冠军骑的车子，我们就知道了。我们不知道自己想要什么样的环绕立体声设备，但我们听到一套音箱比另外一套音箱效果好，就知道选哪套了。我们甚至不知道要做什么样的人生选择，但有一个朋友或者亲戚正好做了某事，我们觉得那就是我们应该去做的。每件事都是相对而言的，这就是关键。我们就像在黑暗中着陆的飞行员，需要跑道两侧灯光的指引，直到我们的轮子落地。[4]

还有一个例子。让人们给红酒评分，他们会感到很困难；但如果给同样的瓶子挂上价签，人们立刻就可以做出决定，而且确信他们的决定有充分的依据。艾瑞里在书中开玩笑说，我们出席派对时应该带一个相貌不如自己的朋友，因为在这样的比较之下，其他人就会觉得我们很有吸引力，从而蜂拥而来。

我们的大脑太惯于比较了，以至于在没有区别的时候也能看出区别。我曾经在课上进行过一项心理实验，每次的结果都让人捧腹。以下是这个实验的方法：

- 选两种不同的饮料品牌，例如可口可乐和百事。一种品牌买两大瓶，另一种品牌买一大瓶。

- 在桌子上整齐地摆放两排纸杯，每排5个，用笔在第一排纸杯上标注1，在第二排纸杯上标注2。从那两瓶品牌相同的饮料中拿出一瓶，向所有杯子里倒半杯，然后扔掉空瓶子。现在两种品牌的饮料各有一瓶。把这两瓶饮料各倒掉一半，放在旁边的另一张桌子上。
- 现在可以开始实验了。让观众走进房间，向他们展示两排杯子和两个半空的瓶子，邀请5名志愿者进行盲品测试。你可以让他们评价哪一种口味更好，也可以让他们猜测1号杯和2号杯里的饮料品牌，让他们写下自己的结果。
- 当所有志愿者完成后，让他们分享自己的看法。

我和不同的教师小组做过三次这个实验，每次都惊讶于他们的自信。他们能尝出两杯饮料巨大的不同，而且能够生动地描述——一种更甜，另一种更干。当我告诉他们两杯饮料都是同一品牌时，他们很生气，拒绝相信。他们坚持两种饮料的口味不同，就算我的助理发誓所有纸杯里的饮料都是从同一个瓶子里倒出来的也没用。志愿者宁愿相信世界欺骗了他们，也不愿意相信他们自己欺骗了自己。

3. 大脑幻想太多

实际上，无中生有对我们的大脑来说是常事。

丹尼尔·卡尼曼在2011年出版的《思考，快与慢》(*Thinking, Fast and Slow*)一书中解释，我们大脑中有两个决策系统，一个快，基于直觉和情绪；另一个则慢，基于深思熟虑和理性。我们日常的互动多数基于直觉系统。卡尼曼在长期研究中发现，直觉系统存在很多逻辑上的缺陷，而广告和销售人员正是利用这些缺陷获利的。

想象电视广告里出现了一个白头发、穿白大褂、戴眼镜的男人，他手里拿着一瓶据说可以缓解消化不良的药，并告诉我们关于这种药的一些信息：该药获得了政府批准；80% 服了此药的患者说它比别的药有效；这种药下个月即将涨价 25%。

人类大脑是如何解读这一信息的呢？大脑认为，这是一名可以信任的医生，他告诉我政府可以为这种产品的药效背书；这种药是市场上缓解消化不良的领先产品；这种药就要供不应求了，我必须马上买。必须。马上。买。

但是广告上的人说的和大脑的解读并不一致。电视上的人虽然穿着白大褂，但不一定是医生。政府批准这一产品销售，并不等同于为其功效背书。80% 的服药患者并不一定是很多人，也许药企一共只调查了 5 名患者，其中 4 名原本的药就选错了。药品涨价可能有很多原因，比如药企之前为了提升销量而降价，现在只不过是恢复原来的售价而已。

关键在于，这都是些没什么意义、模棱两可、不相关联的话。但是我们的大脑已经自动构建出一套充满意义的解读，形成了一套完整的观念体系。卡尼曼的研究发现，这是大脑的常态。大脑似乎天生就是用来凭空构建意义的。

卡尼曼及其合作者阿莫斯·特韦尔斯基（Amos Tversky）对大脑无中生有、虚构事物的能力深感震惊，他们开始怀疑主导我们这个社会的专家意见与权威看法的“大厦”。20 世纪 70 年代，特韦尔斯基对一组历史学家发表了一个颇具争议的演讲，暗示历史学家喜欢按自己的意愿编造历史。

> 我们在个人生活中，经常会遇上某些初见之时令人费解的情形。我们绞尽脑汁也无法理解 X 先生为什么会做出那种举动，无法理解实验结果为什么是这种样子，等等。然而，在很短的时间内我们就能找到一种解释、一种假说、一种对事实的解读，让发生的事情变得可以理解、合乎逻辑、自然而然。人们的认知也存在同样的现象。人类非常善于发现规律和趋势，哪怕面对完全随机的数据。相比发明解释的能力，人类批判性地评估这些解释可能性的能力则大为欠缺。我们一旦接受了某种假说或解释，就会极度夸大这种假

说为真的可能性，难以看到事情可能是其他的样子。[5]

丹·艾瑞里从实验中得出结论，每个人都是如此：先做出随机的决定，事后再设法论证其合理性——艾瑞里称这种过程为“强行一致”（arbitrary coherence）。艾瑞里在书中怀疑，我们的生活只是一系列随机决策构成的叙事。

> 是否我们着意塑造的生活只是“强行一致”的产物？是否我们在过去随便做出了某个决定后，就在其上建筑起我们的生活，为此我们只能认为这一决定是明智的？我们选择职业、选择配偶、选择衣服和发型是否采用的都是同样的方法？这些决定一开始就是明智的，还是随兴而为的？[6]

4. 记忆会欺骗

为什么“强行一致”对我们影响至深？让我们回顾约翰斯·霍普金斯大学神经科学家戴维·林登《进化的大脑：赋予我们爱情、记忆和美梦》一书。我们在上一章中提到，大脑构建突触连接需要耗费很多能量，这些连接用于产生记忆。必须指出，人类记忆与计算机内存那种固定的、静态的数据不同，也和电影中那种闪回不同。人类的记忆并非由画面组成，而是由情绪性的经验构成；与其说是画面，不如说是一首流行乐曲或者一个情绪鲜明的故事。

对我们又懒又废的大脑来说，记忆的核心是鲜明的情绪这一事实具有巨大的优势，方便我们的大脑处理记忆。由于大脑处理情绪的速度很快，大脑调用某一记忆也只需要一瞬间。加州大学旧金山分校教授保罗·埃克曼（Paul Ekman）认为，就像自然界中的基本色是有限的一样，我们也只有六种基本情绪：厌恶、快乐、悲伤、惊讶、恐惧和愤怒。情绪如同颜色一样可以随意混合，形成多种色度。

人类记忆的另一个特点是可塑性，因为记忆的用途是帮我们形成自我认同，即帮助我们理解特定社交情境并对其做出反应的一种叙事结构。自我就如同一部小说，其中的章节就是记忆。所有的记忆必须形成连续的叙事；如果某一特定的记忆与整个故事矛盾（这就是所谓的认知失调），它就会被删除。这一过程虽然简化了我们所处的环境，却能使我们对情境做出快速评估，并根据评估做出反应——这一过程流畅、在瞬间发生、完全出于潜意识，如下图所示：

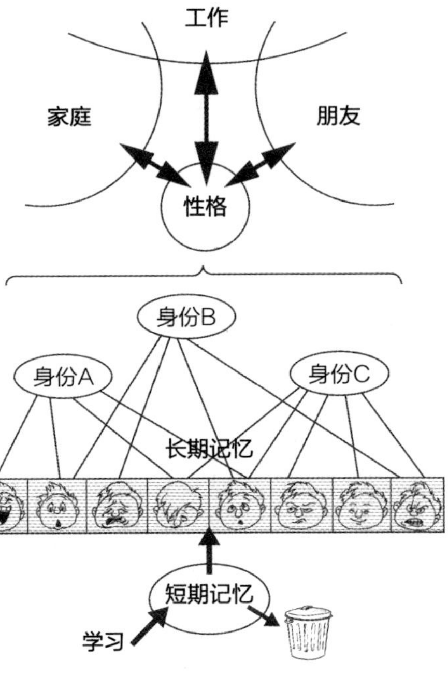

回到穿白大褂的白发男子卖药的广告。当我们接触到新的信息、观点或经验时，我们试图使它们同化于我们的认知结构，这样我们才能理解并做出行动。我们的认知结构告诉我们那个白发男子可能是某权威人物，因为他的相貌和穿着像我们认识的，或者电影中看到的某个医生或教授。因此我们应该认真听他说的内容。他告诉我们这个药是政府批准的，强化了我们对他的权威的信任。当他告诉我们 80% 服了此药的患者认为这种药更有效时，我们就会联想到朋友给我们的用药建议更可靠；

我们自动把这两件事混为一谈，即使实际上两者毫无关系。在这一过程中我们忽略了许多细节，却特别关注某些空洞的、模棱两可的词汇，诸如“80% 服了此药的患者”等。然后这个白头发的家伙告诉我们马上要涨价了，我们想起来自己有一回买电视，因为没有及时下手结果涨价了的事。这一记忆引发了我们的恐惧，所以我们决定现在就买药。广告持续了 15 秒，而大脑在这 15 秒间给我们讲了整个故事。

不要以为大脑构建这种叙事很费力。事实上大脑的工作方式就是从旧叙事中构建新叙事，所以这只是常规流程。这类似于我们看东西的方式：科学家发现人们往往会忽略 80% 日常看到的东西。人们会说，这怎么可能呢？我们不是看到了全貌吗？——实际上大脑在欺骗我们：我们自以为看到的 80%，只是我们基于记忆而生成的背景信息。

大脑欺骗我们是为了节约能量。如上一章所述，大脑消耗的能量过多，所以平时就会尽可能地节约能量。这也是为什么说视觉、听觉、触觉、味觉和嗅觉都是主观的原因——知觉来自自我的认知结构，又进一步强化了我们对世界的理解（或用伯克的语言来说，就是“成见”）。

下图可以帮助我们理解头脑是如何解读信息的：

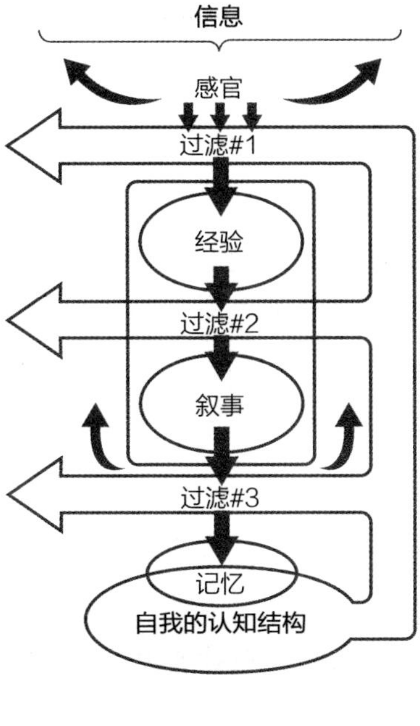

- 我们的感官吸纳信息，自我的认知结构决定了感官选择处理什么信息、无视什么信息。通常感官会处理与众不同、引人注目的信息。
- 大脑将信息转换为经验，我们的认知结构会围绕着它编织一个故事。大脑的叙事模式更有利于认知结构的理解与加工。
- 如果认知结构认为这一叙事有用，符合自身的结构，就会将其吸收、同化为长期记忆。
- 需要注意，不同的人处理信息的方式不一样。因为儿童的认知结构尚未固定，所以他们对信息过滤得较少。而接受过良好教育、见多识广的人有多重认知结构，因此他们对与自身理解相矛盾的信息较为开放，能更好地领会微妙的细节与信息。此外，如果一个人长期暴露于矛盾的信息中，他最终会吸纳这些信息并调节自身的认知结构，长期生活在外国文化中的人就是这样。

为理解自我的认知结构是如何帮助我们认识世界的，我们再举一个例子。在本书第一部分《成功》中，我们详细讨论了安全感与良好的生活习惯，特别是延迟满足和成长型思维的关系。研究者如今可以通过脑成像技术观察到有安全感的儿童和没有安全感的儿童大脑结构的差别。两者拥有不同的精神结构，因此形成了认知世界的不同方式，最终走向了不同的人生。正如德博拉·布卢姆在《爱在暴力公园：哈里·哈洛与爱的科学》中所说：

> 哈佛大学医学院附属麦克莱恩医院的一支研究团队由精神医学家马丁·泰歇（Martin Teicher）领导，使用脑成像技术研究在安全的家庭环境和受虐的家庭环境中成长的孩子的区别。不幸家庭中的孩子大脑左半球存在发育受阻的情况——大脑的左半球与快乐和积极情绪相关。科学家还发现与情绪平衡相关的小脑蚓部也有类似的阻碍现象。泰歇等猜测，情感虐待引起压力相关的荷尔蒙和神经递质急剧变化，引发了大脑细微的重构，从而造成这种差别。他们认为这也意味着这些个体“内置”了对环境更大的敌意。泰歇说：“我

们知道，如果动物在年幼时受压抑、被抛弃，其大脑将注定经历恐惧、焦虑与压力。我们认为人类也是如此。”[7]

为什么没有安全感的孩子更难以和教师相处？因为他们被自身受虐的经历所塑造，更容易看到环境中的威胁。教师察觉到他们的恐惧，将之解读为对抗，并惩罚他们，这进一步强化了他们的这种神经回路。这些没有安全感的孩子长大成人后，这种认知结构塑造了他们与权威打交道的方式，因此他们容易和雇主发生冲突，甚至可能进监狱。

5. 破解大脑

为什么我们的记忆具有如此高的可塑性？为什么我们的头脑如此容易被环境和经验影响？

我们的头脑经历了数百万年的进化，其目的是在自然中生存，这就意味着我们必须识别危险并迅速做出反应。感官使我们能注意到那些不寻常的事物，尤其是移动的物体。当动物穿过灌木丛时，通过树叶闪光的方式和发出的沙沙声，我们能够迅速辨识它是需要躲避的狼还是可以猎杀的鹿。

想象一个足球运动员带球在场上奔跑的情形。他必须在复杂的场地上掌握主动，辨认进攻队员的意图，避开拦截，传球给己方队员。所有的决策都是自动且在瞬间做出的——受到与肌肉记忆同步的头脑驱使。

显然，记忆的可塑性也有很多缺点。我们的思维和行动受制于刻板印象，每个人在某种程度上都是种族主义者和排外主义者。如果某一事物无法纳入某个现成的认知结构，我们理解它就有困难——例如随机性、概率、比例等抽象概念。还有，如丹·艾瑞里和丹尼尔·卡尼曼所证实的，我们的所作所为经常无法使自己的利益最大化。

艾瑞里在《怪诞行为学：可预测的非理性》一书中讨论了为什么有

些人看到商店外有人排队，也进去排队。这个人可能会试图给自己的行为找一个合理化的解释，例如：我看到很多人排队，他们肯定是等着买什么好吃的，所以我也要去和他们一起排队。

但实际上这个思考的过程是受情绪驱使的。这个人看到很多人排队，这触发了他之前排队的记忆，继而又引发了嫉妒、好奇以及对于错失好东西的恐惧，所以他先是站到了队伍中，之后才试图合理化自己的行为。也就是说，我们的决策过程首先是记忆触动情绪，然后是情绪引发行动，最后才是理性解释。这一过程如下图所示：

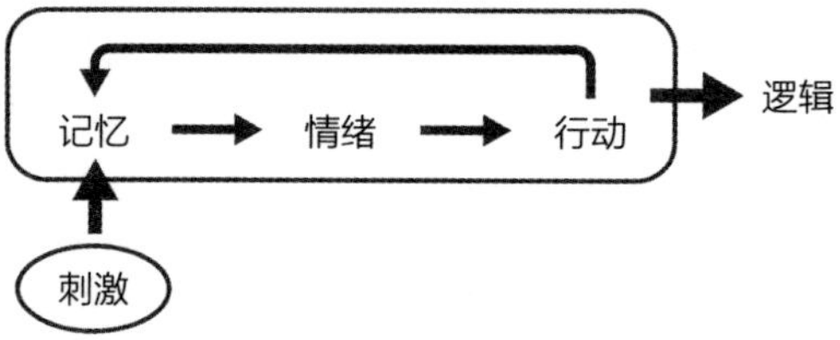

临床心理学家治疗患者的方法可以说明这一点。针对深受抑郁症之类心理疾病折磨的患者，最常见的治疗方法是所谓的谈话疗法。心理学家通过发掘隐藏的创伤记忆来帮助患者克服障碍。但是谈话疗法比起严格的训练往往不够有效，因为人类的记忆如同纵横交织的网，很难确切定位引起痛苦的记忆——这就如同把红墨水倒进一杯水里，然后试图徒手分离两者一样困难。

此外，记忆可塑性也是一个问题。在很多知名案例中，心理学家给患者植入了虚假的童年创伤记忆，这对他们造成了巨大的伤害。最关键的问题在于，记忆与情绪密不可分，要想减轻某一特定记忆带来的创伤，就需要改变与之相连接的情绪。

相比而言，临床心理学家治疗各种恐惧症就比较有效。在治疗过程中，心理学家先是触发与情绪相连的记忆，然后帮助患者克服记忆的情绪力量。例如，对于害怕蛇的患者，心理学家可以把他带到关着蛇的笼子旁边。看到蛇，患者十分害怕，他的恐惧触发了强烈的身体反应（“战或逃”反应，包括呼吸急促、心跳加快、瞳孔放大等）。他想要逃跑，但这样做只会强化对蛇的恐惧。于是心理学家指导他如何应对恐惧，告诉他控制呼吸的方法，同时重申此时的蛇是无害的。一旦患者平静下来，对蛇的恐惧也就减轻了——保持平静这一动作所产生的力量，可以覆盖此前与蛇遭遇的可怕回忆。

恐惧症之所以可以克服，是因为心理学家使用了刻意练习的方法。也就是说，我们的情绪记忆能够被驯服、被控制，正如我们的肌肉一样。

然而埃德蒙·伯克的正确之处在于，我们的潜意识太复杂了，不可能被驯服，我们是情绪的奴隶。我们以为意识是老板，而潜意识是员工，需要听从老板的指挥。但实际上意识是船长，船在深深的潜意识之海上航行。我们自以为意识能发号施令，但实际上是潜意识控制着我们的方向。还记得沃尔特·米歇尔戒烟是多么困难吗？戒除恶习之所以如此艰难，是因为我们并不受意识的控制。

让我们再看一个情绪超越理性的例子。一些男人自称“把妹达人”（PUA），他们利用一些女性潜意识的弱点来玩弄她们。记者尼尔·斯特劳斯（Neil Strauss）在《一场游戏一场梦：揭秘把妹达人的世界》（*The Game: Penetrating the Secret Society of Pickup Artists*）一书的写作过程中学到了这项阴暗的技术，并公之于世。[8] 他发现要引诱女性，需要与她们隐藏的恐惧和焦虑展开一场欲拒还迎的游戏。

在夜场里，漂亮女人是最宝贵的，她们总是被一群朋友簇拥着，保护着，所以 PUA 男必须勇冒风险。他必须从容而敏捷，令自己也成为最宝贵的，用笑话、小伎俩、故事等赢得他人的注意和认同。当他的目标——那位漂亮的女子被他抢去风头，便会开始焦虑恐慌，假装对 PUA 男感兴趣，试图重新成为人们关注的焦点。

此时游戏开始加速。PUA 男找到一个单独和她谈话的机会，开玩笑似的打击她，使她感到脆弱。她的焦虑加深了。为了挽回局面，她试图诱惑他，而 PUA 男却故意躲避她的攻势。这是一场追与逃的游戏。他随心所欲，不可预期，今天热情似火，明天冷若冰霜。女子的朋友给她转发网上的 PUA 指南，告诉她上当受骗了，但她不在乎。他充满惊喜，充满神秘，是她渴望的挑战。

PUA 男固然卑鄙可耻，但他们通过压榨年轻女性的焦虑来诱惑她们的手段，与广告商通过压榨我们的情绪来使我们消费的伎俩如出一辙。

对于控制情绪，我们能做些什么呢？应当说，我们去上学的一个主要原因就是学会控制情绪。在学校里我们学习记诵事实、逻辑思考和抑制情绪。而全世界的教师都可以做证，多数学生在这三件事上做得都不怎么好。

但如果其原因并不是我们大脑的设计出了问题，而是我们学校的设计出了问题呢？面对情绪化的大脑，如果我们不是去驯服它，而是充分接受它呢？

在本部分的最后一章里，我们将讨论为什么情绪是学习和想象力的基础。我们将讨论学习的最好方式——经历这个世界，创造我们自己的故事，与他人合作，拥抱自身的情感，使之成为智力的基础。

第八章
修复大脑

1. 阿罗史密斯－扬的学校

芭芭拉·阿罗史密斯－扬在童年一直与学习障碍做艰苦斗争。她成长于20世纪五六十年代，在母亲的帮助下才艰难地完成学业。后来她发现了神经可塑性的秘密，运用刻意练习的方法建构神经突触回路，提升了读写的逻辑性。

阿罗史密斯－扬在加拿大的知名大学获得了应用心理学的硕士学位之后，投入了帮助学习障碍的儿童的事业。她在80年代开办了一所特殊学校，并向世界推广课程。2012年她出版了回忆录。回想当年，她上学的时候写一段话都有困难，连她母亲都想不到她今天会有这样的成就。

阿罗史密斯－扬的志向是帮助与她相似的孩子。她向这些孩子的父母承诺，在她的学校里学两到三年，孩子就可以回到常规学校，和其他孩子没有区别。

但是随着她的课程逐渐推广，神经科学家开始质疑她的许诺。固然，她成功改变了自己的大脑，也目睹很多孩子的改变，但科学家认为，她的教学科学性不足，个别成功的案例可能只是安慰剂效应。

2008年，为了平息围绕阿罗史密斯－扬的争端，一个加拿大纪录片拍摄组用一年时间跟拍了她三个新学生的生活。这三个孩子在公立学校里都学习得很困难，阿罗史密斯－扬的学校是他们最后的希望。这希望也很昂贵，每年学费两万加元，其中一个家庭为付学费抵押了房子。

结果这三个孩子发现阿罗史密斯－扬的学校比原来的学校更无聊、

更死板。阿罗史密斯－扬强迫他们每天八小时进行重复的头脑练习。一年之后，三个孩子没有明显的改善，都离开了她的学校。

阿罗史密斯－扬坚称，需要两到三年才能看到效果。假如是这样的话，她的课程就不是基于刻意练习的，因为使用刻意练习的方法就应该能立刻看到短期效果，而且短期效果能够积累成长期效果。1989 年，乔丹只给了默默无闻的蒂姆·格罗弗 30 天，但 30 天足够格罗弗展示他的训练方法的效果了。

让我们来看看阿罗史密斯－扬的课程到底是什么样。她在回忆录《改变大脑的女人》中写到她的一个学生——塔尼娅·戴（Tanya Day）的经历。塔尼娅说不出完整的句子。例如，她这样解释警察的工作性质："那些人。他们从商店偷东西。那些人。那些警察。他们是坏人。他们把他们关监狱。"[1]（她的意思是：警察把偷东西的人关进监狱。）

塔尼娅 14 岁的时候只有六岁孩子的词汇量，所以父母把她送到阿罗史密斯－扬的学校，阿罗史密斯－扬为她定制了课程。

> 为了改变塔尼娅的语言障碍，（我让）她听简单的讲话并重复。之后逐渐加大内容的难度。听，重复。听，重复。这对塔尼娅来说很困难，尤其是难度加大之后。但她讲话渐渐开始改变了。[2]

阿罗史密斯－扬记录，跟着她学习了六个月之后，塔尼娅的神经结构开始变化，开始吸收新词汇。两年之后，塔尼娅返回了公立学校，能够跟上同伴的学习节奏。阿罗史密斯－扬是怎么通过让塔尼娅鹦鹉学舌就取得这样的成功的？要知道此前已经有无数老师这样做过了，都没有见效。实际上，阿罗史密斯－扬的书中提到了许多成功干预的轶事，但是并没有解释其原因。

让我们来比较阿罗史密斯－扬的做法和神经科学家的做法。记得第六章中写到的佩德罗的康复吗？他的康复出人意料，引发了他另一个儿子——保罗·巴赫－利塔（Paul Bach-y-Rita）的兴趣。他是一名神经科学家，是大脑可塑性研究的先驱之一。诺曼·道伊奇为了写他的书《重塑大脑，重塑人生》，近距离观察了巴赫－利塔在实验室中的工作。一名叫谢丽尔·切尔茨（Cheryl Schiltz）的患者无法保持平衡，经常跌倒。经过检测，巴赫－利塔发现她的前庭半规管（调节平衡的感觉器官）堵塞了，无法接收来自大脑其他区域的信息，也无法传送信息。

巴赫－利塔及其团队经过多年研究与试验，为她制作了一顶帽子，这顶帽子可以向她的前庭半规管传送电信号，从而改变其蛰伏的状态。巴赫－利塔和他的研究团队使用刻意练习的方法，耐心地、一步一步地让切尔茨戴着帽子进行练习，练习转弯、单脚站立、双脚跳、转圈等。几个月之后，切尔茨无须戴帽子也能够保持平衡了。为了庆祝，她还和巴赫－利塔一起跳了舞，这是她长久以来的梦想。

巴赫－利塔是如何实现这个奇迹的？他解释道，虽然他不能修复大脑中有缺陷的连接，但他可以使用外接装置把新的神经回路接入前庭半规管，从而使之能够和大脑其他区域联络。

> 为什么切尔茨可以在没有仪器的情况下跳舞而且行动正常？巴赫—利塔认为有好几个原因：其中之一，她受损的前庭半规管已经重新组织过了。过去，从受损细胞组织中发出的噪声会阻挡正常细胞送来的信息。他认为这个仪器也将其他的神经回路整合进来帮忙，这就是神经可塑性切入的地方。大脑有许许多多的神经回路，所谓神经回路是一起共同做某项工作的神经元之间的联结。假如某一条重要的回路断掉了不能通行，大脑就用其他的小路来绕过它，以到达目的地。“我是这样来看这件事的，”巴赫—利塔说，“假如你从这里开车到密尔沃基而主要道路的桥梁断了，你一开始会待在那里不知道该怎么办，然后你会找公路未开以前的旧路，穿过农地，绕过断桥。你走这些小路越多次，就越容易发现有更短的快捷方式到达你的目的地，你就越来越快地抵达目的地了。”这些次要的神经回路是不常用的，但越用就越强，这是一般认为有可塑性的大脑能够重新组织自己最主要的原因。[3]

巴赫－利塔对自己的治疗手段做出了清晰的解释，但阿罗史密斯－扬却没有。我在这里并不是要质疑阿罗史密斯－扬的诚实。她努力战胜了自己的学习障碍，并且想帮助别人也战胜学习障碍，是令人钦佩的。她的学校也确实帮助了塔尼娅·戴这样的学生。但是也许，帮助阿罗史密斯－扬获得成功的并不是神经可塑性，而是曾局限了她的东西。

2. 与众不同的天赋

让我们来做一个思维实验。设想一些阅读有困难的人：也许他们习惯从后往前读，或者干脆认不出字母的形状。这些人在学校中、在未来的生活中怎么办？我们大概会想，他们在学校里成绩会很差，或许会被遗忘在教室的角落，人生多半也会很失败。

有关学校的猜想也许正确，但有关人生的猜想也许错误。

我们还不完全知道读写障碍的原因，但我们知道很多有读写障碍的孩子长大后成就卓著。著名演员如汤姆·克鲁斯（Tom Cruise）、著名运动员如穆罕默德·阿里（Muhammad Ali）都有读写障碍。也许我们会认为，他们因为有读写障碍，才选择了对读写要求不高的表演或者运动职业。但是天才如达·芬奇（Leonardo do Vinci）、爱迪生（Thomas Alva Edison）、史蒂夫·乔布斯（Steve Jobs）也有读写障碍，我们又如何解释？甚至一些作家，如畅销书作家阿加莎·克里斯蒂（Agatha Christie）和诺贝尔文学奖得主叶芝（William Butler Yeats）都有读写障碍。

维珍航空（Virgin Atlantic）创始人，企业家、亿万富翁理查德·布兰森（Richard Branson）爵士在接受采访时，解释了他们这些有读写障碍的人之所以能获得成功，是因为他们看待世界的方式不同。

毕加索（Pablo Picasso）读写障碍很严重，不得不退学。然而他受到身为艺术教师的父亲的鼓励，专心投入绘画，用作品向我们展现了世界与众不同的一面。史蒂文·斯皮尔伯格（Steven Spielberg）也有读写障碍，在学校很不顺利。他对世界的体验与众不同，因此能够拍摄动人心弦的影片，让全世界的观众与之共鸣。

当然，仅仅以不同的方式看世界还不能保障成功。除此之外，这些有读写障碍的成功人士还有着高情商，他们极为努力，充满好奇，且能承受压力。他们虽然欠缺一定的读写能力，却拥有成长型思维。

有没有可能，他们正是因为有读写障碍才能以不同的方式看世界，才能发展出成长型思维？

我们在上一章提到，大脑的可塑性带来极大的优势，让人类能够在适应新环境的同时，又具有个性。而大脑的缺陷在于结构冗余。戴维·林登在《进化的大脑：赋予我们爱情、记忆和美梦》中提出，大脑具有可塑性，正是因为它效率低下。

> 大脑是如何受到环境和教养两者共同影响的？第一，我们的神经元处理信息速度慢、不可靠。第二，大脑不是从一张白纸开始设计的，因此内部存在多重处理系统，也存在很多古老的垃圾。在这两个因素共同作用下，大脑必须调动大量神经元才能进行复杂的计算。第三，由于使用的神经元太多了，不可能在基因层面上决定每一个突触连接的功能，因此大脑精密的神经结构需要由经验驱动，而非由基因驱动。这就意味着我们需要极长的童年（比任何其他动物都长），用经验来设定大脑的程序和结构。由于大脑具有神经可塑性，这种过程才得以发生。神经可塑性还带给我们记忆，并最终赋予我们不同的个性。说起来，这事不算差。[4]

如果把我们效率不高的大脑比作一个学生，它就是智商低的读写障碍者。大脑无法立刻理解或者立刻记住老师课上讲的内容，必须竭尽全力才能应付学习。在挫败中，它觉得比起死记硬背，学会学习方法还更容易些。等到走向工作场所，这样的大脑不会有那种自以为无所不知的好学生的傲慢态度，因为它知道自身的局限性。虽然它在学校中学到的知识不多，但至少学到了乐于学习的态度。

也许这就是一些读写障碍者反倒比好学生更成功的原因。好学生往往在学校中不费力就能成功，毕业后就觉得自己不需要再学什么了。而读写障碍者由于在学校中需要苦苦挣扎，因此在面对生活时能够充满谦卑、灵活应变、愿意学习。

3. 成功与自主性

我们无法穿越到过去，观察某位读写障碍者获得成功的经过，判断他成功的原因。我们也不可能仅仅靠少数成功人士的经历来分析成功的原因，因为他们都认为自己靠的是天赋和勤奋。所以我们不得不凭借推测，来看看芭芭拉·阿罗史密斯－扬成功的真正原因是什么。

我们知道她的父母受过良好教育，并且非常爱她。当她在学校里遇到困难的时候，父母很为她担心。他们支持她，成为她的后盾。阿罗史密斯－扬的母亲一直辅导她学习，告诉她只要足够努力，就可以战胜学习障碍。阿罗史密斯－扬在回忆录中写道："我以极大的意志力来迎接和解决遇上的每一个问题，这转化为一种非凡的工作态度和追求成功的坚韧决心。"[5]

"追求成功的坚韧决心"意味着她能够充分研究周围的世界，寻找成功的道路。她不会做数学题，写不好文章，但是她通过观察老师是怎么教的、同学是怎么学的，充分理解了学习对职业的重要性。由于阿罗史密斯－扬在学校没有安全感，她便研究老师和同学的情绪，设法让他们更喜欢自己。她学会了如何向老师求助，如何在小组合作中做出贡献，让别人觉得她有用、有价值。也许她还会去调解别人的关系，主动承担别人都不愿意做的工作，或者给大家带甜品——这些技能帮助她日后成为一名教育创业者，能够获得学生父母的信任和同行的支持。

最重要的是父母给了她成长型思维，所以尽管上学很难，她仍然能为战胜学习障碍而不懈努力。因此她才能够进入加拿大最好的教育研究所读书，能够遇上她未来的丈夫；而她正是通过他了解到了神经可塑性，开发了头脑练习，最终克服了学习障碍。

即使她最终没能克服学习障碍，也已经不要紧了。她在这一过程中获得的能力和价值观——安全感、成长型思维、刻意练习——足以保证她在任何领域获得成功。

这才是阿罗史密斯－扬成功的真正原因。那么她能够帮助塔尼娅·戴这样的学生克服学习障碍又是因为什么呢？

答案可能隐藏在阿罗史密斯－扬的书中。她写道："塔尼娅的优势是超凡的决心，以及虽然别人不相信，但她母亲对她的智力深信不疑。"[6]也就是说，阿罗史密斯－扬看到塔尼娅就如同看到了年轻时的自己。阿罗史密斯－扬让塔尼娅做的练习和别的老师没有什么不同，但是她真心相信塔尼娅，这一点造就了天壤之别。塔尼娅有了"追求成功的坚韧决心"，并最终获得了成功。

4. 爱的力量

可惜，阿罗史密斯－扬太想让有学习障碍的孩子通过考试，以至于忽视了最开始让她自己成功的原因。她没有意识到，问题并不在于学习障碍，而在于学校的组织形式。前文我们说过，无论学生有没有学习障碍，学校都存在导致学生学习困难的三个根本问题：

- 学校的基本假设正如启蒙运动的观点，认为理性与情感是冲突的，因此学校的任务之一就是要压制情感。然而越来越多的证据表明，情感是理性的基础。
- 学校强迫每个人单独学习，但人类生来就倾向于在合作中学习。
- 学校教给学生孤立的事实和知识，这些事实和知识与人们的经验和叙事毫无关联，也与大脑处理信息的基本方式相悖。

为解释第一点，首先让我们来看一个在第一部分中遇到但没有解决的问题：为什么情感调谐会引发智力发育？为什么勒内·斯皮茨研究中的孤儿没有好奇心，不会玩儿，也没能学会说话？

让我们先来看看父母是怎么学会照顾婴儿的。诺曼·道伊奇在《重塑大脑，重塑人生》一书中指出，人们通常认为人类到 18 岁就不再学习了，然而这种观点是不对的，我们一生都在持续学习。成年人的大脑可塑性在两个时期尤为突出，那就是恋爱和生育。

这不是说我们在这两个时期最适合学微积分或者世界语，而是说此时大脑中旧的突触连接正在瓦解以建立新的连接，因为恋爱和生育会使我们的个性发生深远的变化。

恋爱的时候，我们不能再那么自私，必须学会与另一个人分享生活。这一过程可能矛盾重重、充满压力，这是因为大脑在重构。幸运的是，爱的感觉能释放荷尔蒙，特别是血清素和催产素，它们有利于释放压力。科学家发现，爱情最初给人带来的心醉神迷可以持续 8 个月，这段时间足够大脑重构神经回路。

而比起迎接一个新生命，恋爱就不算什么了。生孩子能给人生带来翻天覆地的变化。大脑在这个关键时期的可塑性极强，怀孕的母亲尤其如此。那些她以为自己改不掉的习惯，比如吸烟喝酒，在这个时期都能轻易放弃。她如饥似渴地阅读育儿书籍，在宝宝还在肚子里时就试图了解他 / 她的方方面面。

分娩是女性最痛苦的经历，但哺乳也一样痛苦，是一个不断妥协和调适的过程。婴儿不会说话，母亲必须全神贯注地研究孩子的反应，解读他们的情绪、需求和愿望。婴儿哭和笑，都是给母亲的反馈。这就是我们在第三章中提到的情感调谐。

情感调谐的作用是双向的。母亲和婴儿都视对方为需要破解的谜题，但母亲有更多的破解工具。婴儿很无助，不会说话，不会动，视力也很差。对他们而言，世界是一个奇怪而可怕的地方，只有通过解读母亲这一谜题，才能感到安全、不饿肚子，并学着走向独立。一开始，婴儿只有少数几种情感，用于探察这个世界、理解母亲并与之交流。情感对婴儿来说是奇怪的东西，母亲则是画布。他们的情感可以引发母亲的反馈，就像他们将自己的情感画在画布上以观察并理解一样。母亲的反馈能帮助婴儿发展记忆，探索世界。婴儿记得，自己哭的时候母亲会关注自己，自己笑的时候母亲也会笑。

久而久之，母亲和婴儿之间的情感对话愈发精妙。婴儿一旦发展了新的能力，例如控制肌肉和发声的能力，就在母亲身上试用，以评估母亲的反应和反馈。在这种不断的尝试和调整中，婴儿成长为具有情感和智力的个体，能够和周围的人互动。也正是通过情感调谐的过程，婴儿学会了语言，而语言又成为抽象思维的基础。

丹尼尔·卡尼曼在《思考，快与慢》中写道，人类逻辑推理的能力很差，但解读社交信号、彼此适应的能力却很强。“大多数人接电话时听到第一个词就能感知对方是否生气了；刚进门就能发现自己是大家谈论的对象；对细微的信号能迅速做出反应，断定旁边车道上的汽车司机正处于危险中。”[7]

情感调谐解释了为什么勒内·斯皮茨的孤儿不会走路、不会说话：他们吃得饱、穿得暖，但没有人给他们反馈，所以没有动力也没有机会学习语言和动作。没有人听，为什么要说话？因此，有些科学家想通过给穷人家的孩子放录音来培养他们的语言能力，结果无效，但让这些孩子和父母玩儿桌游则有效。

5. 创意搭档

爱的作用不仅是激发学习动力。身处爱的沐浴中，想要和某人情感调谐，这种状态似乎能够促使我们的思考更深入。母亲能够理解婴儿变化莫测的情绪就是一个例子。如果婴儿哭了，母亲需要思考多种可能的原因，分析蛛丝马迹，评估各种证据，最终确定解决方案。母亲和婴儿之间的这种互动有助于双方情感和智力的发展。

这种互动也发生在相互合作的成人之间。丹尼尔·卡尼曼对人类心理有深刻的理解，原因之一是他有一个能够始终激励他并挑战他的亲密合作者阿莫斯·特韦尔斯基。他们两个人合作了一辈子，截然不同的性格激发了彼此的创造力。

他们都是以色列科学家，在耶路撒冷的希伯来大学研究行为心理学。卡尼曼是大屠杀幸存者，情绪多变，内向自卑。特韦尔斯基则充满自信，善于与人打交道，总相信自己是对的。卡尼曼不理解特韦尔斯基为什么那么乐观，特韦尔斯基也不理解卡尼曼为什么明明已经取得了世界级科研成果还那么悲观。

然而两人有着共同的目标——破译人类心灵的黑匣子。他们彼此互补，相得益彰，在同事心目中就如同一对老夫老妻。两人一起上课时，时而心灵相通、替对方说出下半句话，时而差点儿大打出手，让学生深感惊奇。就像母亲和婴儿在彼此调谐的同时获得智力上的发展一样，卡尼曼和特韦尔斯基也在和对方相处的过程中对人类心灵有了更深入的理解。

卡尼曼向记者迈克尔·刘易斯（Michael Lewis）这样描述自己和特韦尔斯基的关系：

> 我们理解对方比我们理解自己还快。所谓创造就是这样一种过程：你一开始说了什么，后来可能过了好几年才突然明白了自己说的是什么意思。我们两个人在一起则缩短了这个过程。我说什么，阿莫斯就能明白。两个人不管谁说了什么天马行空的话，另一个都会努力从中发现有价值的东西。我们经常替对方说出对方想要说的话。但我们也一直令彼此惊奇。一想起来这件事，我仍然会起鸡皮疙瘩。[8]

历史上有很多这样的创意搭档，比如披头士乐队的约翰·列侬和保罗·麦卡特尼。马尔科姆·格拉德韦尔在《异类：不一样的成功启示录》中宣称，披头士的成功是因为长期练习；K. 安德斯·埃里克森在《刻意练习：如何精通一切》中则认为，披头士的成功是因为其主要的创作二人组列侬和麦卡特尼所创作的原创音乐。

乔舒亚·沃尔夫·申克（Joshua Wolf Shenk）在《大西洋月刊》2014年夏季刊发表的一篇文章中赞同埃里克森的观点，认为列侬和麦卡特尼性格上的冲突使披头士的乐曲充满原创性。

列侬的原生家庭不美满，他也不是循规蹈矩的老实人。他身上总有某种浪漫和反叛的气质，待人无礼、心直口快、随心所欲。麦卡特尼则来自关系紧密的中产阶级保守家庭，他目标明确、工作努力、魅力十足。两个人本来不应该成为朋友，却一见如故，而且对音乐有共同的追求。

申克在《二的力量》(The Power of Two) 一文中写道，列侬和麦卡特尼各自独立创作的音乐效果都很差，但两个人一边拌嘴一边合作，却创造了伟大的歌曲。申克提出，还有很多类似的合作伙伴，即便两个人个性不合，但情感调谐的碰撞过程却能激发彼此的创造性。例如苹果公司创始人史蒂夫·乔布斯和斯蒂芬·沃兹尼亚克（Stephen Wozniak），诗人兄妹威廉·华兹华斯和多萝西·华兹华斯（William and Dorothy Wordsworth），民权领袖马丁·路德·金和拉尔夫·阿伯内西（Ralph Abernathy）。

但是学校不让学生合作，却让他们彼此竞争，认为竞争才是促进学生学习和智力发育的最好办法。更糟的是，学校将智力发育等同于让学生记住随机的事实和知识，这与大脑储存信息的方式相悖。

6. 人类学习的方式

让我们重温记忆的可塑性。记忆可塑带来了很多问题，但它也是我们学习能力和适应能力的基础。

为理解这一点，让我们来比较人和电脑学习的不同方式。举例来说，我们想教孩子认识羊，为此我们给孩子看很多动物的图片，告诉他们哪个是羊。很快他们就可以认出动物园中的羊，也能认出玩具羊和图画里的羊。

计算机是如何辨认羊的呢？程序员提供数以百万计张羊的图片的数据集，计算机软件据此建立多维的数学模型。之后程序员再随机输入各种不同的图片，用以测试电脑是否能够辨认出羊。这一过程很费时，而且万一数据集有错误，软件就可能误判羊是一片草地（这种事以前就发生过）。要让电脑认识其他的物体，还需要不断重复这一过程。

人类学习的方式和电脑不同。人类大脑预设的方式让我们能识别任一事物的本质特征（比如羊的外形等），我们能记住羊的行为及其与世界互动的方式（它们是集群动物，“咩咩”叫，看到狼就跑等）。人类和计算机的区别在于，人类会根据信息做出推断和解释，这进一步推动学习的过程，因为人类可以将自己直觉性的解释与现实相比较，从中获得丰富的反馈，从而进一步完善自身的理解。可以说，人类在不断地编故事，并将之与自身经验相联系，想象不同的可能性。

这一切背后的驱动力量就是可塑的记忆，记忆使我们能够创建统一的叙事，作为我们认知结构的基础。由于记忆是可塑的，同一种记忆可以用来创建不同社会情境下不同的认知结构，因此人类对新环境的适应力很强。我们既可以是儿子，也可以是父亲、丈夫、兄弟、学生、教师、同学、邻居、朋友、同事、队友，我们可以在不同的身份间无缝切换。

在上一章中，我们提到认知结构就如同小说，记忆如同章节。章节需要编辑，才能与整部小说的叙事保持一致，使我们能够在潜意识的作用下自然而然地适应任何社会情境。所有的信息、观点和知识都需要符合这种叙事。符合的才被我们保留，不符合的就被我们抛弃。

举一个例子。记忆高手能记住洗过的六副牌里的每张牌，他们是怎么做到的呢？秘诀就是把随机的纸牌信息转化成叙事（大脑非常擅长这一任务）。

为做到这一点，记忆高手首先会想象自己走过一条有很多地标的长街，这条街就成为他们头脑中的叙事结构。然后他们会把每个数字对应一个卡通人物，每个花色对应一个物体。比如粉色熊是 J，飞机是红桃，红桃 J 就是粉色熊拿着飞机。他们在比赛中看到一副牌，就在头脑中把这副牌的花色和数字转化为街道上很多傻里傻气的卡通人物做怪事的一个故事。

我们就是这样记住信息的——把他们存储在某个大的叙事结构中。这也是为什么我们在回忆时，先回想具体的情境往往更有助于记忆。

回到阿罗史密斯－扬。她通过不懈努力战胜了学习障碍，这是一个艰难的过程，但正是在这个艰难的过程中，她在心中建立了统一的叙事结构来引导自己的学习。她成为自己这本小说的英雄主人公，获得了“追求成功的坚韧决心”。

阿罗史密斯－扬的错误也在于此。她以为她的课程可以战胜学习障碍，实际上她创建课程的这段艰难的情感历程才是关键。她把课程强加于学生身上，剥夺了他们体会这种情感历程的机会，他们也就无法成为学习和命运的主人。

我之所以有这样的观点，是因为我作为一个备受欺凌的移民的孩子，正是通过成为学习的主人，才得以获得耶鲁大学的全额奖学金。

7. 刻意练习帮我进耶鲁

我和阿罗史密斯－扬一样，上高中的时候，觉得活着没有意义。我在学校里受欺负，在家里挨打，成绩差，也没朋友。人人都觉得我没什么希望了，但我骄傲且顽固，别人越这么想，我就越想证明他们错了。内心深处，我知道自己有潜力，只缺一个这样告诉我的人。

我身边没有人知道成长型思维，也没有人了解安全感对学习的重要性。他们也都不知道简·埃利奥特的实验，从没有想到过我学习成绩不好是因为在学校受欺负、在家里挨打。我孤独如困兽。

然而九年级的时候，一个人走进了我的世界，从此改变了我的人生。她是个年轻的代课教师，以前从来没教过书，现在抱着改变学生人生的梦想而投身这项职业。她很天真，没有经验，理想主义。虽然她不了解我，还是对我说我有潜力。她点燃了我内心之火。我要证明她没有看错，决定投考耶鲁大学。

阿罗史密斯－扬年轻的时候全部生活都围绕着一个问题：如何战胜学习障碍？我自己全部的高中生活则围绕着这个问题：怎么才能获得耶鲁大学的全额奖学金？阿罗史密斯－扬身边没有人了解学习障碍，而我身边的大多数人根本没听说过耶鲁大学。阿罗史密斯－扬只能靠自己研究，为自己制定学习战略，我也一样。有很多机构提供昂贵的常春藤大学升学指导服务，但我连大学申请费都付不起（我申请了费用减免），更不要说升学指导服务了。于是在某个暑假，我走进图书馆，读了一本又一本书，最终制定出赢得耶鲁大学全额奖学金的蓝图：

耶鲁大学入学材料	耶鲁大学寻找的特质	我需要做的
1. 学科成绩单（包括荣誉课程、班级排名和平均学分绩点[①]）	· 学术成就记录 · 智力潜能 · 在智力上挑战自我的意愿	· 努力学习、提升成绩 · 选修最有挑战性的课程 · 和最好的学生成为朋友
2. SAT 分数	· 逻辑推理能力 · 智力潜能	读《纽约客》和《大西洋月刊》，熟悉 SAT 词汇及逻辑
3. 课外活动	· 领导技能或潜能 · 全面发展 · 个人品质 · 合作能力 · 社会责任感 · 时间管理技能	· 参加一个运动队 · 创建某个学生社团 · 为校报写稿 · 参加志愿者组织
4. 个人陈述	· 有效沟通的能力 · 特立独行 · 幽默感	· 多阅读 · 多写作 · 变得更有趣、更自信、更深思熟虑
5. 教师推荐信	· 积极参与、主动学习 · 愿意提问，有较强的求知欲 · 创造的潜能	· 课上积极发言、积极提问 · 选有挑战性的老师的课 · 和老师成为朋友
6. 学校综合评价单	· 公民素养 · 个人品质 · 学术成就和潜力	从普通学校转到多伦多一所课程最具挑战性的高中

你发现这些策略背后的逻辑很熟悉吗？实际上我已经开始使用刻意练习的原则了，虽然我那时候还不知道这个词。

2008 年，深圳中学聘用我为申请美国精英大学的学生提供升学咨

① 平均学分绩点（Grade Point Average）：简称 GPA，是国际上通用的度量学生成绩的一种方式，把学生各学科的成绩根据一定规则换算成分值（如 A 为 4.0 分，B 为 3.0 分等），再按照各学科的学分数计算加权平均值。——译者注

询。当时多数中国学生是这么做的：

- 选最容易的课，以提升平均学分绩点和班级排名。因为高中关心的是高考成绩，并不怎么在乎平时的成绩，个别学校甚至为申请出国的学生伪造成绩单。
- 把所有的时间都用在背单词和做 SAT 模拟练习题上。
- 参加模拟联合国、学生会等活动，这些活动不需要花很多时间，但可以写在申请表上，让申请表看起来很漂亮。

很多学生出于多种原因，最终成功地被美国名校录取，这进一步强化了他们的思维定式，认为这种方法有效。但是假如他们保持这种思维方式，即使能成功地被名校录取，也会在美国的生活中遇到很多困难。

为什么呢？下面我比较了我的做法和很多中国学生的做法，列出了我的做法的优点和中国学生典型做法的弊端。

（1）我在就读的这所水平一般的高中选修最难的课。我不会得最高分，因为有很多同学比我聪明，但我在意的并不是分数或者班级排名，而是尽可能地多学。之后我转学到多伦多学术最强、课程最难的高中，在那里好多同学都比我强，但我还是继续选修该校最难的课。

优点：我初进耶鲁大学时在学习上遇到过很多困难，但对此我已经习以为常了。我坚持努力，最终赶上了那些来自更好学校的同学。

如果我在高中只选最容易的课会怎么样呢？到了耶鲁大学我会觉得课程很难，不知如何迎头赶上，最终可能会陷入抑郁和自暴自弃。

（2）当我准备 SAT 考试的时候，也背单词，也做模拟题。但是主要的策略是强迫自己阅读多种杂志中高难度的文章，包括《纽约客》《大西洋月刊》《经济学人》《科学美国人》等。

优点：在耶鲁大学，我们每周都要读五六本书，由于我有足够的阅读基础，所以能够适应。

如果我只背单词会怎么样？肯定没法跟上阅读的强度，也没法参与课堂讨论。背单词相对容易，但分析文本并与实践相结合才是挑战。

（3）我通过参加课外活动来扩大我的舒适区。在高中我创建了两个社团，一个法律社团和一个竞答队。为此我需要向学校提出申请，并寻求资金支持。我在竞答队又当领队又当教练，比赛日程也都由我来安排。

优点：耶鲁大学的环境既复杂又陌生，但我仍然能适应它。毕业后，我也喜欢面对新环境，迎接新挑战，这使我越来越有创造力。

如果我不肯离开舒适区呢？耶鲁大学将令我不知所措，给我带来很多伤害。我可能会退学，就像很多中国学生一样。

我申请耶鲁大学的方式与许多中国学生不同。我想要确保我在耶鲁大学能够很好地发展，因此我通过刻意练习在大脑中建立新的神经连接。这很难，但我愿意付诸努力。很多中国学生想要走最短、最容易的路径获得成功，但这就意味着神经系统不会发生根本性的改变。即使他们能进入耶鲁这样的名校，也会因为缺乏成长型思维和元认知策略而难以适应富有挑战性的环境。

阿罗史密斯－扬想要帮助有学习障碍的学生，她的意图是好的，但她忽略了自身经验中最重要的教训：我们的弱点本身就是我们的天赋，因为在克服它们的过程中，我们成为自己学习和命运的主人。

让我们来总结本章的重要结论：

- 真正的学习不是考试得高分，也不是拿到常春藤大学的录取通知书，而是构建新的神经突触回路。这需要情感上的极大投入，没有捷径可走。走捷径是自己骗自己。
- 刻意练习是最有效的学习方法。刻意练习的第一步，也是最重要的一步，是定义清晰的、可达成且可测量的目标，然后将目标分解。
- 刻意练习是结构化的活动，但并非僵化的。我们需要不断调整目标，并尝试使用不同的策略来达成。我准备申请耶鲁大学的时候，没有明确的计划，只有粗糙的框架，这些都是在后来的学习过程中逐渐完善的。
- 学校能教给学生的最重要的能力是自我反思和自我评估。心理学家邓宁和克鲁格发现，如果学校这样做，学生的学习能够显著改善。如果当前的行为不能帮助我们达成目标，我们就需要学会自我反思，以调整目标或策略。

- **最终，学习必须自主发生。阿罗史密斯－扬的学校对很多学生来说没什么作用，因为他们是被迫做那些练习的。他们不明白为什么，只是被动跟随。**

自主性是我被耶鲁大学录取的关键。虽然招生负责人能看到我的申请书不像别人打磨得那么精致，也没有那么精彩，但他们能看到我在申请过程中主动探索的精神，这一点对日后我在耶鲁大学的学习和整个人生都很重要。

刻意练习帮我进了耶鲁，改变了我的突触连接，我与以前彻底不同了。但进入耶鲁也让我变得骄傲自大，以至于在后来的十几年间无法稳定工作。最终，我意识到了自己的局限性，开始了新的自我转变之旅。我发现即使年过 30，我仍然能重新塑造突触连接——这就是学习的力量。

关于阿罗史密斯－扬的故事，我们还有最后一点需要记住：虽然她有学习障碍，智商低，但她的家庭富有且充满爱，这给了她克服这些劣势的安全感和成长型思维，最终使她能够帮助许多与她相似的孩子。

如果我们相信穷孩子、有学习障碍的孩子的潜力，给他们安全感，这世界将多么美好，将多么充满温情和创造力。这也是我们下一部分的主题。

SCHOOLS FOR THE SOUL

第三部分

创造力

在精英制下，大学是建立职业关系网、美化简历、获得证书的地方。名校学生完全被外部动机所驱动，因此不敢进行智力上的探索。面对镜子，他们害怕只看到一具浅薄虚无的空壳子。德雷谢维奇和穆勒都主张，教育意味着探索多种想法和理念，这样，即使我们没有获得所谓的成功或成就，也能成为完整而有鲜明自我意识的智识主体，从而走向幸福而富有创造力的人生。

第九章
美国的创造力“圣经”

1. 先知

阿莉莎·罗森鲍姆（Alisa Rosenbaum）1905年生于圣彼得堡，有着幸福的童年。她的父亲齐诺维是犹太人，在反犹主义盛行的时代白手起家，通过努力上了大学，后来还开了一家药店。他决心给三个女儿自己从来都没有过的东西：富裕的生活、情感上的安全以及对知识的自由追求。他的大女儿阿莉莎在自家大宅里上法语、德语、体操和钢琴课，还有厨师、家庭教师和护士精心照料她的生活。父母的溺爱令阿莉莎觉得自己是天命之子。她也确实是个早慧的孩子，10岁的时候就已经厌烦了学校的课程，开始写小说自娱。11岁时，她已经写了四篇小说，主人公是她自己。[1]

可就在1918年，阿莉莎的完美世界轰然崩塌。随着俄国在“一战”中受挫，布尔什维克取得了政权，决意将罗森鲍姆这样的资产阶级家庭扫入历史的垃圾堆。在阿莉莎的传记作者珍妮弗·伯恩斯（Jennifer Burns）的笔下，苏维埃政权没收了齐诺维的财产，由此改变了阿莉莎的生活和命运。

> 1918年的一个冬日，红军敲响了齐诺维·罗森鲍姆药店的门。士兵把政府签发的文件钉在门上，文件的内容是以人民的名义没收药店的财产。齐诺维庆幸革命只夺取了他的财产，而非生命；但他13岁的大女儿阿莉莎却满腔怒火。这是她父亲的店，是他辛苦工作

挣来的。父亲曾为此努力学习，曾在此为许多顾客提供宝贵的药品和建议。现在这一切瞬间就被夺走，成为无名无姓的陌生人的东西，而这些陌生人什么都不用付出。……阿莉莎看着，听着，最终确定了一点：那些唱着理想主义高调的人不可信任。所谓帮助他人不过是暴力的一层面纱。这是她永远不会忘记的教训。[2]

之后她们全家险些饿死。阿莉莎决定靠自己取得成功，16 岁就进入彼得格勒大学学习柏拉图和亚里士多德哲学。虽然她十分优秀，但因为家庭成分险些没有获得学位。

阿莉莎确信，她的智慧和野心在这样的社会中只能成为负担。于是在 20 世纪 20 年代，她来到美国，被自信无畏的资本主义深深感染。在机会之国，她决心成功。她抛弃了自己身上有关俄国的一切：改掉了阿莉莎·罗森鲍姆这个具有异国情调的名字，改名安·兰德，与家庭失去了联系。

兰德在好莱坞成为一名编剧，这个职业使她沉迷于文字与图像的力量。她没有放弃在圣彼得堡的家中培养起的文学志向，花了七年时间，终于完成了她的成名作《源泉》（*The Fountainhead*）。正是这部作品，让她名利双收。

《源泉》于 1943 年出版，极为畅销，成为美国的史诗。它阐述了“美国例外论”①，成为“美国世纪”②的预言。

《源泉》的故事围绕着建筑学院的学生霍华德·洛克（Howard Roark）和彼得·吉丁（Peter Keating）的对立而展开。洛克沉默寡言，但富有才能和思想。他认为建筑的世界只鼓励乏味的循规蹈矩，决意在

---

① 美国例外论（American Exceptionalism）：一种政治学理论，主张美国基于其独立革命的独特性，拥有独特的意识形态（包括自由、平等、个人主义、代议制民主、自由放任资本主义等），因此和其他国家有本质不同。——译者注

② 美国世纪（The American Century）：20 世纪中期后，美国在世界政治、经济、文化秩序中占据主导地位，使这一时期成为“美国的世纪”。——译者注

建筑作品中体现他的思想和意志。

吉丁没有才能也没有意志，但他靠操纵他人获得了成功。他讨好上司和客户，利用洛克的才能，将他的作品据为己有。

但洛克的天分是掩饰不住的。世界逐渐被洛克不屈不挠的意志所征服，而吉丁则陷入危机。在小说的高潮，吉丁乞求洛克挽救他的职业生涯，帮他设计一个获利颇丰的项目：政府为穷人建造的福利住宅。洛克可怜吉丁，同意秘密替他设计，但唯一的要求是不允许对设计做任何改动。然而意外情况发生了，吉丁没能保守承诺。

建造好的住房修改了洛克的设计。媒体纷纷赞许吉丁的设计天赋和慷慨的为人：建筑设计大胆新潮，且服务于高尚的目的。

但洛克无法接受自己的作品遭到玷污，他认为自己别无选择，只能炸掉这座建筑。为此他被起诉，公众要求判处他死刑。洛克在被告席上发表了关于美国创造力的激动人心的演说。

他首先提出，有创造力的天才在历史上一直被污蔑、被迫害。

> 几千年前，第一个发现如何生火的人，很可能就是被烧死在他教会他的兄弟们如何去点燃的树桩上。他被认为是一个与人类所害怕的恶魔打交道的坏人。然而此后，人类就有了火来取暖，来烹煮食物，来照亮他们的洞穴。他留给他们意想不到的厚礼，而且他把黑暗逐出了地球。数个世纪以后，出现了发明车轮的第一个人。他很可能就是在他教会他的兄弟们如何建造的车架上被处以了车裂的极刑。他被认为是一个冒险闯入禁区的越轨者。但是，从此，人类就有了跨越任何界线的能力。他留给了他们意想不到的厚礼，而且他开辟了通向世界的条条道路。[3]

然而具有创造力的天才始终领导社会前进，社会最终会服从他们的意志。那又是什么驱动着这些有创造力的天才人物呢？洛克认为，是利己的自我意识驱动他们追求真理，因此利己就是终极的真理。

> 没有创造者是被为他的兄弟们服务的渴望所驱使，因为他的兄

弟们拒绝了他给他们的礼物——那个礼物打破了他们生活中懒惰的惯例。他的真理是他唯一的动力。他以自身的真实和自己的方式完成他个人的工作。……重要的……不是那些创造物的使用者，而是创造本身。是创造出来的事物，而非别人从中获得的好处。是那种赋予真实性以具体形式的创造。他将自己的真理置于一切之上，与所有人对抗。

…………

创造者并非无私的。他们力量的全部秘密就在于——它是自给自足的，自我驱使的，自我激发的。那就是原动力，是活力的源泉，是生命力，是最原始的动力。创造者不服务于任何人和任何事物。他始终为自己而生存。[4]

对洛克来说，利己是最高美德，因为它令我们独立，赋予我们创造力。根据这一逻辑，利他和同情则是最大的恶，因为它使我们依赖他人，并使创造的精神枯竭。

在洛克演说的结尾，他提出所有的暴政都建筑于无私和利他主义之上，这也是他炸掉住宅的原因——只有自私地捍卫自己成果的纯粹，每一个人才能够享受创造的自由，而无须害怕自己的才能被他人利用。

一个集体——一个种族，一个阶级，一个政权——的共同利益就是每一次专制统治的要求和理由。历史上的每一次大恐怖都是以利他主义动机的名义犯下的。……最可怕的刽子手就是最真诚的信奉者。没有人对他们谋杀的权利提出过质疑，因为他们的屠杀打的是利他主义的旗号。人们接受了人必须为他人做出牺牲这一观念。……只要人们相信如果某一种行为是无私的，那它便是善的这样一种观念，那么，这种悲剧就会继续上演。[5]

在这里发言的与其说是洛克，不如说是兰德本人。确切地说，是目睹父亲的财产被没收的12岁的兰德。她不能原谅父亲靠努力工作建造的家被没收，而那些不工作的人却坐享其成。

兰德写《源泉》是为了警告美国人，利他主义只会导致暴行和平庸，美国是那些如她一样有天赋而利己的人的避风港，正因此美国是人类之光。洛克不愿妥协，是在捍卫真正的美国精神。在小说的结尾，洛克被宣告无罪，他站在一座新建筑的楼顶上，而这座新建筑正是他精神和意志的产物。

《源泉》使兰德成为自由市场资本主义的先知。她最著名的信徒是艾伦·格林斯潘（Alan Greenspan）。格林斯潘在1987年成为美联储主席，他试图运用兰德的看法构建公平和理性的社会，并推动硅谷这一兰德式乌托邦的兴起；唐纳德·特朗普称《源泉》是自己最喜欢的书之一；苹果公司联合创始人斯蒂芬·沃兹尼亚克也提到兰德对史蒂夫·乔布斯影响很深。

为什么安·兰德这么有影响力？

2. 文学的功能

为了回答这一问题，让我们首先来检视文学的功能和力量。自从雪莱（Percy Bysshe Shelley）1821年发表《诗之辩护》（A Defense of Poetry）以来，文学作品具有治愈和救赎的力量成为人们的共识。文学将一个人带入新的世界，使之在史诗般的情感历程中体验世界，并在这一过程中加深和丰富对自我的认识。

> 雅典诗人所写的悲剧有如一面明镜，观者在这镜中照见自己，仿佛置身于隐约假托的环境中，摆脱了一切，只剩下那理想的美满境界和理想的精神，人人都会感到，在自己所爱慕所愿意变成的一切事物中，这样的境界和精神就是其内在典型了。同情心能扩大想象力，所同情的痛苦和激情是这样强烈，以至它们一进入想象中，便扩大想象者的能力，所以怜悯、愤怒、恐怖、忧愁等都足以增强

善良的感情；感情既经过千锤百炼，就会产生一种高尚的静穆，即使在日常生活的纷扰中也能维持这静穆的心情……在最高级的戏剧中，绝少有助长非难和憎恨的地方；它反而教导人们自知和自重。眼睛和心灵都不能看见自己，除非是反映在类似的对象上。戏剧只要继续有诗意的表现，就不失为一个多棱镜，它收集了人性最灿烂的光辉，予以区别，然后从那些朴素的基本形式中把它们再现，并且给它们以庄严和美丽，使它所反映的一切丰富多彩，又给它一种能力，使它能到处繁殖其种类。[6]

狄更斯（Charles Dickens）1843 年的作品《圣诞颂歌》（*A Christmas Carol*）就是一个这样的例子。这部小说的主人公是商人埃比尼泽·斯克罗吉（Ebenezer Scrooge），他吝啬无情，恨圣诞节，恨孩子，恨慈善，恨帮助别人。乞丐和狗在街上都躲着他走。

圣诞节前一天，斯克罗吉做了个梦，梦中遇上三个鬼魂。第一个鬼魂向他展示了过去的景象：斯克罗吉的未婚妻在发现他爱钱胜过爱她之后离开了他。第二个鬼魂把斯克罗吉带到他雇员那寒冷黑暗的房子，雇员的孩子即将因为没钱治病而死去。第三个鬼魂向他展示了阴沉空荡的墓地。斯克罗吉发现自己将在孤独中死去，恐惧地惊醒，并决定践行圣诞精神，帮助他人。他给雇员加了薪，救了雇员孩子的性命，通过帮助他人获得了救赎。

斯克罗吉学会关心他人、慷慨助人，重新发现了自身的人性，从而感到自由和幸福。

他去了教堂，行走在街上，看着人们熙来攘往，拍拍孩子的头，和乞丐说说话，看看街上房子的厨房和窗户，他发现每件事都令他幸福。他从来没想到在街上行走——或者任何事——能令他这么快乐。[7]

《圣诞颂歌》的情节体现了文学的力量。我们在上一部分讲到，人类用记忆建构叙事，帮助我们在社会环境中通行。实际上心灵无法区分事实与虚构，当我们读小说的时候，我们也在经历他人的生活，从他们的经验教训中学习。我们读一本好的小说时，就成为斯克罗吉，能够看到现在、过去和将来，在道德上发生改变。

引发道德改变的是“顿悟”——在故事中的主人公意识到自己缺陷的那一刻，我们也从中看到我们自己的缺陷，并受到感召，成为更好的人。我们读的书越多，代入过越多的人物，我们就越善于反思、越深思熟虑、越公正也越有道德。

《源泉》却蔑视文学反思和救赎的功能。安·兰德的主人公霍华德·洛克没有个性也没有情感。他无视他人的情感，甚至近于反社会人格。

> 在霍华德·洛克经过时，路人们都打量着他，甚至他走过之后还有人一直瞪着他，眼神中透着突如其来的愤恨。他们也说不清是什么原因，也许是他一出现便能在大多数人身上激起一种本能。霍华德·洛克眼中却看不到任何人。对他来说，街道是空的，他甚至完全可以毫不在意地赤裸而过。[8]

洛克没有遗憾，没有恐惧，没有怀疑——他愿为他的信念死，也愿为之杀人。在整部小说中，他没有任何变化，变化的只是世界。因此在小说结尾，他站在了世界之巅。

对兰德来说，洛克就是能领导社会前进的那种创意天才的原型。

3. 安·兰德的英雄

《源泉》在美国青少年男性中最流行，因为这些孩子正处在藐视权威的年纪。霍华德·洛克没有个性，没有情感，方便他们代入。他毫不动摇的价值观与不妥协的信念，能够帮助男孩们理解自己的生活。

人在青少年时期常常充满创伤。他们不再满足于母亲怀抱给予的安全感，尝试在学校苛刻且竞争激烈的环境中和同龄人交上朋友。不擅长社交的孩子往往被孤立、被无视，有时候还会遭到欺凌，那些质疑一切、无所适从的聪明人尤其如此。

就在年轻人最以自我为中心、最迷茫与最脆弱的时候，洛克走进了他们的生活，告诉他们：一切不是他们的错，而是老师、同学、世界的错；真正的问题在于，这个世界上到处都是不能理解天才的平庸之辈。

于是这些年轻人知道了，他们必须忠于自我，让现实屈服于自己的意志，这样世界才能进步。洛克成为他们的盔甲，让他们隐藏并抛弃自我怀疑与对他人的关爱之心。

很多这样的年轻人从此走向悲惨孤独的生活，正如斯克罗吉一样。但有些人在合适的时间来到硅谷，遇上了合适的人，有了合适的好主意，获得了洛克般的成功。《名利场》杂志曾采访过一些硅谷巨子，发现兰德影响了照片墙（Instagram）、优步（Uber）、推特（Twitter）、色拉布（Snapchat）这些影响力重大的公司的创始人。[9] 毫不意外，硅谷最崇拜的人史蒂夫·乔布斯也正是典型的兰德式英雄。

乔布斯目标远大，从未动摇，让世界围绕他运行。苹果公司一度开除了他，结果濒临破产，而乔布斯回归后，使苹果公司成为世界上最有价值的公司。今天的硅谷是兰德的天堂，赢家通吃。脸书创始人马克·扎克伯格（Mark Zuckerberg）的口号“横冲直撞”（Move fast and break things）抓住了硅谷颠覆式创新的精髓。

今天的硅谷是世界上最有创造力的地方，全世界都试图模仿它，希望培养出自己的乔布斯。

4. 安·兰德的创造力理论

兰德在《源泉》和其他作品中表达了三个观点，这些观点后来成为硅谷精神和文化的基础：

- 利己释放创造力，利他限制创造力。
- 个体的创造力应当得到丰厚的奖赏。
- 只有天才才能推动社会进步。

这三个观点解释了为什么硅谷 CEO 们的权力、自我意识和薪酬如此膨胀，也解释了硅谷的环境为什么如此竞争激烈、功利主义、自私自利。

然而具有讽刺意味的是，如果这个世界按照兰德的理念运作，她根本就不可能有创作《源泉》的机会。她能来到美国，是基于全家做出的牺牲，以及她美国亲戚的资助。珍妮弗·伯恩斯在兰德的传记中写道：

> 准备工作花了好几个月。第一步是英文课。接下来安娜、娜塔莎和诺拉（兰德的母亲和两个妹妹）发起了一轮热情洋溢的共产主义活动，试图证明家庭对革命的忠贞。同时安娜设法为阿莉莎弄到离开的证件。罗森鲍姆一家声称阿莉莎计划到美国学习电影，然后归国建设苏联电影业。由于阿莉莎就读于电影学院，家里还有亲戚开电影院，因此这个谎言较为可信。安娜在芝加哥的亲戚波特诺伊家、利普斯基家、萨特林家和戈德堡家都表示愿意资助阿莉莎留学。[10]

如果苏联当局了解兰德的真实意图，她的家人可能会进监狱。家庭为她冒了很大风险，但她是怎么回报的呢？开始她和母亲联系得还比较密切，但随着美国的反共气氛日趋强烈，她切断了和家人的联系，怕苏联的家庭影响自己在好莱坞的职业生涯。

1972 年，处于职业生涯高峰的兰德收到了来自最小的妹妹，也是她唯一幸存的家庭成员诺拉的一封信。诺拉从一本杂志中了解到姐姐的成功，给美国驻苏联大使馆写了一封信，大使馆将信转交给兰德。兰德很高兴，邀请诺拉夫妇到纽约市和她一起居住。兰德很想向妹妹展示自己的成功。

但家庭团聚的结局不佳。诺拉是一名工厂工人，生活无虞，对美国赤裸裸的物质至上不以为然。环绕在兰德身边的都是她的学生和信徒，她指望妹妹能和这些人一样支持她的观点，反对利他主义，但妹妹不肯。

两人产生了争执。诺拉夫妇在美国待了两周之后就返回苏联，姐妹二人从此绝交。

兰德认为诺拉被苏联的宣传洗脑了，但实际上更有可能的是，诺拉希望姐姐承认家庭对她的成功做出的贡献。然而兰德的信念让她不可能做到这一点。诺拉听到兰德宣扬利己的美德时情不自禁地想到了母亲，是她们的母亲做出无数牺牲才让兰德能过上今天的生活，因此她不可能接受兰德的观点。诺拉日后说："兰德能去美国，首先就是因为我们全家无私的付出。"[11]

兰德的传记作者伯恩斯认为，兰德反对无私和利他的观点与她在学校交不到朋友有关。伯恩斯在书中指出，兰德在学校非常不受欢迎，并为此心怀怨恨。

> （她的同学）做作业的时候很愿意向她求助，但从来不邀请她参加聚会或约会。从他们的拒斥中，阿莉莎觉察到一种怨恨的情绪。同学们是因为她更聪明才不喜欢她？是因为她的优点而惩罚她？这些若隐若现的想法在她之后的作品中浮出水面。
>
> 实际上，阿莉莎的同学可能只是觉得她讨人嫌、爱吵架。她喜欢无休止地长篇大论，激烈地坚持自己的观点，没完没了地和人争辩。但是在阿莉莎看来，同学是在嫉妒她、排挤她。阿莉莎开始将自己视为一个因为杰出品质而受到不公正惩罚的英雄。后来，她将嫉妒和怨恨视为根本性的社会问题和政治问题。[12]

另一位传记作者安妮·海勒（Anne Heller）指出，兰德在九岁的时候就看不起同学，同时又非常想交朋友。

> 学校给孩子们布置了作文，要求论述为什么童年是快乐的。兰德不同意童年是快乐的，写了一篇文章"尖锐地控诉"童年，令同学很震惊。在文章开头，她引用了笛卡尔的"我思故我在"和帕斯卡（Blaise Pascal）的"比起愚蠢的天堂，我宁愿选择智慧的地狱"来论证她的观点——儿童的思考能力和学习能力不如成人，因此童

年不值得向往。她问，在等待中玩儿无趣的游戏、读幼稚的书到底有什么用？

兰德是班上的智者，但她没有朋友。兰德曾经觉得另外一个女孩有点意思，常常观察她。那个女孩自信、独立又聪明，是个好学生，也很受人欢迎。她似乎不费力就能赢得别人的喜爱，她是怎么做到的呢？兰德觉得自己也许可以和这个女孩成为朋友，也想知道是什么让这个女孩和自己不同。社交宠儿或许不等于浅薄平庸？有一天，兰德走向这个女孩，尴尬而直白地问："你能告诉我你生命中最重要的东西是什么吗？"这个女孩有点受惊，但还是回答了："我母亲。"兰德点点头，走开了。她认为这个回答很荒谬，对这个女孩不再感兴趣了。[13]

兰德写《源泉》，创造出霍华德·洛克这个人物，是为了解释她与世隔绝的童年吗？她是个早熟的孩子，却受到排挤；她恨她的同学排挤她，也恨自己会为此在意。她从未反省过，也没有学到谦逊、同情与宽容，她认为所有的人类感情，尤其是对他人的关爱，都是可鄙的弱点。在她还是孩子的时候，她想象自己是洛克这样的英雄，从而保护自己免于孤独的恐惧和悲哀。

年轻的极客们①被兰德的作品吸引再自然不过了，因为她就是他们中的一员。她通过文学的力量写出了他们的痛苦，并将之转化为正义的复仇。

但假如兰德错了呢？假如竞争、自私自利和功利主义不会产生创造力，只会阻碍创造力呢？假如被硅谷神化的创造力只是自私自利的谎言呢？假如硅谷成功的原因没那么伟大，而且是以牺牲社会进步为代价的呢？

接下来我们将看到兰德世界观的局限性。我们将批驳她的三个观点，

① 极客：美国俚语 Geek 的音译，原指离群索居的怪人，现在通常指对某项爱好（特别是电脑技术）有狂热兴趣和高超水平的人。——译者注

并探寻创造力得以产生的真正原因。

首先需要指出，兰德的理念有三大来源：泰勒的科学管理、边沁的功利主义哲学和柏拉图哲学，我们将一一检视。

5. 科学管理的胜利

在工业革命中，工厂主面临一个问题：如何将生产过程系统化、标准化？或者说，如何使上百万没受过什么教育的工人遵守规则，使他们的行为可靠、高效、可控？长效的解决方案是建设精英化的教育体系，而立竿见影的解决方案是采用弗雷德里克·温斯洛·泰勒（Frederick Winslow Taylor）创造的科学管理法（scientific management）。这种方法以完善外部激励为管理手段。

泰勒生于 1856 年，卒于 1915 年。这一时期正是美国快速工业化的阶段。泰勒一生致力于探寻工业化时代管理工人的方法，把不守规则的移民转化为具有生产力的工人，为美国工业添砖加瓦。泰勒生于上层家庭，本来是命中注定要上哈佛的那种人。但他视力很差，只得在工厂里工作。他虽然地位低下，但有雄心壮志，很快就发现了工厂的管理和操作过程中存在很多效率低下的问题：

- 工人花很多时间闲聊。
- 有的工人不知道自己的工作是什么，也不知道该怎么做。
- 工人之间缺少同步、协调和沟通。
- 产品是非标准化的，最终产品的质量取决于产品是谁生产的。
- 对工人的产量没有统计。工厂主只能依赖直觉和他人的意见来判断生产线上存在的问题并选择解决方案。

这些现象令泰勒很不满意。如果泰勒晚生 100 年，他一定会爱上计算机这种自动化的工具，并挑战比尔·盖茨或史蒂夫·乔布斯的地位。但他只是一名工业时代的工人，他能做的只是将工厂设想为一种能将产品的生产标准化、系统化的人力自动化系统。泰勒将他的方法命名为"科学管理"，这种方法日后将助力美国成为最强大的工业化国家。

下图说明了科学管理的过程：

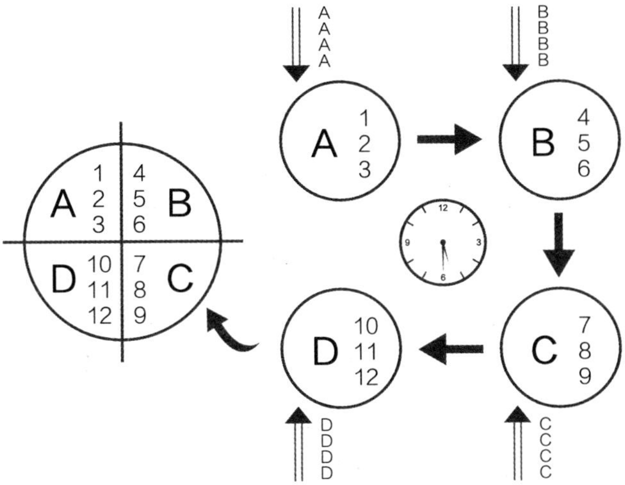

在图中，一名工人执行一道特定的工序。例如，工人 **A** 不断获得原材料 **A**，执行工序 1—2—3，得到产品，然后将之交给下一个工人 **B**。

为了更好地理解，让我们举例说明。假设我们开了一家餐厅，雇用了四个厨师，只卖一种火腿三明治。开始时我们让四个厨师各自做三明治，但后来发现他们做出的口味和需要的时间都不一样。于是我们决定建立一个系统，让四个厨师一起做一个三明治，并采用标准化的方法：第一个厨师按固定大小切火腿；第二个厨师按固定大小切面包，然后把火腿摆在面包上；第三个厨师切西红柿、洋葱和生菜，都切成固定的大小，按固定的顺序放到三明治里；第四个厨师以固定的方式涂上固定量的芥末蛋黄酱。

这个系统有很多优点：

- 每个工人在固定的位置上执行固定的任务。由于任务固定，所以工人经过简单的培训就可以很快上手，而且通过评估工作量、速度和效率，管理者很容易就能决定工人的工资和晋升。

- 通过标准化的工序，工厂实现了整齐划一。处于固定工位的工人将产品组装好，管理者则可以通过巡察来确保工人按时完成任务。
- 每一件产品的质量都需要检查。当产品质量存在问题时，管理者可以很容易地追踪到具体负责的工人，并可以通过培训避免此人再出现类似的问题。
- 通过标准化的过程，管理者可以有效收集并分析工厂的数据，从中发现效率低下的环节，消除浪费，并进行有针对性的改进。

科学管理法之所以取得了成功，主要是因为泰勒使用了外部激励控制并调节工人的行为。

让我们以 Crossfit 为例。Crossfit 是一种非常有效的健身训练方法，借此我们可以更好地理解科学管理法对工人的激励作用。Crossfit 的训练者会进入一间看起来很像工厂的健身房：很暗，没有装饰，墙上有一个计时器，周围的人既是队友也是竞争对手。教练分配给训练者一项任务，内容可能是以下之一：

- 在尽可能短的时间里完成一系列练习，例如 100 个俯卧撑、100 个仰卧起坐、100 个引体向上等。
- 在 10 分钟内尽可能多地完成一组动作，例如 10 个俯卧撑、10 个仰卧起坐、10 个引体向上。
- 以 3 分钟训练、1 分钟休息的节奏完成 10 组动作，例如 1 分钟俯卧撑、1 分钟仰卧起坐、1 分钟引体向上。

这一训练方法颇为有效，因为它使用外部激励来迫使我们付出最大努力：

- 目标简单，有利于集中注意力。
- 利用墙上的计时器，可以随时测量训练成绩。

- 由于有竞争者，训练者害怕落后，所以会更加努力。
- 教练一直叫喊着坚持下去，训练者不愿让他失望。
- 最后每个人都有得分、排名，能受到相应的表扬。

这些外部激励迫使我们的身体进入“战或逃”的模式——心跳、呼吸和血流加快，全力投入当前任务。我们将身体推向极限，因此健身效果明显。

泰勒科学管理法的原理和 Crossfit 一样，采用外部激励来激发工人提升工作效率。工人如果表现一直优秀，就能不断涨工资、晋升到管理层。工人可以看到自己取得的进展，在公司的阶梯上不断向上爬，从中获得意义感和满足感。

科学管理法给美国工业带来了革命性的变化，早期使用这种方法的工厂获得了巨大的收益。亨利·福特（Henry Ford）使用科学管理的原理创造了生产流水线，成为当时的世界首富。

科学管理法也被中国人用于脱盲的努力。1949 年，中国只有大约四分之一的人口可以读写，而中国共产党的伟大成就之一就是通过建立公立学校体系扫除文盲。在一定意义上，达成这一成就的方法是将科学管理的原理和外部激励用到教育上。

让我们把科学管理法的示意图当作学校管理的蓝图：

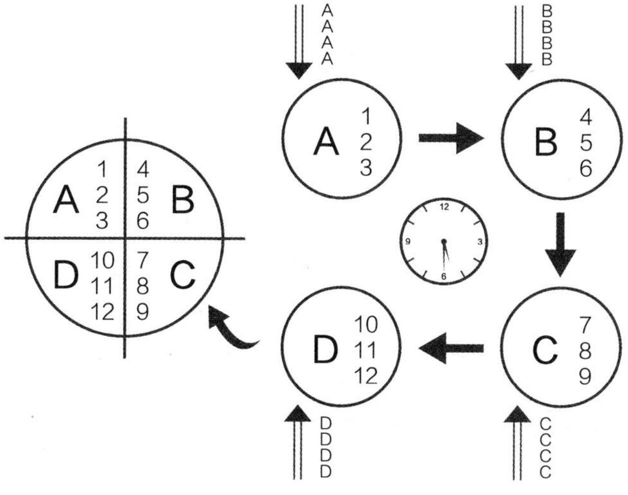

由于不同的老师教同一个科目，校长可以从考试成绩中看到各班的表现。他们可以奖励表现好的班级，同时也比较容易发现表现差的班级的问题，并且采取措施（如增加个别辅导的时间等）。将科学管理法的理念用于教育，使中国学校体系进入世界领先行列。

泰勒和兰德并不相识，但假如泰勒读过兰德的书，他一定会喜欢。在开发了科学管理法之后，泰勒继续开拓自己的管理咨询业。在泰勒之前，工厂主激励工人的办法是给他们良好的待遇。但在泰勒的体系中，工人是廉价可替代的商品。只要管理方法正确，训练他们并激励他们努力工作很容易。因此，最有价值的人是那些创造了有效管理方法的人，那些能够解读数据从而改进系统、提升生产力的人。这些管理者——或者詹姆斯·科南特所谓的认知精英——是美国真正的英雄。他们用外部激励的方法调动员工的积极性，提升了整个社会的生产力，其洞见和创新应该获得丰厚的奖赏与回报。

然而心理学家后来的一系列研究发现了外部激励的局限性。他们发现，尽管兰德和泰勒的理念在工业时代无可指摘，但在我们今天的创造时代却已经过时。

6. 蜡烛问题

20 世纪 40 年代，研究者用蜡烛问题（the candle problem）测试了创造力和外部激励的关系。研究者发给学生一盒火柴、一盒图钉和一支蜡烛，要求他们点燃蜡烛，但不能让蜡滴到地上。

学生尝试了多种方法，最终找到了答案：把图钉从盒子里拿出来，用图钉把空盒子钉到墙上，将蜡烛放在盒子里点燃，这样蜡就不会滴到地上（如下图）。解决问题的关键，是要发现盒子本来用途之外的其他用途。

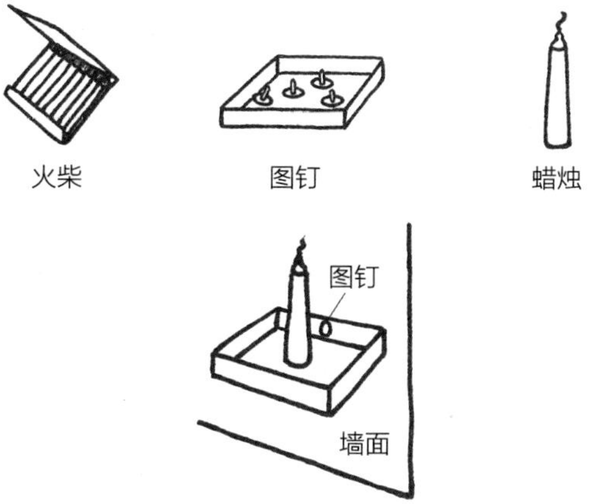

后来，研究者将学生分成两组。第一组的学生如果表现良好，会获得物质奖励：完成测试的时间处在所有测试者前 25% 的学生可以获得 5 美元，最快完成的学生可以获得 20 美元（在当时是一大笔钱）。第二组也计时，但是无论表现如何，都没有奖励也没有惩罚。实验结果令人震惊：第二组平均用时比第一组快 3.5 分钟。

然后研究者稍微把问题简化了一下：把图钉从盒子里拿出来。这样学生无须想象力就能发现其用途。这时有物质奖励的组完成得更快。

2005 年，丹·艾瑞里和同事在美国和印度就物质奖励对不同难度认知任务完成情况的影响，进行了彻底的研究。他们的结论是：对于低难度的认知任务，奖励越丰厚，表现越好；但对于高难度的认知任务，奖励则会阻碍创造力；任何形式的外部激励——无论是奖金、名次还是简单的口头表扬——都会阻碍创造力。

如果工厂只需要工人进行简单操作，如果学校只需要学生考试得高分，外部激励就有意义。但如果我们希望经济和学校都能充满创造力，外部激励就会成为根本障碍。我们将在下一章解释原因。

第十章 大师和他的徒弟

1. 功利主义之父

安・兰德的理念为硅谷的文化和价值观奠定了基础，但杰里米・边沁（Jeremy Bentham）的功利主义哲学构成了硅谷内在的逻辑和目的。边沁幼时是一个神童，3 岁就开始学习拉丁语。1760 年，他 12 岁的时候进入牛津大学学习，终生致力于为公正、理性的社会构筑哲学基础。

他与埃德蒙・伯克是同时代的人，但两人在学术上截然对立。伯克相信社会习俗与人类互动的精妙力量，边沁的立场则与卢梭和兰德相似，相信可以从基本原则出发，通过纯粹理性的力量来重塑社会。边沁最终提出了功利主义哲学，认为一个公正而理性的社会追求最大数量公民的最大快乐。

边沁相信人类有两种主要的情感——痛苦和快乐；增加快乐是善，增加痛苦是恶。硅谷，特别是脸书接受了这种哲学。脸书创始人马克・扎克伯格坚称“使人们彼此连接”具有内在的善，因此脸书连接的人越多，这个世界就越好。

为实现这一目的，脸书使用机器学习算法来使用户的快乐最大化、痛苦最小化。因此它有“赞”的功能却没有“踩”的功能，通过筛选用户的信息流来过滤坏消息。脸书创造了一种功利主义乌托邦，批评者将之比作一个回声室，小群体在其中不断强化和证实彼此的观点。但假如这让世界变得更快乐，又有什么错呢？

2. 继承人

边沁的学生和继承人约翰·斯图尔特·穆勒（John Stuart Mill）与这个问题纠缠了一生。

边沁终生未婚，但他有一名忠实的追随者——苏格兰知识分子詹姆斯·穆勒（James Mill）。詹姆斯·穆勒自从1808年与边沁相遇以来，终生致力于传播边沁的功利主义哲学理念。

詹姆斯·穆勒是一个有抱负的平民，但不幸爱上了一个贵族的女儿。由于爱情受阻，他对这种等级制的社会秩序深为不满。他受到边沁功利主义哲学的吸引，因为他意识到边沁的学说可以成为精英制的基础，而只有在这种制度下，他这样雄才大略的、来自普通家庭的知识分子才能娶到贵族的女儿。

为证明他对边沁事业的忠诚，詹姆斯·穆勒立志将长子约翰·穆勒培养为功利主义哲学的“承载者”。在边沁的指导下，詹姆斯·穆勒亲自在家教儿子。正如边沁3岁就学拉丁语一样，约翰·穆勒在3岁也开始学希腊语了。尼古拉斯·卡帕尔迪（Nicholas Capaldi）在约翰·穆勒的传记中写到他博览群书的情况：

> 1814年，穆勒8岁的时候，已经在读希腊语著作，如修昔底德（Thucydides）、索福克勒斯（Sophocles）的《厄勒克特拉》（*Electra*），欧里庇得斯（Euripides）的《腓尼基妇女》（*Phoenissae*），阿里斯托芬（Aristophanes）的《财神》（*Plutus*）和《云》（*Nubes*），德摩斯梯尼（Demosthenes）的《斥腓力》（*Philippics*）等作品；拉丁语方面，读的是西塞罗（Cicero）的《为诗人阿基亚斯辩护》（*Oration for Archias*）等作品；数学方面，他研究欧几里得（Euclid）和欧拉（Euler）《代数》，以及邦尼卡斯尔（Bonnycastle）的《代数》和韦斯特（West）的《几何》。1814年他还开始读弗格森（Ferguson）的《罗马史》、米特福德（Mitford）的《希腊史》及李维（Livy）的历史作品（英文本）。同样在8岁时，他开始自己写尼德兰联省

史，从反抗西班牙，到腓力二世（Phillip Ⅱ）统治，再到威廉三世（William Ⅲ）就任执政和加冕英国国王。[1]

约翰·穆勒在12岁的时候开始编辑他父亲的《英属印度史》（*The History of British India*）。他父亲后来因这部作品成名，获得了一个薪资丰厚的政府职位。15岁时，父亲认为穆勒有阅读大师（即边沁）作品的资格了。为了保证自己最伟大的造物不受污染，穆勒的父亲将他与同龄人隔绝，并将他引入边沁的熟人和钦佩者圈子。穆勒是完美的孩子，父亲不懈地督促他，因为他对边沁的社会重构计划至关重要。

然而意想不到的事情发生了。“承载者”发现自身并非容器，而是一个有感情、会动摇的人。尽管父亲教导他不要为感情左右，但在1826年秋，穆勒陷入了情感衰弱和忧郁，开始怀疑人生的意义。穆勒在自传中这样描写自己的崩溃：

> 我陷入了神经麻木状态，对娱乐或快乐的刺激不感兴趣……。在这种精神状态下，我不禁直接自问：“假如你所有的生活目标都实现了，假如你期望的所有制度和思想改变在这一刻都完全实现了，那么你会觉得非常快乐和幸福吗？”一种不可压制的自我意识清晰地回答“不”。想到这，我的心开始往下沉，我为生命构建的全部基础都坍塌了。我所有的幸福原本是对这个目标的不懈追求，但是现在这个目标已不再有吸引力了，追求目标的手段怎么可能还会有意义呢？我活着似乎没有任何意义了。[2]

为了成为边沁忠实的追随者，穆勒失去了童年、幸福和个性。似乎他命中注定是要完成大师的宏愿，但他意识到，在用功利主义哲学的原则重构社会的使命中，他找不到幸福和意义。

穆勒孤独而痛苦，感到被世界抛弃了。他父亲精心设计了他的教育和人生，塑造了他的心灵，让他远离情感，但现在恐惧、怀疑和悲伤压倒了他，他知道父亲会认为他是个可怜的失败者：

在我碰到实际困难时，父亲自然是我求助的对象，但是在这种情况下，他却是我最不想求助的对象。我深信，他绝对不了解我现在正遭受的精神痛苦，即使我可以使他了解，他也不是可以治愈它的医生。我所受的教育都是他的功劳，他的教育方法绝对不可能产生这样的后果。我认为，当他的计划失败或许无法挽救，或者无论如何都超过了他挽救的能力范围时，使他想到这种失败只会增加他的痛苦。[3]

穆勒接受了严格的教育，这归功于他的父亲。但他父亲独断专行，使他无法获得安全感。穆勒的智力远超同龄人，但他的情感十分脆弱；他做出了父亲期望的承诺，却失去了生活的意志。他受的教育教给他如何拯救社会，却没有教给他如何拯救自己。

1830 年夏，穆勒在一个宴会上遇到了哈丽雅特·泰勒（Harriet Taylor）。两人发现他们在社会背景、智力和志趣上都有很多共通之处。穆勒从她身上找到了治愈自己受伤灵魂的爱的力量。遇上她之后，穆勒开始充分意识到并发挥出他真正的学术潜力。卡帕尔迪在穆勒的传记中写道：

穆勒的父亲给他灌注了一种失败感，并且一直强化这种感受。虽然他父亲的意图是好的，目的是刺激穆勒取得更大的成就，但父亲的批评始终令穆勒觉得自己不够好。哈丽雅特则完全不同。虽然她也批评、抱怨，有时还突然指责，但她令穆勒感到自己的伟大。穆勒在公开评价自己的才能时总是极度谦逊，但他和哈丽雅特的私人通信则反映出一种精英主义的使命感和自高自大，其程度几乎有些令人难堪。[4]

卡帕尔迪认为，泰勒成为穆勒的情感基石，在这基石上穆勒建筑起智力的丰碑："她给穆勒提供了他所急需的情感支撑和养料。她强化了他的一种需求，即相信自己是这个时代的主要发声者。在这一过程中，她帮他成为这样的人。"[5]

泰勒和穆勒的爱如此强烈，本应是天作之合。但泰勒虽然有自由灵魂，但并非自由之身：她已婚，有三个孩子。穆勒一生都没有朋友，迫切地想和泰勒在一起，泰勒也抱着相同的感情。两年后，泰勒的丈夫同意和她分居，但她无法公开羞辱她的丈夫、抛弃孩子和穆勒在一起。曾阻碍了穆勒父亲和所爱之人结合的社会秩序再次成为他和泰勒的阻碍。

泰勒和穆勒在长达 21 年的时间里维持着精神上的友谊。基于边沁哲学的原则，两人应该私奔，因为他们的快乐最重要；但如果他们知道这样做会给身边的每个人带来痛苦，他们能幸福吗？边沁不相信道德，只相信利益，但穆勒以痛苦的方式学到，道德深植于我们的心中。

此外还有另外一件事颠覆了功利主义对快乐的理解：穆勒无法与泰勒结为夫妻，他为此而痛苦，但他们的友谊使穆勒释放出汹涌的创造力，使他体会到更高的幸福。两人对彼此的激情升华了，他们成为前文所说的“创意搭档”。穆勒在自传里这样写道：

> 当我俩的思想和理论完全一致时；当两人在日常生活中讨论知识或道德方面的所有问题，探讨的深度大大超过那些通常为一般读者所写的适合一时之需的作品时；当我们从同一原则出发，通过共同的方法得出我们的结论时，追究原创性及谁执笔的问题，则变得毫无意义。执笔最少的人也许对文章思想的贡献却最多；写出的作品是两人共同的成果，经常不可能分清我们各自的作用，也不可能判断这部分的作用属于这个人，而那部分的作用属于那个人。从广义上说，不仅在我们婚后生活的几年间，而且在婚前我们彼此信任友谊的多年间，在我所发表的所有作品中她的贡献和我的贡献一样多。[6]

1849 年，泰勒的丈夫去世。两年后，泰勒和穆勒结婚。他们在极度幸福的婚姻生活中合作撰写了《论自由》(*On Liberty*)。七年后，泰勒因严重的肺充血而去世。穆勒遭到严重打击，年轻时曾经桎梏他的抑郁再次回来了。“于公于私，我恐怕都不再适合做任何事了。”[7] 穆勒写道。

从功利主义哲学的逻辑出发，穆勒遭到巨大的打击，似乎只有死路一条了。还有什么比失去真爱更痛苦的呢？但后来发生的事并非如此。泰勒的记忆和精神仍旧在穆勒心中闪耀，他化痛苦为力量，完成了他的作品，作为对她的纪念。穆勒的杰作《论自由》于 1859 年发表。

3. 约翰·穆勒对哈丽雅特·泰勒的纪念

父亲对穆勒的教育让他延续边沁的学说，但泰勒给他的勇气则让他超脱边沁的功利主义哲学，奠定了现代自由主义的基础。

边沁认为追求快乐、避免痛苦是人的天性，而且所有的快乐本质上都是好的，所有的痛苦都是坏的。因此一个公正、理性的社会就应该最大化快乐、最小化痛苦，脸书的机器学习算法就是这样做的。

穆勒认为事情不是那么简单。他相信作为人类，我们有更高的道德追求，即培育一种富有创造力和充满智慧的精神。他和泰勒相爱而不能结合，这固然痛苦，但两人在智识上的合作可以带来更高的幸福。为什么边沁不能理解这点呢？

穆勒认为他的导师是一位天才，但他也认为，边沁的人生存在两点主要缺陷：缺少人生经验、看不起意见不同的人。正是这两点缺陷，导致其理论陷于平庸。

> （边沁）既没有体悟过内心的酸甜苦辣，也没有经历过人生的悲欢离合。安静甚至乏味的生活与活跃而单纯的心智，将他与这两种经验隔离开来。不知道什么是顺境与逆境，也不知道什么是激情和满足。他从未被疾病困扰，自童年起到 85 岁高龄一直身强体壮。他不曾忧郁，不曾愧对他人，不曾体会到生活是沉重痛苦的负担。他一生都是少年。从华兹华斯到拜伦，从歌德到夏多布里昂，自我意识是我们这个时代伟人的守护者，是可喜可哀的智慧的起源。这种自我意识从未在他身上苏醒。他身上潜伏着多少自然的人性，他不知道，我们也不会知道。他从来没有意识到那些看不见的东西正在影响着他。其他的时代、其他的国家、其他的一切都不能教给他任何东西。他用唯一的标准衡量一切：拥有多少知识、是否能正确认识功利、是否能用这种观点统摄所有事物。他将自身的命运寄托在英国迄今为止培养出的最贫瘠的一代人身上，而当更优秀的新一代人成长起来时，他已然老去。因此，他在人身上所能看到的仅是

> 最庸俗的眼睛所能看到的；除了他所理解认可的，其他多样的性情他一概视而不见。由于他对人类的感情知之甚少，他就更不知道这些感情是从何而产生的：所有内心活动对自身以及外界事物对内心的微妙影响都逃过了他的眼睛。也许，从没有一个人，在一个教育程度很高的时代，在试图为所有人类行为制定规则的同时，却对那些影响或应该影响人类行为的力量了解非常局限。[8]

边沁拒绝投入生活，既不寻求快乐也不承受痛苦，因此他缺乏共情力、想象力和智慧。正因为穆勒曾经陷入灰暗与消沉的情绪，曾经质疑过生存的意义，曾经失去过一生至爱，他才能够看到万物的阴影、细节和微妙之处，而边沁只能看到粗糙的轮廓。情感并未让穆勒的智识迷失，而是让他看得更深、更清楚。

此外，边沁还有一个弱点——他不肯怀疑自己。穆勒在其名著《论自由》中提出，智慧必须出于谦卑、反思及开放的心灵：

> 如果有一人，其判断是真正值得信任，试问它是怎样成为这样的呢？这是因为他真诚对待对他的意见和行为的批评。这是因为，他素习于倾听一切能够说出来反对他的言语，从其中一切正当的东西吸取教益，同时对自己，间或也对他人，解释虚妄的东西的虚妄性。这是因为，他深感到一个人之能够多少行近于知道一个题目的全面，其唯一途径只是聆听各种不同意见的人们关于它的说法，并研究各种不同心性对于它的观察方式。一个聪明人之获得聪明，除此之外绝无其他方式；就人类智慧的性质说，要变成聪明，除此之外也别无他样。[9]

边沁和安·兰德一样，不肯考虑相反观点的合理性，他的身边围绕的都是学生和追随者。因此，他无法改进自己的观点，使之更具说服力。由于自满，他的写作水平也未见提高。今日有很多人读穆勒，却很少有人读边沁。

穆勒从生活中学到，世上存在高级的快乐（他称之为幸福）和低级的快乐。如果他和泰勒一开始就选择私奔，虽然可能会享受几个月的低级快乐，之后却会被痛苦与悔恨吞噬。但他们控制住了自己的感情，设法找到不违背社会习俗以及自己良知的道路，因此他们在1851年缔结合法婚姻之后能够从容自由地享受幸福。快乐短暂而稍纵即逝，幸福则需要通过奋斗和牺牲才能获得，因此能够使精神与灵魂得到升华。

为了解穆勒对泰勒的爱，让我们来看看他本人的话。

> 在一般的精神特征方面及气质和品行方面，我常把那时的她比作雪莱；但是在思想和才智方面，雪莱在短暂的一生中所发挥的才能与她最后达到的相比仍然相形见绌。在最高的理论领域和普通的日常小事方面，她的智力同样也是看透每件事情的实质和核心、抓住根本观念或原则的完美工具。她的行动也同样准确迅速，这一点也表现在她的敏感性和思维能力上，加上她的感情和想象力的天赋，足以使她成为一名尽善尽美的艺术家；而她同样炽热和温柔的气魄与有力的辩才足以使她成为一名伟大的演说家；她对人性的深刻理解和对世事的洞察与远见足以使她成为一名人类杰出的统治者（如果妇女可以选择这种职业的话）。她的智力天资辅助了我此生未曾见过的最高尚最平衡的德性。她的大公无私不是那种后天培养出来的责任感，而是那种完全把自己的感情等同于他人的感情的心胸；她幻想把自己强烈的感情注入他人的感情之中，以致经常过多地考虑他人的感情，要不是她随时准备把自己无限的慷慨和爱心倾注到别人身上而不求他们任何的感情回报，那么人们也许会认为她对正义的热爱是她最强烈的感情。[10]

母亲对婴儿的爱帮助婴儿发展丰富的情感，这些情感成为抽象思维的基础；穆勒对泰勒的爱也帮助他深入探索自己的灵魂，发展丰富的情感，创作杰出的作品。父亲和边沁教他成为一个哲学家，但泰勒让他发现自己作为一个诗人的真正自我。

穆勒投身于爱，且从爱中汲取力量，看到万物美好的能力，这一定会令雪莱赞叹。泰勒的死将穆勒提升至新的高度。正如雪莱在《诗之辩护》中写到的，只有充满痛苦与幸福的生命才能赋予人以诗的想象力，这种想象力使人能够节制痛苦与幸福，并从中看到事物美的本质：

> 诗使万象化成美丽；它使最美丽的东西愈见其美，它给最丑陋的东西添上了美；它撮合狂喜与恐怖，愉快与忧伤、永恒与变幻；它驯服了一切不可融合的东西，使它们在它轻柔的羁轭之下结成一体。诗使它所触及的一切都变形；每一形相走入它的光辉下，都由于一种神奇的同感，变成了它所呼出的灵气之化身；它那秘密的炼金术能将从死流过生的毒液化为可饮的金汁；它撕去这世界的陈腐的面幕，而露出赤裸的、酣睡的美——这种美是世间种种形相的精神。[11]

边沁和穆勒对于什么样的人生值得度过持不同观点，因此他们很可能对未来脸书的机器学习算法持不同观点。

边沁对这种遵从他的哲学原理的优秀发明必将感到狂喜，但穆勒会有所怀疑和畏惧。他会畏惧脸书的这种“回声室”将强化狭窄的偏见，使人们的心灵变得脆弱，让人们成为种种无稽之谈的受害者。穆勒最大的恐惧可能在于，如果让人们每时每刻都追求快乐，他们将拒绝献身于通向幸福的奋斗，而没有这种奋斗，他们的人生将只剩空虚和无意义。研究确实发现，用户使用诸如脸书之类的社交媒体的时间越长，他们的情绪就越负面。[12]

为什么会这样？今天的心理学家认同穆勒对幸福和快乐的区分。他们发现，前者通往智力成长与创造力，而后者则通往空虚与抑郁。

4. 海法托儿所的实验

以色列的海法是一个海滨城市，因高新技术产业和严重的交通堵塞而闻名。海法市的托儿所人满为患，而且都因一个问题而苦恼：家长来接孩子总是迟到。家长早上八点左右送孩子，下午应该四点接，但是路上很堵，每天都有那么几个家长晚到。虽然晚到的家长会道歉，但是幼儿园的员工还是很不高兴。

所以当两位经济学教授——加州大学圣迭戈分校的尤里·格尼齐（Uri Gneezy）和明尼苏达大学的奥尔多·拉斯蒂基尼（Aldo Rustichini）向海法的一所托儿所提出免费帮他们解决这一问题时，托儿所同意了。他们提出的解决方法很简单：向晚到的家长罚款。如果外部激励能够让工人们努力干活，也应该可以让家长准时来接孩子。

然而接下来发生的事挑战了我们对激励和行为两者关系的理解。宣布罚款规定之后，更多家长晚到，也不再向工作人员道歉了。托儿所停止了这一做法，期待一切恢复原样，但是再也恢复不了了。

为什么托儿所开始罚款后家长很生气？为什么托儿所取消罚款后他们仍然生气？

5. 利己模式与利他模式

本书上一部分曾论及，我们的记忆能够产生不同的认知结构，让我们可以应对不同的社会环境。研究发现，人们的认知结构可以分为两大模式：利己模式和利他模式。

为理解这一说法，让我们以身体的交感神经系统和副交感神经系统为例。在副交感神经系统的控制下，身体处于“休息和消化”的模式，心跳、呼吸、血流等身体功能变慢，有利于消化食物，使其营养传输到全身。在交感神经系统控制下，身体处于所谓“战或逃”的模式，在这种模式下，我们的心跳、呼吸、血流都加快，有利于应对危险、完成紧急的任务，或者在面对重大威胁时逃走。这两种模式是不能共存的，而且交感神经系统控制的模式具有优先权，可以压制副交感神经系统控制的模式。这也正是我们在饱餐一顿之后不应该立刻运动的原因。

我们认知结构的两种不同模式，即利己和利他模式，也是不能共存的，而且利己模式居于优先地位。为在自然中生存，我们两种模式都需要。利己模式使我们能够集中注意力，为短期目标而奋斗——如果我们要猎取一只鹿或者躲避狮子，这种思维模式非常重要。而利他模式使我们能够处理采集—狩猎人群中复杂的社会关系，其重点是人际关系的建立及维持，因此对情感信号极为敏感。在利他模式下我们才能和他人建立情感关联。

在现代社会中，我们在学校或工作场所运用利己模式，和朋友或家人在一起时运用利他模式。人的天然属性让我们将这两种模式严格分割开。正如丹·艾瑞里在《怪诞行为学：可预测的非理性》中指出的，如果我们在餐厅用餐后，仅对服务周到的服务员说“谢谢”却不付小费，而在岳母家里吃完饭后又试图付她小费，我们就惹上大麻烦了。

当这两种模式碰撞时就会产生问题。一个销售员向我们推销我们不想要的东西，我们试图找借口友好地拒绝。但是无论我们怎么推辞，销售员还是不肯退却。我们无法理解，为什么他听不懂暗示。这里的问题在于，我们处于利他模式中，而销售员则处于利己模式中。我们不想得罪他，而他却需要完成销售任务。

研究发现，外部激励触发利己模式，而利己模式会立刻压制利他模式。在学校，成绩触发利己模式；在社会上，金钱触发利己模式。

海法托儿所的实验失败了，因为一旦托儿所提出了罚款，他们就改变了和家长的关系，从利他模式转换为利己模式。之前，晚到的家长会一路加急赶来；但被罚款之后，家长只要付了罚款，就会心安理得，同时又感到遭受了侮辱——想象一下，如果我们请最好的朋友帮忙搬家，一周之后却收到了账单，心里会是什么感受。

研究还发现，在人际关系中一旦利己模式取代了利他模式，就不能恢复了。因此取消罚款之后，家长也不再为迟到而道歉。

对于幼儿园来说，较好的解决方式是雇一名临时人员看管那些因家长未能及时来接而滞留的孩子，或者请家长自行解决（如几名家长轮流接孩子）等。

6. 心流理论

我们在上一章提到，研究者很早就发现了外部激励阻碍创造力。现在利己模式和利他模式的区别对此提供了解释。

匈牙利裔美国心理学家米哈里·契克森米哈赖是研究创造力的最知名的学者。20 世纪 70 年代，他对艺术家不吃不喝不睡投入工作的现象非常感兴趣。在对这一现象进行研究后，他写了一本书——《心流：最优体验心理学》（*Flow: The Psychology of Optimal Experience*），其主要观点是：处于"心流"（flow）状态的人拥有一种超越现世的精神状态，这种状态能够最大限度地激发创造力。

处于心流状态的人在面对困难、迎接挑战的过程中，将个人能力推至极限。在这一过程中，他们的注意力高度集中，以至于他们的自我意识和正在进行的活动本身融为一体。契克森米哈赖在研究中发现，这种极度的投入让人们非常满足，以至于忘记了时间，忘记了生理需求，忘记了自我。

> 这就是所谓的"最优体验"。它像是一名水手，握紧鼓满风帆的缆索，任凭海风吹拂发际，感觉船只破浪前行的愉悦——此时帆、船、风、海四者，在水手的血管中产生了一种和谐的共鸣。这又像是一个画家，目睹画布上的色彩构成互相吸引的张力，在惊讶不已的原创者眼前形成崭新生命时的感觉。它还像是一个父亲第一次见到孩子对他报以微笑时的喜悦。
>
> 这种最优体验不仅在顺境时会发生，甚至在集中营的幸存者或刚从千钧一发的危机中逃生的人，也有可能在最艰难的一刻突然大彻大悟。林中小鸟的歌唱，艰巨任务终于完成，或跟朋友分食干硬的面包，都有可能成为顿悟的触机。[13]

心流是一种深度沉浸的状态，正如下图的描绘：

契克森米哈赖发现，心流状态的出现必须满足三个条件：自主、挑战和反馈。这在教学中也同样适用。

- 自主是最重要的法则，意味着学生对活动有主动权。契克森米哈赖发现，有些人具有特定的个性特征，能够更容易进入心流状态。这些个性特征包括充满好奇、坚持不懈、拥有内部动机等。这些特征听起来是否有些熟悉？那是因为这就是卡罗尔·德韦克"成长型思维"的另一个说法。
- 挑战是指学生了解自身的技能水平（参见邓宁—克鲁格定律），能够解决不太难（否则会导致挫败）也不太容易（否则会导致无聊）的问题。
- 反馈是指从事的活动必须有明确的目标和期待，让学生能了解自己的进展。反馈可以是活动内在的部分（如攀岩或巴西柔术），也可以由教师或教练提供。

实际上，契克森米哈赖的三个条件和刻意练习十分相似。可以说，心流、成长型思维和刻意练习三者相互关联：刻意练习是过程，成长型思维是价值观，而心流则是精神状态。内部动机将这三者联系在一起，最终形成创造力。

7. 一种创造力理论

为深入理解创造力，我们首先需要精确地定义创造。为此让我们先审视创造的过程。

首先来看科学家。他们观察自然，对发现的现象提出问题；然后着手研究，提出假设；再设计实验，验证假设；然后客观分析数据，提出结论供同行评审；获得反馈后，重新审视观察的过程并改善假设。科学家需要不断重复这个过程，直到假设、实验和数据都经得起严格的审查，而且能被科学界的其他成员重复。如下图所示：

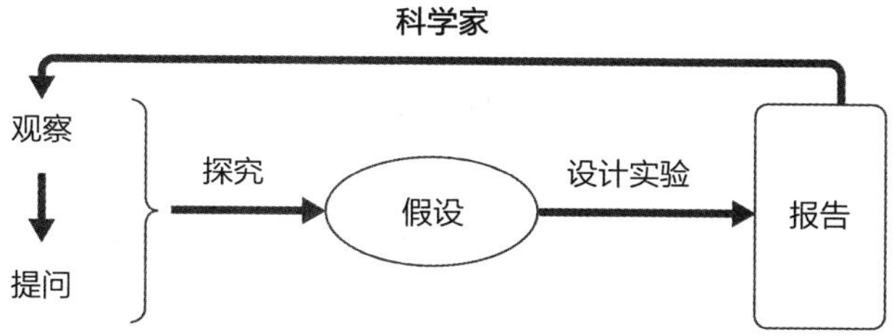

再来看工程师。他们有特定的资源（输入），有需要达到的特定目标（输出）。他们的职责是设计安全、有效、可操作的解决方案来达成目标，同时确保在这一过程中消耗的时间、劳动力、成本和资源尽可能少。他们需要不断测试解决方案，以达到最优效果。如下图所示：

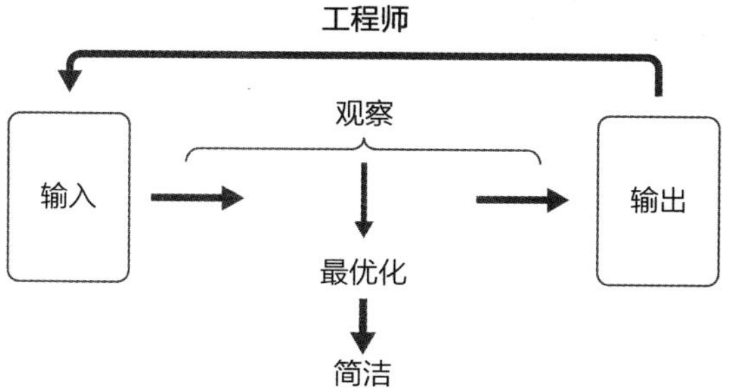

之后是表达者——艺术家、作家、音乐家、讲故事的人或演说家。

表达者从自身的生命中挖掘情感、观念和经历，将之转化成艺术。他们需要将这种艺术以某种形式进行包装，并将之传递给受众，再通过受众的反馈进一步完善这一作品，不断优化这种情感的共鸣。如下图所示：

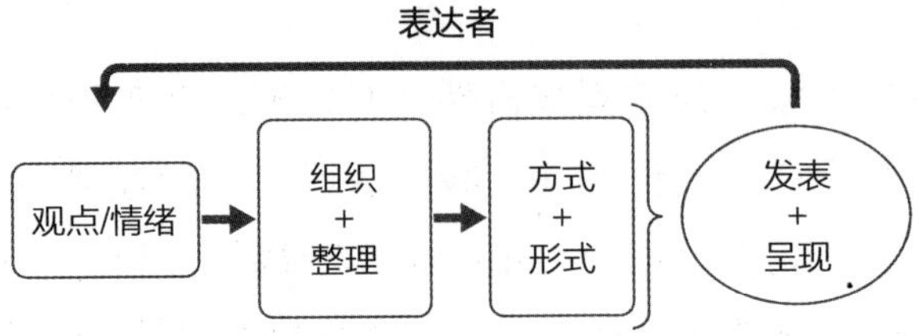

最后让我们来看企业家。企业家首先进行市场研究，发现明确的需求；然后制造产品以满足这一需求，同时围绕产品制订商业计划；最后推广并销售，并根据市场反应不断完善产品和商业计划。如下图所示：

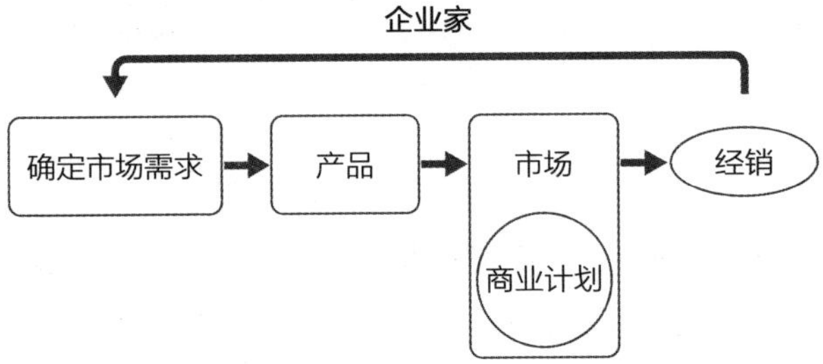

从这些富于创造力的人们的例子中，我们可以看出，刻意练习、成长型思维和心流在他们的工作中居于重要地位。他们需要明确定义自己的目标，使工作过程结构化以获得反馈，并检验自己的工作和目标之间的距离（刻意练习）。他们甘冒风险，假如失败，他们需要有足够的安全感以接受批评、再次尝试（成长型思维）。在工作的过程中，他们必须聚精会神、自我激励（心流）。

从这些例子中，我们可以给创造下一个明确的定义，这个定义在第十五和第十六章我们讨论课程设计时将会非常有用。创造是一个连续且迭代的过程，在此过程中，创造者基于信息的积累，产出观点或产品，并在现实中进行检测，进而借助所获得的反馈进一步完善。

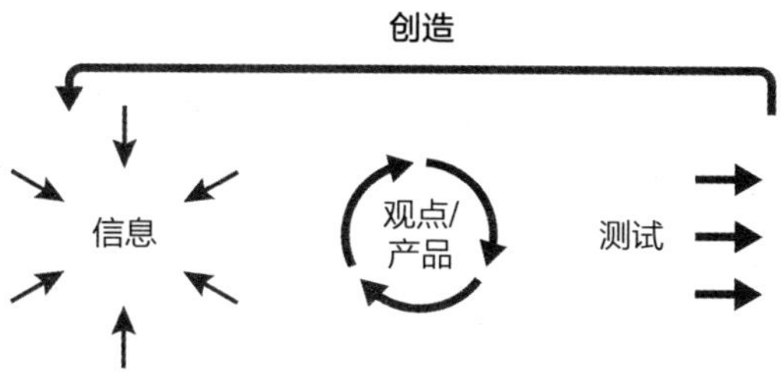

这一定义的重点是“连续且迭代”——我们投入的时间越多，我们的产出就越有创造性。创造是马拉松，不是短跑。我们过于迷恋“某个伟大科学家一觉醒来做出重大发现”（如 DNA 双螺旋结构的发现）这种传说，而忘记了他的头脑之所以能在某一个时刻洞察奥秘，是因为他在此之前几十年间一直在孜孜不倦地研究这一问题。

创造在根本上是一个迭代的过程，这一点也能帮助我们理解“蜡烛问题”。外部动机激活“战或逃”系统，让我们把注意力集中于终点线。我们急于冲过终点线，因此无视其他一切。而内部动机则让我们留意工作的过程，从而帮助我们发现解决问题的办法。

研究者曾进行过一项研究，访谈一些学生，以了解他们为什么准备选择某项职业。数年后，他们发现那些出于外部动机（如金钱、名望、社会地位）而选择某项职业的人都放弃了，但是那些出于内部动机而选择某项职业的人却发展了成长型思维，仍然做着他们喜爱的工作。如果我们只想着终点线，就永远无法完成马拉松。

8. 利他、创造力与幸福

通过数十年的研究，心理学家对利己和利他两种模式的区别有了充分的理解。利己模式近于“战或逃”模式或者短跑，过于关注结果，忽视此外的一切；利他模式重视与他人的情感调谐，并与内部动机及创造力紧密关联。

研究者发现，利己和利他模式也存在着深层的生物学基础。利己模式与多巴胺有关，多巴胺是所谓的快乐激素；而利他模式与血清素有关，血清素是和幸福感相关的化学物质。当我们在竞赛中获得第一名、在考试中获得高分、猎到一头鹿，就会体验到多巴胺的冲击；当我们被母亲拥抱、帮助朋友之后被由衷致谢、救起溺水的陌生人，就会体验到血清素的高涨。

玩儿电子游戏或服用成瘾性药物的快感也与多巴胺相关——如果我们滥用多巴胺带来的瞬时快感，就会产生长期的负面影响，如脑损伤和抑郁。而血清素和幸福、满足、成就感相关。回想第一部分曾讨论过的哈佛大学幸福调查及对世界长寿地区的研究，人们在专注于和他人情感调谐时，血清素水平会上升，免疫水平也会上升，因此就会更健康长寿。

下表总结了利己模式和利他模式的不同：

利己模式	利他模式
短跑（短期、目标狭窄）	马拉松（长期、目标宽泛）
外部动机（胡萝卜加大棒）	内部动机（自主、挑战、反馈）
达成目标	情感调谐
个人主义	合作 / 面向社群
非道德	道德
算法思维	创造力
快乐（多巴胺）	幸福（血清素）

在利己的模式下，我们只关注眼前的利益和个体的短期目标，不考虑长期后果。由于受到外部动机的驱动，我们思维狭窄，对创造性的解决方案视而不见。

在利他的模式下，我们重视与他人情感的调谐，成为有道德、有同情心、关心社群的人。我们在情感上不断成长，从而度过幸福满足的一生。我们被内部动机驱动，并因此充满创造力。

约翰·穆勒是对的——快乐有低级和高级之分。虽然获得高级快乐之路很可能要穿越漫长的情感艰辛，但终会通向幸福、创造力和成功；

虽然低级快乐是可以瞬间生效的药物，但只会给我们带来长久的空虚。契克森米哈赖在书中写道：

> 享乐可以不花力气，只要大脑特定中枢受到电击或药物的刺激，就能产生享受的快感；但是打网球、看书、谈话，若不全神贯注，就会觉得索然无味，毫无乐趣可言。
>
> 也正因为如此，享乐的片刻转瞬即逝，不能带动自我成长。复杂性却要求把精神能量投入具有挑战性的新目标。从孩子身上很容易发现这个过程。每个小孩一开始都是小小的“学习机器”，每天尝试不同的新动作、新词汇。当孩子学会一种新技能，脸上那种专注的喜悦充分说明了乐趣的真谛，而每个充满乐趣的学习经验，都使孩子不断发展的自我日趋复杂。[14]

脸书不就像毒品一样吗？我们发照片，希望别人点赞越多越好。如果没有那么多人点赞，我们就会失望；如果有很多赞，血液中多巴胺分泌就会增加，令我们飘飘然。然而很快这种快感就会消失，我们只得再发另外一张图，以求获得新的赞。

如果从边沁的功利主义观点出发，我们的生活就会被脸书或其他成瘾性药品支配。奥尔德斯·赫胥黎（Aldous Huxley）的《美丽新世界》（*Brave New World*）不就描述了一个每个人都嗑药、没有好奇心也没有想象力的功利主义乌托邦吗？那样的世界不就是最多人获得最大快乐的世界吗？

9. 创造带来幸福

一个更深层的问题是：为什么创造能带来幸福？约翰·穆勒在年轻时曾深陷抑郁，尽管当时他的生活并没有明显的不如意。而当他受到生命中最大的打击，即哈丽雅特·泰勒去世之际，他却攀上了创作的高峰。正如我们之前所讨论的，穆勒对泰勒的爱似乎给他带来诗人般的想象力，赋予他能够控制痛苦与快乐的力量。

那么这是如何实现的呢？《心流：最优体验心理学》中的这段话揭示了答案：

> 拥有“自得其乐的自我”，能够学会确立目标、培养技巧、接收回馈，并懂得如何投入和参与，即使客观情况极为不利，也仍然能找到生活的乐趣。能控制心灵就能使周遭发生的事情成为乐趣的来源。大热天迎面吹来一阵凉风，摩天大楼的玻璃帷幕掩映的晴空云影，处理一笔生意，看一个小孩跟狗玩耍，喝一杯白开水，都可能产生莫大的满足感，使生活更充实。
>
> 要达到这样的控制需要决心与纪律。纵情逸乐，把一切烦忧置之度外的生活方式，并不能带来最优体验；轻松而顺其自然的态度，也抵挡不住混沌来袭。本书从一开始就强调，把随机事件转变成心流，需要培养技巧，扩充自己的能力，不断追求成长。心流会鞭策一个人发挥创意，表现杰出。不断加强技巧、维系乐趣的需求，正是文化不断演进的原动力。它促使个人与文化都向更复杂的境界迈进。在体验中创造秩序的报酬，推动世界不断前进，为我们的子孙后代铺路，当他们在这个世界上取代我们的地位时，一定比我们更睿智。
>
> 然而仅仅学会控制一时一刻的意识状态，还不足以把所有的存在都化为心流体验——我们还必须有个整体目标，使日常生活中每件事都具有意义。如果一个人在不同心流活动之间穿梭，没有衔接的秩序，走到人生终点时，回顾经历过的每件事情，就很难说出其中有什么意义。从自己做过的事情当中创造和谐，是心流理论赋予追求最优体验者的最后一项任务。通过它，整个人生串联成具有一贯目标的大心流活动。[15]

把契克森米哈赖的观点用在穆勒身上，我们会发现，穆勒年轻时的生活似乎十分完美，但他并不幸福，因为他没有自主性，他的生活不属于自己。他的父亲没有将他作为一个人来尊重，而将他视为实现理想社会的一个工具。穆勒没有找到人生目标，因为他无法强迫自己相信边沁的功利主义。

而泰勒走入他的生活，改变了他的一切。她尊重、欣赏他的智慧，这给予他自主性和使命感。他们之间的争辩和讨论为他提供了反馈，让他得以磨砺自身的才智。也就是说，穆勒在和泰勒的对话中发现了心流。

> （心流）把生命历程提升到不同的层次。疏离变成了介入；乐趣取代了无聊；无力感也变成了控制感；精神能量会投注于加强自我，不再浪费于外在目标上。体验若能自动自发地产生报酬，现在的生命当然有意义，不需要再受制于将来可能出现的报偿。[16]

这种心流状态在神经科学的层面可以用下图来解释：

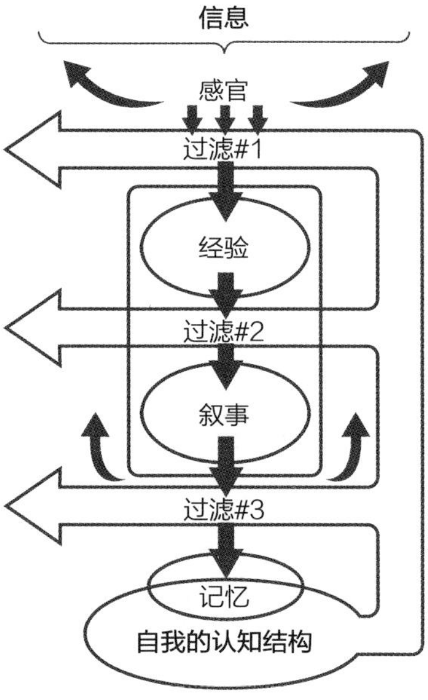

第七章中，我们曾经用这幅插图来解释人们的认知结构是如何过滤他们对世界的感知的。曾遭到虐待的孩子只看到周边世界的敌意，即使

对想要帮助他们的老师也一样，因为他们的过往经历造就了这样的认知结构。

处于心流之中，意味着我们能够不断地觉察到我们感知世界的方式，这样我们就可以对过滤系统进行瞬间控制。通过扩展我们的过滤系统，我们也扩展了我们的认知结构，使瞬时控制变成永久改变。

心流理论告诉我们，我们可以做出这样的人生选择：成为更复杂、更专注、更满足的个体。边沁拒绝这样做，但他的学生穆勒选择了这样做，因此穆勒超越了他的老师。我们不能忘记，穆勒的生活充满痛苦，而痛苦也孕育了他的创造力。因此要想充分发掘自身创造的潜能，我们必须像拥抱快乐一样拥抱痛苦。

本章我们批驳了安·兰德的两个核心观点，即利己释放创造力，利他限制创造力，以及个体的创造力应当得到丰厚的奖励。研究告诉我们，创造是一个过程，这一过程并非只向少数天才开放，而是面向每个具有内驱力的人；也告诉我们，外部激励阻碍创造。下一章我们将驳斥她的最后一个观点——只有天才才能推动社会进步。

第十一章
创意阶层的崛起

1. 罗伯特·摩西

如果霍华德·洛克真实存在，他可能就是罗伯特·摩西（Robert Moses）。摩西心怀重新规划纽约市的理想，且为此不屈不挠地奋斗。

1888 年，摩西生于一个富有的家庭。他居住的地方离耶鲁大学只有两个街区。1905 年，他进入耶鲁大学读书，爱好是文学和游泳，之后从哥伦比亚大学获得政治学博士学位。他抱着一种理想主义的信念，成为一名纽约市公务员。尽管早期他在市政府推行的反腐败改革失败了，但是引起了改革派官员的注意。

摩西想要通过建设城市公园等公共市政项目来提升公共福利。他对政府权力运作的方式有充分的研究，可以娴熟地撰写长达几百页的法律文件。这种文件没有其他立法者有耐心写或者看，但对于任何公共建设都必不可少。通过立法的方式，摩西在没有引起公众注意的情况下，将权力集中到自己手中。尽管他从未通过竞选获得公职，却能够控制市政建筑建在哪里、由谁来建，从而在几十年间成为纽约市最有权力的人。“在他的命令下，有的社区被抹去，让位给新的社区。”[1] 罗伯特·卡洛（Robert Caro）在摩西的传记《成为官僚》（*The Power Broker: Robert Moses and the Fall of New York*）一书中写道。

“大萧条”和罗斯福新政帮助摩西获得了权力。自 1933 年起，联邦政府向市政工程大量拨款。多数城市不知道如何花这笔钱，但是摩西早就准备好了计划书和预算。20 世纪三四十年代，纽约市比其他美国大城市吸收联邦拨款更快。摩西用这些款项建设了令公众敬畏、令媒体瞩目的工程，然后再从首都华盛顿获得更多的拨款。摩西对于每一届纽约市政府官员来说都是不可替代的，因此他们从不限制他花钱，任由他按自己的设想来建造纽约市。

在权力的顶峰，摩西想要给城市带来秩序和理性，用他的笔抹去混乱肮脏的街区，代之以高速公路、公园和大型建筑物。传记作者卡洛对摩西的态度是谴责的："他毁掉了很多社区的灵魂，这些社区的规模如同一座小城市，生机勃勃、亲切友好，正是这些不可或缺的部分使纽约市成为人们的家园。"[2]

2. 简·雅各布斯的反抗

20 世纪 60 年代，当摩西试图迫使整个纽约市成为他的理念的牺牲品时，人们开始反抗。这场针对摩西的斗争的领导者是简·雅各布斯（Jane Jacobs）。她是一名记者，居住在纽约市的格林威治村（Greenwich Village）。这里是一个多元化的中产阶级社区，而摩西试图推平这里，建设高速公路。

摩西和雅各布斯构成鲜明的对比。摩西是身材高大、体格强壮的男性，出身名校，高高在上。他掌握着数百万纽约人的命运，只要用红笔在地图上做个标记，无数人的命运就会为之改变。而简·雅各布斯则是名小个子女性，出身美国小镇，只有高中学历。但她也有笔，而且富有智慧、观察力和反抗精神。摩西颠覆了多半个纽约市，而雅各布斯则颠覆了摩西的传奇。

雅各布斯不喜欢体制和权威。她来到纽约市之后，在哥伦比亚大学修了一些通识课程。这些课是对公众开放的，她不是正式的学生，也无须担心成绩。雅各布斯一直不喜欢学校，认为学校体制僵化、鼓励驯服，但她在哥伦比亚大学爱上了学习。由于成绩优秀，哥伦比亚大学巴纳德学院想要录取她，但招生官看到她的高中成绩单之后改变了主意。作为一名机智而叛逆的思想者，雅各布斯坦然面对。她在多年以后写道，巴纳德学院的拒绝使她开始接受真正的教育。

“二战”中后期，雅各布斯是美国国务院的一名文案作者。冷战开始后，任何被怀疑同情共产主义的人都被从政府职位驱除。雅各布斯收到一份调查政治观点的问卷，她以辞职作为抗议。她给上级写了一封长信，说明虽然她不赞成共产主义，但她相信任何人都有思考和表达的自由。

后来，雅各布斯成为记者，主要做城市建设和规划方面的报道。她以敏锐之眼和激烈之笔，与那些在她看来傲慢又愚蠢的城市规划者展开了斗争。雅各布斯在她的杰作《美国大城市的死与生》（*The Death and Life of Great American Cities*）中热烈歌颂了天然形成的人类社区，认为即使在城市规划官僚的胡乱干涉下，社区仍然是充满创造力的问题解决力量。

> 在城市建设和城市设计中，城市是一个巨大的实验室，有试验也有错误，有失败也有成功。在这个实验室里，城市规划本该是一个学习、形成和实验其理论的过程。但恰恰相反，这个学科（如果可以这么称呼的话）的实践者和教授者们却忽视了对真实生活中的成功和失败的研究，对那些意料之外的成功的原因漠不关心，相反，他们只是遵循源自小城镇、郊区地带、肺结核疗养院、集市和想象中的梦中城市的行为和表象的原则——这一原则源自除城市之外的一切。[3]

雅各布斯认为，摩西那样的城市规划者开着汽车上班，坐在摩天大楼顶层有空调的办公室里，不知民生疾苦。他们与世隔绝、悬于半空，只在乎自己的蓝图和规划模型，认为城市混乱不堪，充斥着流浪者、疾病和垃圾。所以他们建造宽阔的街道、高大的建筑和四通八达的高速公路，想让城市变得宽敞、整洁、充满对称性和理性之美，这样他们在开着汽车行驶在城市中时，就可以陶醉在自己建立了理想城市的成就中。

但雅各布斯认为，如果这些城市规划者真正在城市里走一走，就可以看到，那些令他们无比焦虑的脏乱差，正是使城市充满活力与创造力的重要因素。对雅各布斯来说，城市是一个活的、有机的、动态的生态系统，因人们相互之间的尊重与爱而彼此相连。城市规划者想把城市变成一个修建得整整齐齐的花园，但城市原本是森林，假如强迫森林服从他们的意志，就会扼杀森林的生机和活力。

城市规划者只看地图，因此将街巷视为分割线。但是雅各布斯将街巷视为城市的核心、连接者、平衡器。在街巷中，家庭、小商铺和行人共同跳着复杂的舞步，赋予城市鲜明的个性和创造力。

她从街巷中看到一种情感结构，该结构将陌生人、行人和居民相连，富含人际互动的细节。在街巷中，陌生人、行人和居民互相打招呼、彼此微笑，有时闲聊几句，慢慢成为朋友，无视种族、收入、职业的差异。

这种平衡的效应让城市变得开放、多元、稳定、自然。

> 在这种制度下，人们就可以在城市的街区认识各种各样的人，而不会遭到不受欢迎的纠缠，不会产生厌烦，不会去找没有必要的借口、解释，不用害怕会冒犯别人，不会因要尊重别人强加的事物或承担诺言而尴尬，不会产生交往中常见的各种因承担责任而导致的连锁效应。一个人可以和另一个与自己完全不同的人处于一种良好的人行道上交往的关系，而且随着时间的推移，甚至可以发展为一种熟悉的、公共交往的关系。这样的关系可以而且也应该能够持续很多年，甚至几十年；但是如果没有这么一条界线，这种关系是不可能形成的，更谈不上持续了。这样的关系之所以能形成，就是因为在不知不觉中它们给予了人们的公共交往一个正常的渠道。[4]

那些聊天的陌生人、行人和居民可能会一起做点儿什么，比如一起打一场篮球，开一个卖花摊位，或者组织一场街道音乐会。多元的人们具有无限的可能性。这种持续的开放性实验让街巷的生活充满活力："尽管人行道上的交往表现出无组织、无目的和低层次的一面，但它是一种本钱，城市生活的富有就是从这里开始的。"[5]

雅各布斯认为，市政府有责任支持街巷生活的这种活力、自发性和开放性，即提供诸如垃圾处理、建设公共交通、赋予行人优先权等基本公共服务。因此，城市规划者应该到街巷中走一走，近距离观察，采取非介入式的方法使街巷生活更加多元化、更加开放、更加充满生命力。

雅各布斯写道："建设一个理想中的城市很容易，改善一个活着的城市则需要想象力。"[6] 这是她对坐着豪华轿车穿梭于纽约市的摩西的攻击。

林肯中心是摩西城市更新项目的著名建筑之一，集中体现了摩西和雅各布斯城市规划观点的对立。对摩西来说，占据了整个街区的林肯中心是纽约市的艺术中心，吸引了世界级的音乐家来这里演出，使纽约成为美国的文化中心。对雅各布斯来说，林肯中心就像小行星撞上曼哈顿中心，摧毁了社区、人们的生计以及丰富的人际关系。林肯中心导致周边交通堵塞，因为旅游者和货物需要进出。它切断了周边的邻里关系，使曾经充满活力的街巷让位给巨大、阴森、多数时间都空荡荡的建筑，而这个建筑只展现了一个人的伟大。

雅各布斯深信自己是正确的，但她知道自己无法对抗巨人及其背后巨大的官僚机器。虽然摩西逐渐失去权力，但他的理念重塑了纽约市和整个世界。今天，世界上多数大城市的规划都符合摩西的理念，大建高速道路、摩天大楼和大型建筑物。而多数城市规划者都承认，这种做法带来了巨大的问题，正如雅各布斯的预言：经济上的不平等日益加深，城市周围遍布贫民窟，与此同时，千篇一律的城市失去了个性与魅力。

雅各布斯最后离开了她曾经深爱，并为捍卫它而战的城市。她多年来组织示威活动反对摩西的建设工程，政府将她视为麻烦人物。1968 年她因组织一次示威而被逮捕，深受打击，失去了可以在这场战争中获胜的信念。她和家人移民到加拿大的多伦多，在那里度过了余生。

3. 创意阶层的崛起

今天，就像摩西的理念曾征服了世界一样，一度被认为古怪激进的雅各布斯的观念再度复兴。原因在于，人们如今认为，城市的经济活力与城市的创造力密切相关，而后者正是雅各布斯的关注点。城市经济学家理查德·佛罗里达（Richard Florida）采纳了雅各布斯的观点以促进城市经济的发展。

世界上的城市在经济上相互竞争。很多城市领导者认为天才人物引领社会前进，因此他们特别希望吸引像埃隆·马斯克（Elon Musk，太空探索技术公司创始人）和杰夫·贝佐斯（Jeff Bezos，亚马逊创始人）这样的人才到他们的城市建立企业。这些城市提供的税收和土地优惠，往往比这些企业为经济做出的实际贡献价值更大；但是城市管理者相信，这些巨头企业能够激发并培育一种富有创造力的企业精神。终生致力于研究创造力和城市发展的佛罗里达则认为这种做法是错误的。并不是巨头企业为城市培育了创造力，而是创意阶层吸引企业来到一个城市。

佛罗里达在《创意阶层的崛起》（*The Rise of the Creative Class*）一书中解释道，他曾经访谈了很多受过高等教育、富有创造力的人，发现他们都以创造为自己的身份认同、使命和目标。创意人才在决定去哪里工作时，关注的重点并非工资、声望和地点（这是一般员工最关注的三点）。取而代之的是，他们会问这三个问题：

- 这个工作能否给予他们高度自主权？
- 合作的同事是否能够帮助他们成长？
- 这份工作是否有更高的社会目标，能否充分运用他们的创造力？

这三个问题如果听起来有些熟悉，那是因为它们符合我们在上一章中讨论的心流的三要素——自主、挑战、反馈。创意人士蜂拥而至，投入那些富于挑战、让他们更有创造力的职位。

创意阶层视创造为一种生活方式，因此他们想要居住在简·雅各布斯式复杂而自然的格林威治村，而非罗伯特·摩西式循规蹈矩、干净整洁的纽约。他们并不想要高大的体育馆、拥有整齐草坪的公园、大型购物中心，而想在当地酒吧里组建自己的爵士乐队、在附近的山路上骑山地车、在学校的体育场上和陌生人约一场足球。

佛罗里达在书中写道，创造性的专业人员“倾向于去往能够激发创意的环境，即不仅能够提供机遇和舒适性，而且具有多样化的开放性的地方，在那里，他们感到自己可以自由地表达自己和实现身份”[7]。

> 区域经济增长的驱动力是创意人才，因为创意人才总是愿意往多样化、有着较高宽容度和对新观念持开放态度的地区聚集。多样化能够增加一个地区吸引不同类型以及拥有不同技能和观点的创意人才的可能性，不同类型的创意人才所聚集的区域更有可能产生新的人力组合。此外，多样化和人力资源的共同作用还能加速知识的流动。总的来说，创意资本在更宽广范围以及更深程度的多样化的集聚，将有力提升创新的速度，进而催生更多的高科技企业；高科技企业数量的增多会诞生更多新就业机会，最终的结果是促进区域经济增长。[8]

为什么?

4. 社会物理学

对此，阿莱克斯·彭特兰的研究提供了一个很好的解释。彭特兰是麻省理工学院媒体实验室的教授，他的主要研究方向是团队创造力。他发现，团队的表现并不由团队成员个人的能力所决定，而是由成员合作的程度所决定。彭特兰及其研究团队对学校、公司、政府部门进行了研究，发现影响团队工作表现的是以下三个要素：轮流主导对话、说话的语调和探索新思想的频率。

彭特兰认为，团队中每个成员都参与对话（轮流主导对话）非常重要。这是团队凝聚力和彼此间吸引力的体现——每个人必须理解团队的目标，愿意为团队的成功付出努力。有效的领导者并不垄断对话，而是鼓励讨论，让每个人都能听到别人的见解。

如果说轮流主导对话是团队凝聚力的体现，那么说话的语调则体现了团队情感是否调谐。彭特兰发现，如果团队成员说话时语气平和、冷静，就说明团队成员之间的“化学反应”较强；但如果声音太小，或者太刺耳，就说明团队功能失调。因为说话的语调往往能反映团队成员的情绪状态。如果某位成员一直不声不响，可能是因为他觉得团队不重视他的贡献，从而走向冷漠；如果他必须大喊大叫，则可能是因为他觉得团队不尊重他的观点，从而走向愤怒。

轮流主导对话和说话的语调能够暗示团队的凝聚力，但是仅仅有凝聚力，还不足以产生最佳的工作表现和团队创造力。例如，在村庄教会组织中，人们联系紧密、相处融洽，但这也正是问题所在：他们只和小圈子里的人相处和谐，以至于思维封闭，抵触外来者和新观念。

因此第三个要素，也就是探索新思想的频率最为重要，因为它衡量了一个团队是否思想开放、愿意冒险。彭特兰的研究发现，一个团队在短时间内探索多种新思想，胜过在长时间内只探索一种思想。

彭特兰在《智慧社会：大数据与社会物理学》一书中解释，创意并不意味着有最好的想法，而是意味着不断探索新想法，邀请他人反馈，持续改善并测试这些想法。

> 最善于保持创造力和洞察力的人是探索家。他们花了大量的时间来寻找新的人和不同的想法，却并不一定绞尽脑汁去发掘“最好”的人或“最好”的想法——他们要寻找的是具有与众不同观念和与众不同想法的人。
>
> 除了不懈地寻找新想法之外，这些探索家还做着另一件有趣的事：他们会遇到各式各样的人，而且他们习惯于向遇到的每一个人征求对于他们新近发现想法的意见，从而精选出最好的想法。对获得有创意的想法而言，观点和经验的多样性是一个重要的影响因素。那些能够让许多人感到诧异或有兴趣的想法成为主角，进而被组装成关于世界的新故事，来指导行动和决策。
>
> 最高效的人会不断地开发和评测新故事，并将新发现的想法加入故事中，然后向遇到的每一个人讲述。恰如生土可以用来制作美

丽的雕塑，久而久之他们的故事也会变得愈发引人入胜。他们最终会付诸行动，把想法公之于众并接受实践的考验。对这些人而言，收获、筛选和塑造想法就如同玩乐。事实上，他们中的一些人将之称为“严肃的游戏”（serious play）。[9]

以上是否熟悉？这就是约翰·穆勒描述的人们获得智慧的过程，也正好符合我们的创造理论，如下图所示：

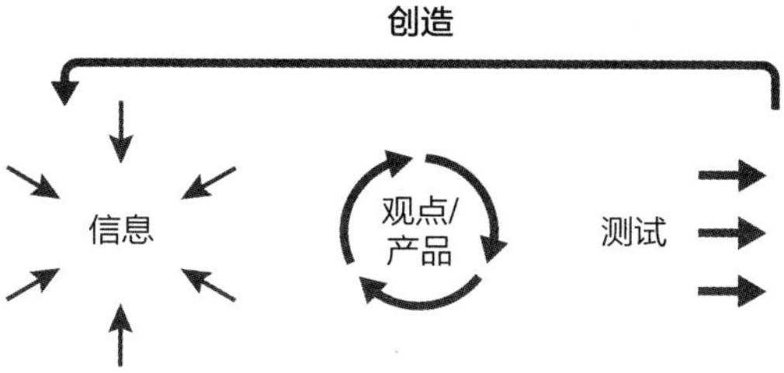

为进一步理解图中三个因素对团队创造力的影响，让我们来看几个历史上的例子。历史学家和研究者都知道，人类的创造力常常在某时某地集中爆发，例如古希腊、文艺复兴时期的意大利、启蒙运动时期的欧洲和今天的硅谷。当具有相似兴趣、相似追求的人们在一起讨论问题、相互争论之时，创意社区就形成了。这种持续的讨论过程催生了突破性的成就。

1975年，一群计算机爱好者在硅谷成立了家酿计算机俱乐部（Homebrew Computer Club）。他们非常想普及电脑，让人人都能使用。当时IBM和惠普等大公司没有兴趣去做这件事，因为它们当时主要服务于政府和企业客户。

“俱乐部的成员有痴迷于电脑、下了班也不肯离开电脑的专业人士，有醉心于技术进步的业余爱好者，有想要推翻由政府、大企业尤其是IBM垄断计算机的社会压迫的无政府主义者。”[10] 史蒂文·利维（Steven Levy）在他的计算机革命史《黑客：计算机革命的英雄》（*Hackers: Heroes of the Computer Revolution*）一书中写道。

黑客的创意社群之所以能够生机勃勃、目标坚定，是因为有这样六个主要信条：

- 对计算机的使用不应受到限制。
- 所有信息应免费。
- 不相信权威——提倡去中心化。
- 评判黑客的标准是他们的技术水平，不是学位、年龄、种族、地位等伪标准。
- 运用计算机可以创造艺术和美。
- 计算机能使人的生活更美好。

利维在书中解释，家酿计算机俱乐部最终成功创造了可大规模生产和推广的个人电脑，并非由于某个英明领袖的领导，而是由于团队合作。

> 家酿计算机俱乐部的规模逐渐壮大，成员们设计或贡献各种产品……（他们）俨然已将这个俱乐部当作新思想和早期订单的源泉了，并且这里也有人能对产品原型进行beta测试（产品发布之前进行的验收测试——译者注）。无论什么时候，你设计出一件产品并把它带到俱乐部来，你就能得到最为专业的评判。然后你还要分发技术规范说明书以及电路图——假如还有软件，你也要公布源代码。这样一来，假如愿意并且能够理解其中的技术原理，那么每个人都能从中学到些东西进而提高自己的水平。
>
> 在这种氛围中，由于遵循黑客伦理，所有人为的障碍都不存在了……。探索精神和自己动手的行为成为这里最主要的价值观。探索过程中收集到的信息以及别出心裁的设计全都免费向所有人公开，哪怕对方是“世俗社会”中的竞争者（竞争的想法对这些新成立的公司影响还不算大，因为大家是在努力按照黑客的理想建立一个产业——就是这个目标让所有人团结一致，共同奋斗）。人们相信，个人计算机必将成为走进千家万户、体现着分权治理理念的使节。俱乐部对任何人都是敞开的，只要你有出众的专业技能和独特的思路，你就能赢得大家的尊重。[11]

斯坦福大学和麻省理工学院是对美国的技术爆炸做出最大贡献，同时也是从中收获最多的两所大学。斯坦福大学的毕业生中有 30 个亿万富翁，其中多数都是硅谷巨头。如果所有麻省理工学院校友创办的高科技公司独立建国，那么这个国家将成为世界上排名第 11 的富国。他们成功的秘密是什么？他们早已知道，引领技术变革的不是天才个人，而是探索与分享想法的意愿。他们拥抱黑客伦理，在这种文化中，没有隔开彼此的围墙，也没有发号施令的老板。每个有想法的人都可以获得分享观点的平台，并在与别人分享之后，根据对方的反馈做进一步完善。有很多斯坦福大学和麻省理工学院的学生梦想成为下一个比尔·盖茨或马克·扎克伯格，他们知道，为此他们必须在团队环境下与他人积极分享自己的想法，并邀请他人提供反馈。

5. 陌生人

我们现在可以用彭特兰的团队表现指标来解释为什么简·雅各布斯的邻里如此充满创造力，为什么理查德·佛罗里达的创意阶层愿意住在她所倡导的街区。创意在这里发生，是因为这里既有情感调谐又有智性探索。雅各布斯的街区是幸福的中间地带、思想的碰撞之地，在这里，村庄的安全、温暖和凝聚力与城市的多元化、开放性和匿名性得以相遇。不同层面的情感调谐使个人能够尝试不同的社会身份。

为理解这一点，让我们借用 19 世纪德国社会学家格奥尔格·齐美尔发明的一个概念——“陌生人”。陌生人是行走于社区边缘的过客，例如每天早晨来送信的邮差，或者每个工作日都来吃午餐的顾客。他们待在这个社区中的时间很短，能够给社区带来新的信息和观点，也让社区中的人们得以展现自己的个性和品质。齐美尔认为，陌生人和其他人没有情感联结，因此可以提供客观的反馈。这个陌生人可以保守秘密，让社区内部的人获得一种主动性，能够在他面前形成不同的身份认同，并发展自己独特的个性，以不同的眼光看待世界。

斯沃斯莫尔学院（Swarthmore College）的心理学家所罗门·阿施（Solomon Asch）在20世纪50年代进行的从众实验有助于我们理解陌生人是如何影响自我认知的。

这个实验表面的目的是测试感官知觉。阿施向一组8个学生展示一条线，然后发给每个人一张纸，纸上印有3条线，其中只有一条线和展示的那条线一样长，另外两条一条短得多、另一条长得多。阿施问学生们哪条线和展示的那条一样长。正确答案是非常明显的，但实际上8个人里有7个都是事先安排好的演员，这7个人都会说出同一个错误的回答。这样一来，真实的被试者——最后一个学生就非常不安，因为他的观点和别人都不一样。

实验重复了多次之后，有三分之一的被试者选择了和同组人一样的答案。实验之后，阿施采访了这些学生，发现多数人都知道自己的回答是错的，但不愿做那个不合群的人。还有少数被试者的感觉受到一致舆论的影响，出现了不同的认知。

之后阿施调整了实验，发现如果他再增加2—3个演员，从众率会继续上升。他还发现有两项调整会让从众率急剧下降。一个方法是让演员说出他们的回答，但是让被试者写下自己的答案，这时候95%的人都会写下正确的答案。另一个方法是安排一个演员表示自己不同意大家的观点，这时候95%的被试者也会这么做。

屈从于群体的意见是人与生俱来的天性，但在走街串巷的陌生人面前，人们却能够保守自己的秘密，即那些不同于群体规范和价值观的想法和行动——陌生人就像一张纸，人们可以在上面写下他们内心深处的想法，并且将它藏起来。陌生人的客观性也给了人们说出真话的勇气，正如阿施的实验结果所显示的，一个不同的声音就足够让被试者挑战团体的共识。

重要的结论是，不同的观点来自情感调谐与智性探索的交叉点。雅各布斯的社区可以满足这两个条件，但在摩西的恢宏城市中，每个人都是陌生人，他们可以任意探索，但是没有共同的情感基础，没有集体认同，因此他们的创造力就不能生长。

6. 硅谷的真相

因此，安·兰德有关创造力的三个假说都有问题。

- 利己释放创造力——利他、同理心和对他人的关爱才能够激发创造力。
- 个体的创造力应当得到丰厚的奖赏——外部激励阻碍创造力。
- 只有天才才能推动社会进步——开放多元的社群才是促进社会进步的最大力量，而且当成员之间情感调谐、不断探索和分享新想法时，社群最富有创造力。

阿莱克斯·彭特兰在他的书中特别对最后一点加以强调：

> 群体拥有组织智慧，并在很大程度上独立于个体参与者的智慧。这种群体的问题求解能力来自个体之间的联系，并且优于个体的能力。尤为重要的是，这种集体智能的核心似乎在于：一个有助于收集来自每个人的各种不同想法的互动模式，与一个有效的筛选过程，两者相结合以达成共识。[12]

但如果兰德大错特错，我们又该怎么解释硅谷呢？不是许多天才的个体用自己的发明创建了硅谷吗？

真相是，硅谷并非由天才个体创建的，而是由巨额政府投资创建的。在“二战”和冷战时代，五角大楼向斯坦福大学投入了数以亿计的资金，实际上将其视为自己的研究机构。为鼓励自由企业，五角大楼允许斯坦福大学及其教授、研究者保留专利，创建类似于惠普的公司。硅谷并非天才个体推动社会进步的例子，而是社会投入和投资推动创新的例子。

让我们再次回顾家酿计算机俱乐部。就是在这个组织中，斯蒂芬·沃兹尼亚克的 Apple Ⅰ和 Apple Ⅱ首次亮相，也正是来自这个组织的支持和反馈，使沃兹尼亚克和乔布斯名利双收。史蒂文·利维在《黑客：计算机革命的英雄》中写道：

> 家酿计算机俱乐部百花齐放、百家争鸣的热烈气氛自始至终影响着沃兹尼亚克对 Apple Ⅱ计算机设计的全过程。无论是信息交流的渠道、专业性极强的建议、异想天开的激情，还是用巧妙的设计或新颖的程序令大家耳目一新的机会等，所有这些都时刻刺激着斯蒂芬·沃兹尼亚克早已激情澎湃的设计欲望，鼓舞他去制造一台用来娱乐的计算机。只有计算才能让他的欲望稍有收敛；他从未考虑过名和利，也没有做不切实际的幻想，如让全世界的最终用户人手一台计算机。[13]

当沃兹尼亚克第一次把 Apple Ⅱ带到俱乐部的时候，并没受到大家的特别关注，它看起来只不过是人人都在做的东西的延伸产品。没有大家的集体努力，Apple Ⅱ是不可能成功的；而当 Apple Ⅱ令沃兹尼亚克和乔布斯暴富后，也没有人嫉妒——对于他们中的一员成功为大众制造了计算机，人人都感到自豪。利维在书中告诉我们，沃兹尼亚克对赚钱根本不感兴趣，是他的合伙人乔布斯敏锐地感知到了消费者的需求。

实际上如果我们仔细阅读《源泉》，会发现乔布斯之所以成功并不是因为他像霍华德·洛克，而是因为他像彼得·吉丁。

7. 另一个天才

霍华德·洛克这一辈子和遇上的每个人都合不来。

在建筑学院，教授告诉大家，好的设计能够与用户共情，但是洛克认为只有设计师的理念才重要。教授认为洛克过于傲慢，开除了他。系主任同情洛克，想要说服这个固执的年轻人，但洛克不肯改变，告诉系主任自己并不在乎别人的看法。

“你不在乎别人的看法，这也许可以理解。可你对人们是否同意你的观点也不在乎吗？”

“是这样的。”[14]

洛克对自己的理念坚信不疑，没有时间顾及他人的感受。在这一点上他像斯蒂芬·沃兹尼亚克。而吉丁与此相反，他非常在意别人的感受，特别是那些对他来说很重要的人——他的老板盖伊·弗兰肯（Guy Francon）以及他的同事。他对老板弗兰肯的出身、家庭、用餐习惯、穿着喜好和装潢风格了如指掌。

不错，吉丁是个马屁精，想方设法要得到大人物的提携，但他也有优点。他总是最后一个离开办公室，主动替同事分担他们不想做的工作，而且学东西很快。

制图室的人都喜欢吉丁。他给他们一见如故的感觉。他总知道如何与所到的每一种场合融为一体。他温和而又快活地来到人们跟前，就像一块等待充气的泡沫塑料，毫无抗拒之意，神情举止无不与所到之处相吻合。热情的微笑，快活的嗓音，那种安适地耸耸肩膀的样子似乎在说，他毫无城府，没什么沉重的心事，所以他是无可指责的，没什么可以强加于他，也没什么可以怪罪于他。[15]

他最值得钦佩的品质恐怕也是安·兰德最不屑一顾的，却被阿莱克斯·彭特兰视为创造力的关键：吉丁知道自己的局限性，通过向他人寻求帮助来弥补自己的缺陷（邓宁和克鲁格将此视为最佳学习者区别于他人的特征）。

当吉丁从弗兰肯处获得第一个设计项目时，他跑去找洛克，等了他几个小时。他假装可怜，寻求洛克的帮助。洛克给他画了一幅设计图，他做了少量修改，以迎合老板的喜好。

他大干了三天，仿照洛克的草图制作出新的蓝图，还有一幅新的、更简洁的电梯图。然后，他将设计好的房屋构造图呈交弗兰肯过目，还趁机做了一个戏剧性的动作。

“哎呀，”弗兰肯一边说，一边审视着设计方案，“怪了！……彼得，你的想象力多丰富啊……我不知道……它是有点大胆，可是，我不知道……”他咳嗽着，又说，“它和我心目中想象的一模一样。”

“当然。”吉丁说，“我研究过你的建筑了，并且我努力地去揣摩你的设计意图，所以，如果它很出色，那是因为我觉得我知道怎样去捕捉你的思想。”[16]

吉丁谦虚、有同理心，他有一种真正的天赋，能够从容处理复杂而混沌的人际关系。他努力讨好洛克，因为他能够识别洛克真正的天赋，这是那时候其他人都没有认识到的。洛克失业之后，吉丁恳求弗兰肯给洛克一份工作，又到洛克的公寓求他接受这份工作。

吉丁确实没有洛克那种不羁的创造力，但是他对大众口味有清晰的把握，愿意学习，充满对成功的渴望。不可否认，是沃兹尼亚克提出了创造第一台个人电脑这一伟大构想，但如果乔布斯没有看到沃兹尼亚克创造的产品的市场潜力，没有努力建立起能够大量生产这一产品并将之推向市场的商业组织，沃兹尼亚克的创造力也就只能停留在纸面上和实验室里。

史蒂文·利维在《黑客：计算机革命的英雄》一书中写道，沃兹尼亚克是愿意免费把自己发明的个人电脑送给他的雇主惠普公司的，但是惠普没有人认识到这一产品的价值，也没有人认识到他的天赋。

（沃兹尼亚克）喜欢自己在惠普公司的工作，喜欢被计算机业内顶尖的工程师围住问这问那的那种感觉。一次，沃兹尼亚克问他惠普公司的老板，惠普是否想让他给惠普设计 Apple 电脑。但惠普认为这种电脑根本没有市场，但同意让他自己去销售这种电脑。还有一次，惠普有意要组建一个小型计算机部门，沃兹尼亚克立刻提出申请，希望内部调动到这个部门工作，但据艾伦·鲍姆（Alan Baum）说：“那个实验室的负责人没有看中他，因为他连一个大学学位也没有。”[17]

当沃兹尼亚克和乔布斯开始共事时，他并没有认为乔布斯是个水平一般的工程师（其实乔布斯确实是），也没有认为乔布斯想要把自己的创造窃为己有。实际上他非常感激，因为有人如此相信他的才能，而且能够处理公司事务，这样他就可以集中精力完善产品。沃兹尼亚克的激情在于创造伟大的产品，而乔布斯的激情在于创造伟大的公司。

洛克的行为则与之相反。其实他不应该将吉丁视为自己的敌人，而应该把他当作朋友——一个相信他的能力、看重他的天赋，又能处理销售、市场方面的事务，让他能够专心创作的人。

然而，洛克拒绝和吉丁一起工作。吉丁设法安排洛克来自己所在的建筑事务所工作，可洛克辜负了吉丁的信任。当弗兰肯的一名客户对现有设计不满意的时候，洛克在这个节骨眼儿上面对面与弗兰肯争执，想把这个项目独揽到自己手中。弗兰肯被洛克的态度激怒了，开除了洛克。

沃兹尼亚克看不上销售、商业谈判这种事，但是乔布斯很擅长，总能拿到对他们的初创公司最有利的条款。彭特兰在《智慧社会：大数据与社会物理学》一书中说，在今天这种复杂的技术经济背景下，不同人才之间的合作是创新的关键。因此创新离不开吉丁或乔布斯这样的人。城市经济学家理查德·佛罗里达在发表于《大西洋月刊》的一篇关于城市创新的文章中也有同样的观点。

> 无论城市的规划或者交通体系如何，城市本身都不可能成为创新的引擎，除非居住其中的是能够传播和支持新想法的人。我们的经济对社会技能的需求不断提升，但奇怪的是，我们为此而分配的教育资源却很少。有一种观点越来越盛行，即美国的学校没能成功培养具有数学、科学和工程能力的个人，而社会能力也同样重要，我们需要更加系统化地培养这种能力。在19世纪，公立学校体系得以发展，部分原因是要教给移民工人基本读写和算术。“二战”前后，高等教育加速发展，部分原因是要培养技术人员和管理人员来运营国家日益先进的工厂。今天的学生需要团队意识、说服他人的

能力和企业家精神，需要更好地整合人文精神和技术素养，需要一种能够创造性地合作和领导的社会智慧。

几千年来，人类进步的关键是人的社会性。当我们展望未来，我们需要磨炼和增强这种社会性，使创新所依赖的关键互动得以持续。[18]

没有人会相信洛克具有“团队意识、说服他人的能力和企业家精神”，洛克本人和兰德当然更不会。洛克与边沁相似，不愿倾听相反的观点，缺乏同情心，从来不寻求新观点。而吉丁谦逊，有同理心，尊重自己的同事，总是寻求新观点，收集不同的意见。

即使在洛克辜负了他的信任之后，吉丁仍然寻求他的帮助。他调整洛克的设计以适应大众口味，广结关系网，成为建筑界的明星。吉丁想要给洛克应得的名声和金钱，但洛克冷漠地拒绝了他。

8. 大创业家

2016 年上映的电影《大创业家》（*The Founder*）讲述了世界上最大的快餐连锁帝国麦当劳的创业史，向 21 世纪的观众重述了《源泉》的故事。麦当劳兄弟就像霍华德·洛克，他们的合伙人雷·克洛克（Ray Kroc）就像彼得·吉丁。只不过在电影中，吉丁战胜了洛克。

电影中，麦当劳兄弟对理想中的汉堡店有一个大胆的创造性设想。他们把亨利·福特的流水线用于快餐业，在加州圣贝纳迪诺市（San Bernardino）的餐厅创造了标准化和同步化的奇迹：无论什么时候点餐，每个汉堡的口味都一模一样，做好的时间也一样。克洛克是个 52 岁的老销售员，学历不高。当他来到麦当劳兄弟的餐馆、参观了他们的厨房之后，他发现了一座金矿，进而缓慢而富有策略地将麦当劳兄弟的设想据为己有。在影片末尾，他甚至攫取了“麦当劳”品牌，留下麦当劳兄弟一无所有。这部电影将克洛克塑造为一个冷酷无情、心机深重的掠夺者。

《大创业家》是部不错的电影，但它所描述的克洛克和麦当劳兄弟的关系是不准确的。

当克洛克走进麦当劳兄弟的厨房时，确实发现了金矿。和麦当劳兄弟合伙，让他焕发了青春活力。他在自传《大创业家》(*Grinding It Out: The Making of McDonald's*) 中写道：

> 1954 年决定命运的那一天，我飞回芝加哥，旅行包中装着与麦当劳兄弟刚签好的协议。我是商场上的老兵了，但仍然渴望投入战斗。我已经 52 岁了，有糖尿病和关节炎，已经切除了胆囊和大部分的甲状腺。但我相信我还有光明的未来。我还年轻，还在成长，我仿佛和飞机一起飞，飞得比飞机还高。云端之上，阳光明媚。[19]

但是克洛克决定与麦当劳兄弟合伙经营，绝非出于运气。麦当劳兄弟数十年来通过刻意练习建起了理想的汉堡店，而克洛克则通过刻意练习，培养了那些建立快餐帝国所不可或缺的技能，正如作家约翰·洛夫(John Love) 在《麦当劳：拱门之后》(*McDonald's: Behind the Arches*) 一书中写的那样：

> 克洛克在接下来的 25 年间，将新的零售观销售给充满顽固保守分子的餐饮服务业。他之前从来没有运营过餐馆，没有做过汉堡，没有卖过奶昔，但是在这段时期结束时，他比餐饮业的多数专业人士更了解行业趋势。所以当他在 1954 年来到麦当劳兄弟的餐厅时，他并不是个业外人士。50 年代有很多年轻企业家进入快餐业，仅仅是被其新奇性所吸引，但克洛克基于多年的经验，深刻理解麦当劳兄弟的发明的重要性。“当我遇到麦当劳兄弟的时候，我已经为这个机遇做好了准备。”克洛克说，“那时候我对食品和饮料已经有足够的经验，能区分出什么是真正的好主意，哪些是欺世盗名之徒。”
>
> 克洛克能够看到市场趋势，因为他有销售人员最重要的能力：将自己放在顾客的立场上，满足他们的需求，而非满足自己的

需求。[20]

克洛克对麦当劳的设想深信不疑，因此和麦当劳兄弟合伙时，他同意承担起建立全国性连锁企业的工作而只拿极少部分的利润。他开发新连锁店的时候，特别注意找那些愿意学习、愿意努力工作的合伙人，也确保这些合伙人获得丰厚的回报。洛夫写道：

> 其他连锁餐厅都是总部先有收益，连锁店后有收益，因为总部一开始就要先收一大笔加盟费，或者向连锁店以高出市场价销售各种原料。但是克洛克的加盟策略是鼓励加盟店首先取得成功，这样麦当劳品牌才能繁荣兴盛。克洛克本能地知道杀鸡取卵不可长久。麦当劳是服务于个体消费者的企业，但是作为商场老手，克洛克知道他也必须服务于加盟店，在这一群体中建立起忠诚。因为加盟店也是他的顾客，如果加盟店失败，他也就失败了。[21]

换句话说，克洛克致力于在加盟店中建立起社群。只有社群中的每一个成员都兴盛，社群自身才能繁荣。在这样的创意社群中，一家加盟店的创新举措能够迅速传遍整个社群。

克洛克建立全国性组织的战略与《智慧社会：大数据与社会物理学》一书所写的完全相同。他了解自己的局限和弱点，所以他有意雇用与自己不同的人。他有内部动机，想要公司成长，不在意自己的面子，因此他鼓励员工质疑他的决定，提出诚实的意见，以便改正错误，从中学习。彭特兰关于探索的观点成为麦当劳的企业文化，因此公司即使已成为世界上最大的快餐企业，仍然能保持创意和灵活性。

> 麦当劳的经理拥有极大的灵活度，并对此极为自豪。当市场变化时，他们可以在一夜之间放弃精心准备的企划。他们勇于尝试，他们会犯错。但如果出了问题，他们会迅速承认，并及时改正。
>
> 这种试错的心态在克洛克寻找第一家加盟店时就已存在。他的战略非常完美，不容修改，但在20世纪50年代克洛克刚开始将

之应用到实际中时，他并非一帆风顺。实际上，他不断从错误中学习。[22]

1961 年，克洛克以每人 100 万美元的价格买断了麦当劳兄弟的股权。这在当时是一大笔钱。事后看来，当然很容易说克洛克占了大便宜，电影《大创业家》就是这种观点。如果克洛克等到 1980 年才买下麦当劳兄弟的股权，恐怕至少要花 10 亿美元。

但是麦当劳兄弟并不后悔，愉快地退休了。在当时，只有克洛克一人相信麦当劳品牌有朝一日能够身价百亿。要知道，麦当劳兄弟也曾经遇到过很多人，他们都许诺要让麦当劳成为全国连锁店，但都失败了。只有克洛克一人拥有这样的智慧和不懈动力，他成功建立了企业文化，使麦当劳成为今日的全球帝国。

沃兹尼亚克是一个有创造力的天才，但如果没有和乔布斯合伙，他不可能成为亿万富翁。在《源泉》中，洛克胜利了，但在今天复杂的创意经济环境中，被赞为真正创意天才的总是吉丁这样的人，因为他们能够将具有不同才能的个体凝聚在一起，为了实现一个共同目标而合作。

洛克在真实生活中会有什么样的结果，我们将在下一章，也是本部分的最后一章中讨论。

第十二章 精英制的陷落

1. 苏格拉底的审判

苏格拉底审判发生在公元前 399 年的雅典，是西方文明史早期最重要的事件之一。民主制雅典的 500 名陪审团成员投票，将他们最著名的哲学家判处死刑。这一事件的原因到底是什么，历史学家现在还在争论不休。

苏格拉底出生于平民家庭，因其智慧和不同流俗的思考在雅典闻名。他喜欢与著名的思想者辩论，将他们的思维引入困境。他质疑当时的主流观点，包括民主本身。他一生收了很多门徒，多数都来自雅典最富有的家庭。

最初，雅典公民认为苏格拉底只不过是一名激进的社会批判者，但随着时间的推移，人们开始反感他反民主的思想。“（苏格拉底和他的追随者们）都认为人类这个群体并非由拥有平等权利的公民组成的自治团体，而是需要一个牧人或国王引领的群氓。”作家 I. F. 斯通（I.F. Stone）在《苏格拉底的审判》（*The Trial of Socrates*）一书中写道，“他们对民主都抱着不屑或蔑视的态度。”[1]

雅典曾被称为“三十僭主”① 的独裁集团统治。公民们对苏格拉底意

① 三十僭主（Thirty Tyrants）：公元前 431 年—前 404 年，以雅典为首的提洛同盟与以斯巴达为首的伯罗奔尼撒联盟之间进行了伯罗奔尼撒战争，最终斯巴达取胜。战后，斯巴达国王在雅典扶持了一个由 30 人组成的亲斯巴达政府，被称为三十僭主。——译者注

见颇多，因为三十僭主中的某些人曾是苏格拉底的学生，而且苏格拉底和这些人走得太近了。当三十僭主被推翻时，雅典公民以“腐化青年”的罪名将苏格拉底送上审判席。苏格拉底这时已经70岁，他并不畏惧死亡，用毒药结束了生命。

这次审判令苏格拉底最著名的学生柏拉图深受打击。柏拉图出身于雅典最古老的家庭之一，当陪审团以微弱多数票判处苏格拉底有罪时，柏拉图想用个人财产为苏格拉底赎命，但没有成功。当审判者宣判死刑时，柏拉图恳求苏格拉底逃亡，但苏格拉底太固执、太老了，新生活对他来说已经没有吸引力了。他宁愿做真理的殉道者，也不愿做懦弱的叛逃者。

苏格拉底死后，柏拉图致力于传播他的学说。“他建立了自己的学院，在此后的40年间传播反民主的哲学而未遭干涉，并且从未有一语感谢雅典城邦赋予他的自由。”[2] 斯通写道。

2. 洞穴寓言

柏拉图对世界的理解是《理想国》中关于洞穴的寓言。想象有一个深深的洞穴，没有阳光可以照射进去。洞穴中有很多囚徒，他们戴着镣铐被锁在一面墙壁前，他们的背后有一堆火，将他们的影子投射在墙壁上。囚徒们逐渐发展出语言，给这些影子起了名字。对囚徒来说，影子和影子的变幻就是全部的世界。然后某一天，一个囚徒发现他的镣铐松了，他挣脱出来，找到了洞穴的出口，进入了有阳光的世界。

由于囚徒一直生活在黑暗中，明亮的阳光令他难以睁开眼睛。花了一些时间，他慢慢能看到事物的真实颜色和细节。之后，他感到孤独，决定回到洞穴里解放其他的囚徒。其他的囚徒对他说的话十分震惊，他们觉得他疯了。柏拉图认为，那些没有自由的囚徒甚至可能打算杀死那个已获得自由和真理的囚徒。

> 这时他的视力还很模糊，还没来得及习惯于黑暗——再习惯于黑暗所需的时间也不会是很短的。如果有人趁这时就要他和那些始终禁锢在地穴中的人们较量一下“评价影像”，他不会遭到笑话吗？人家不会说他到上面去走了一趟，回来眼睛就坏了，不会说甚至连起一个往上去的念头都是不值得的吗？要是把那个打算释放他们并把他们带到上面去的人逮住杀掉是可以的话，他们不会杀掉他吗？[3]

对柏拉图而言，这个寓言有个人化的意义：他相信因为苏格拉底说出了真相，所以雅典人杀死了他。

柏拉图相信社会是由三种人组成的：劳动者受欲望驱使，战士受激情驱使，而哲人王受理性驱使。哲人王是那些挣脱了镣铐、看到真实世界的人。民主是虚假的，因为无知大众只会合谋杀死像苏格拉底那样在智力上胜过他们的人。因此，教育的目的是要选出哲人王，并让其他人服从。

柏拉图并不认为哲人王这样的精英是世袭的，事实上，他强调一种严格基于才能而非基于血统的精英制度。

> 但是老天铸造他们的时候，在有些人的身上加入了黄金，这些人因而是最可宝贵的，是统治者。在辅助者（军人）的身上加入了白银。在农民以及其他技工身上加入了铁和铜。……有时不免金父生银子，银父生金子……。如果他们（统治者——译者注）的孩子心灵里混入了一些废铜烂铁，他们决不能稍存姑息，应当把他们放到恰如其分的位置上去，安置于农民工人之间；如果农民工人的后辈中间发现其天赋中有金有银者，他们就要重视他，把他提升到护卫者或辅助者中间去。[4]

当詹姆斯·科南特用柏拉图的《理想国》作为美国精英制的智力蓝图时，他真心相信他的天选之子将成为道德高尚的统治者，能够建立一个更好的社会。然而，柏拉图的理想并未实现。正如迈克尔·扬在《精英制的崛起》中所述，美国的精英如今就像历史上的贵族一样，捍卫自己的特权，阻止阶层流动，不惜一切代价将特权传给自己的子孙。

3. 哲人王

了解罗伯特·摩西这位典型的哲人王的一生，有助于我们理解美国精英制的腐化堕落。摩西出身于富有的家庭，一路上名校，胸怀大志，想要清除政府机构的腐败。传记作者罗伯特·卡洛说，摩西的理想主义从一开始就遇到了来自诸如坦慕尼协会①这样的腐败政治机构的极大阻力。孤立无援又要养活家庭的境况，使他意识到自己必须首先获得权力，才能改变世界。

> 在投身公共服务事业的头几年时间里，他一直是一位理想主义者，并且是位有远见的理想主义者。……但事实却令他失望，他因此成了一个令人讨厌的家伙，市政府不仅没有接受他的那套系统（指摩西设计的公务员政绩考核系统——译者注），还罢黜了他的职务。
>
> …………
>
> ……当摩西的生活再次拉开帷幕，进入下一场时，曾经的挫败让理想主义离他远去。他变得现实起来，并且对权力有了一种全新的认识。他强烈地意识到：脱离了权力，一切计划和梦想都是无用的空想。对权力观念的改变，让他在余下的人生旅途中不惜运用他的特殊思维、钢铁般的意志和决心来攫取权力。最终，他成功了。[5]

---

① 坦慕尼协会 (Tammany Hall)：位于纽约市的政治性团体，是为民主党获取选票的重要地方政治组织。——译者注

他通过与纽约最有钱有势的人结成同盟来达到成功。他曾经用他的才智与腐败斗争，如今他用他的才智使腐败屈服于他的意志。

除了贿赂和赞助外，摩西还显示了利用他的公共机构的财富，将银行、工会、承包公司、债券经纪公司、保险公司、大型零售商店和地产商等所有在纽约拥有巨大的幕后权势的力量统一起来为他所用的天分。……

…………

如果说，摩西之前的腐败尚处于无组织状态，大部分是为了满足个人私利；那么摩西就是对它进行了组织，并将它集中在一个中心源头，赋予了它一种新的力量。这种力量如此巨大，以至于整个纽约市政府都偏离了民主的重心。他利用金钱的力量侵蚀了这个世界上最大的城市的民主进程；在这个城市中，他所修建的公园、桥梁、公路和住房项目的唯一原则就是他的个人愿望。[6]

摩西掌握权力达44年之久，因为他知道如何威胁他人，也知道如何讨好他人。他拥有自己的情报机构，监督他的敌人和同盟。对于那些敢于挑衅他的人，摩西毫不手软地报复。柏拉图相信美德能够使哲人王免于腐化，但是摩西的故事告诉我们，权力的诱惑太大了。

在摩西的事业之初，聚敛权力是服务于他的梦想的，他是为了实现这些梦想，才聚敛起这些权力的，因此他的那些巨大的塑造城市的构想才得以成为现实。但是对权力的驾驭必定要受到权力的影响，它是一剂毒药，会令它的使用者上瘾，从而展开对越来越大的权力的追逐。缓慢而残酷地，他开始为了自我的膨胀而攫取权力了。越来越频繁地，他对塑造城市面貌的政府工程项目的选择标准不再是城市居民的需要，而是这个项目能否给他带来更多的权力。逐渐地，这些项目不再是目的，而变成了手段，变成了摩西攫取越来越多的权力的手段。[7]

年轻的“理想主义者中的理想主义者”摩西，就是柏拉图和科南特心目中的那种哲人王。摩西出身富贵，受过良好教育，相信自己能够驾驭权力为自己的理想服务。但最终，他成了权力最忠实的仆人。

4. 精英制的陷落

腐败的不只是罗伯特·摩西一人。

马修·斯图尔特（Matthew Stewart）在发表于《大西洋月刊》2018年6月的《美国新贵族阶级的诞生》（The Birth of the New American Aristocracy）一文中指出，美国整个精英制都因热衷权力而陷入腐化。他们没有把精力放在改变世界上，而是专心于垄断教育资源，将特权传给子女。正如迈克尔·扬在《精英制的崛起》中所说，精英生活在象牙塔里，而下层民众则在愤怒中揭竿而起。唐纳德·特朗普的当选只是人们对精英阶层反抗的一个开端。

柏拉图相信，哲人王的统治将引领我们进入乌托邦。但在精英制下，哲人王及其子女和普通人一样痛苦。

2015年12月，汉娜·罗辛（Hanna Rosin）在《大西洋月刊》上发表了一篇文章——《硅谷的自杀》（The Silicon Valley Suicides）。硅谷曾经是刘易斯·特曼和他的特曼儿童的故乡，也是美国精英主义的圣地。帕洛阿尔托（Palo Alto）是硅谷最大的城市，也是美国最富有的城市之一。它的两所公立学校被认为是全国最好的学校，学生都是精英的后代——四分之三的学生父母中至少有一位拥有研究生学历。罗辛到帕洛阿尔托研究一个令人困惑的问题：既然这里这么富裕，为什么还有12%的学生考虑过自杀，且实际自杀率是全国平均水平的4—5倍？2009年的9个月中，就有4个高中学生自杀。

为了回答这一问题，罗辛采访了精神病学家苏尼娅·卢瑟（Suniya Luthar）。卢瑟在对穷学校和富学校学生的研究中发现了一个令人惊讶的趋势：那些父母受过良好教育、家庭年收入超过20万美元的孩子与那些家庭破裂、生活在充满暴力的社区的孩子相比，受到的心理创伤相当。富有的孩子滥用药物和酒精的比例更高，而且更容易患抑郁症或焦虑症。撒谎、作弊、偷窃在这一群体中很常见。卢瑟推测，他们之所以出现这样的行为，是因为父母对他们期望过高，同时又感情疏远。也就是说，富有的孩子受外部动机驱动，同时又没有安全感。两者的结合是有害的，导致他们抑郁并滥用药物。

卢瑟还认为，缺乏自主性可能也是导致这些年轻人自杀的原因。还记得吗？20岁的约翰·穆勒陷入抑郁，因为他相信自己只是父亲和边沁改变世界的工具。

心理学家马德琳·莱文（Madeline Levine）为加州富裕社区中的青少年看病超过20年。在她的《给孩子金钱买不到的富足》（*The Price of Privilege: How Parental Pressure and Material Advantage Are Creating a Generation of Disconnected and Unhappy Kids*）一书中，莱文证实了卢瑟对精英子女心理健康状况的发现。

> 无论这些孩子表面上看起来多成功，无论他们穿什么衣服、开什么车、得什么分数、是哪个运动队的明星，他们的青春期实际上都走得磕磕绊绊。小小的障碍也会让他们崩溃。一个很有才的13岁孩子认真考虑黑进学校电脑系统，只为了修改他的数学成绩。一个成绩优秀的16岁女孩仅仅因为SAT分数比她预想中稍低，就考虑自杀。一个14岁男孩因为没有入选学校篮球队不敢回家，因为怕让父亲失望，怕被父亲批评。他在我的沙发上蜷成一团，眼睛通红，伤心绝望，觉得不值得再活着了。人们容易将这类场景归因于青春期的情绪不稳定，但是他们错了。自从1950年以来，青少年自杀率已经翻了两番。[8]

莱文目睹了很多条件优越的孩子心理失调，由此她得出结论，是精英制的价值观和思维方式——无休止地竞争，要比别人更好——毁坏了社区，也毁灭了孩子的安全感。

> 富裕的社区既缺少凝聚力，又缺少基于共同需求的价值观。在这种环境中，每个人都觉得只能靠自己。孩子在同学打电话来问数学题的时候不肯回电话，因为别人的失利就是自己的成功。[9]

记者塞巴斯蒂安·琼格（Sebastian Junger）出身于富裕的波士顿郊区家庭。他在 2007 到 2008 年间数次访问阿富汗，采访那些身陷美国对塔利班无休止战争的年轻士兵。这些士兵出身贫穷家庭，琼格本以为他们肯定比莱文的那些青少年患者更意志消沉、愤世嫉俗，但实际上正好相反。

士兵们士气高昂，在面对行踪不定又无处不在的敌人时充满勇气、纪律严明。为什么这些年轻人的心理比精英的孩子更健康？难道是因为他们喜欢战争？琼格在近距离观察和深入研究后发现，这些士兵有自主权、使命感和价值感，这些东西不是源于对战争的欲望，而是源于对彼此的友爱。

> 战斗的阴云笼罩在你的命运之上——你不知道会死在什么时候、什么地方。在这种未知中，人和人之间发展出一种强烈的纽带。这种纽带是在激烈的战斗中你唯一可以完全依赖的。军队可能会折腾你，女朋友可能会抛弃你，敌人可能会杀死你，但是这种守护彼此的使命感是永不会磨灭的，只会随着时间加深。愿意为他人而死，这是一种即使是宗教也无法激发的伟大的爱。这种经验能够深深地改变一个人。军方的社会学家通过许多文件、问题和无穷无尽的元分析终于明白，勇气就是爱。
>
> 在战争中，没有人能不靠别人而活着。问卷调查显示，士兵投入战斗的主要动机（除了“结束这一切”好回家之外）是“团结”。持这一动机者的比率远超保住性命或理想主义。陆军研究院（The Army Research Branch）举了很多这样的例子，受伤的士兵刚一康复就从医院不辞而别，只为迅速返回连队。平民可能认为这是勇气的象征，但士兵明白，这体现的是一种兄弟情谊，他们回归连队的时候可能只收到一声：“欢迎回来。”[10]

一种兄弟之情、集体之情给这些打着一场没有意义也无法获胜的战争的士兵带来了希望、意义和目标，而竞争却将之从那些最优越的青少年身上夺走。

5. 优秀的绵羊

威廉·德雷谢维奇在耶鲁大学教授写作和文学已有十年之久。他对他观察到的学生中的一些现象深感困扰，并将这些现象记录在2015年出版的《优秀的绵羊》一书中。他对学生有以下三点批判：只对成功有兴趣，对学习没兴趣；太渴望被人赞扬了，以至于不敢犯错、不敢冒失败的风险；太想证明自己了，因此孤独、没有安全感、抑郁。

德雷谢维奇认为精英制毁坏了年轻人的灵魂：

> 类似的挣扎绝非个案。……有一位正在从斯坦福大学办理转校手续的学生也分享了他的心声："如果要出人头地、出类拔萃，那么就是要完全配合并服从于这个系统。我看到过我身边不少朋友，为了成绩和简历，不惜牺牲自己的健康、友情、爱情、个人探索、课余活动等。而这些牺牲恰恰又是构建一个人内心和灵魂的基石。"一位耶鲁大学的学生说道："我的一位朋友一针见血地指出了真相——我也许在受罪，但是我若不曾受罪，我怎么可能成功被耶鲁录取。"[11]

在精英制下，大学是建立职业关系网、美化简历、获得证书的地方。名校学生完全被外部动机所驱动，因此不敢进行智力上的探索。面对镜子，他们害怕只看到一具浅薄虚无的空壳子。德雷谢维奇和穆勒都主张，教育意味着探索多种想法和理念，这样，即使我们没有获得所谓的成功或成就，也能成为完整而有鲜明自我意识的智识主体，从而走向幸福而富有创造力的人生。

但是精英们太迷恋成功了，他们不肯犯错误，不肯冒失败的风险，因此他们不可能获得真正的成功，因为他们没有成长型思维。德雷谢维奇的经验是，精英们被一路赞扬着进入名校，已经对赞扬上瘾了，在课上只顾着破译教授的思想，根本没有培养自己的思维能力，因为他们生怕说错了什么。而 K. 安德斯 · 埃里克森的研究告诉我们，如果学生不犯错，就不会反思也不会进步。

卡罗尔 · 德韦克的研究告诉我们，那些受表扬太多的学生无法从自己的成功中体会到幸福，他们必须看到别人失败才会有安全感。也就是说，精英太投入竞争了，无法与他人共情。德雷谢维奇写道：

> 我们当今的名校大学生，对成就和成功有着一种被压迫式的追求：他们都觉得自己必须要以最高效的方式去完成自己的目标，从而再接着去追逐下一个更高更伟大的目标。这种被动的压迫和紧张导致了这些名校生不能从容地去发展一段深刻的感情……比它更具杀伤力的是名校生们内心的恐惧，他们害怕在他人面前示弱，担心自己成为一位众人眼中的屈服于压力的弱者，因此他们拒绝示弱。
>
> 这些名校生从中学到大学，是一群被公认的“斗士”。他们似乎浑身上下都洋溢着自信，而这种自信正是遭到了自我形象保护和满足社会预期的绑架。当迈入大学之后，竞争更加激烈，更加广泛和深入，学生们左顾右盼，环视四周，倍加感受到他人比自己更聪明，更加突显“高处不胜寒”的处境。此时此刻，他们选择了谨言慎行、乔装自己，其实内心却是觉得自己一无是处。[12]

所以多数精英孤单、抑郁。耶鲁大学的生活似乎带来和战场相反的影响：它撕裂了这些精英的内心。这些名校学生有点儿像哈里 · 哈洛实验中那些受伤的猴子。

如果柏拉图看到美国的精英制，他会说这根本不是他所说的理想制度。但是问题在于，假如一些人对另一些人有特权，他们就会产生一种应得感（sense of self-entitlement），认为这一切都是他们应得的，这就会导致权力的腐败。简·埃利奥特的“棕色眼睛—蓝色眼睛”实验和罗伯特·摩西的生命轨迹说明了这一点。

德雷谢维奇对美国精英制持谴责态度，正如罗伯特·卡洛对摩西的态度一样。精英设法扭曲游戏规则，让游戏有利于自己的孩子，结果所有孩子都为此付出了代价，当然也包括他们自己的孩子。

> 事实上，精英阶层是在以牺牲子孙后代的幸福为代价来换取自己今天的地位。孩子们要跨越的障碍越多，他们付出的代价也就越多，能做到这一点的家庭也就越少。不仅如此，需要跨越的障碍越多，他们的人生就会越悲惨。……只要精英阶层仍然在牺牲别人的利益给自己的孩子换取优势，这些问题就都无法避免。它实际上是一种悲剧般的救赎。你以为你在搞砸别人家的孩子，但到最后要为这一切埋单的是你自己。[13]

6. 拯救霍华德·洛克

人是情感的动物，情感让我们拥有个性和想象力。如果人类试图成为只运用理性的哲人王，就会成为情感的失败者。约翰·穆勒曾深陷抑郁，如果他没有走出来，可能会发疯。

数学家约翰·纳什（John Nash）就是如此。1994 年他因对博弈论的贡献获得了诺贝尔经济学奖。西尔维娅·娜萨（Sylvia Nasar）为纳什撰写的传记《美丽心灵》（*A Beautiful Mind*）被提名 1998 年普利策奖，并在 2001 年被改编成同名电影。影片获得了奥斯卡最佳影片奖和最佳导演奖，也使约翰·纳什的名字家喻户晓。这部影片也宣传了一种观念，即天才和疯子只有一步之遥：纳什在通过数学揭示宇宙奥秘的过程中患上了精神分裂症。

但真相更复杂，公众也永远不可能知道完全的真相。以下是我们所知道的事实：纳什 19 岁就开始在普林斯顿大学攻读数学博士学位，几年之后成为麻省理工学院的明星教授，并获得终身教职。30 岁时，他进了精神病院。

接受强迫治疗的时候，纳什坚称自己没有任何问题。他的传记作者不赞成这一观点，提供了一系列证据表明他确实患上了精神分裂症。娜萨指出，自 1959 年起，纳什专注于研究黎曼猜想①，他的朋友和同事开始日渐为他的行为所困扰。

> 当时纳什仍在研究那个黎曼问题。有一次，纳什指责科恩（他的同事——译者注）乱翻他的废纸篓，问他是不是打算窃取有关黎曼的想法。这看上去仍然只是有点出格的玩笑，却已使科恩深感不安，以致后来向一名学生重提此事。
>
> 2 月中旬，由富布赖特基金资助访问伦敦的库恩（纳什在普林斯顿的一个同学——译者注）夫妇和孩子们一起到巴黎待了几天，库恩拜访了法国数学家伯奇（Claude Berge）。伯奇给库恩看了纳什的一封来信，是用四种颜色的墨水写成的，信中抱怨来自外太空的外星人正在毁掉他的事业。[14]

当芝加哥大学想授予纳什一个令人尊敬的职位时，他回信给数学系主任说他不能接受这一职位，因为他将出任南极洲皇帝。[15]

纳什在精神病院住了 50 天后出院，立刻开始学术上的自杀行为。他从麻省理工学院辞了职，虽然包括校长在内的每个人都请求他不要辞职。之后他跑去欧洲，试图放弃美国公民身份，成立世界政府。等他统治世界的计划失败后，他又回到美国，和妻子分居，多次违反法律。他被强制送入精神病院，接受电击疗法，成了一具行尸走肉。他已经没钱、没

① 黎曼猜想（Riemann Hypothesis）：德国数学家波恩哈德·黎曼（Bernhard Riemann）于 1859 年提出的关于素数分布的数学猜想，是数学领域中一个重要的问题，至今尚未得到证明。——译者注

朋友，也没有家庭，出院后回家和患病的母亲住在一起。

从以上事实中，我们怎么能说纳什没有患精神疾病呢？

在我们下结论之前，让我们先看看娜萨对年轻时的纳什，一位前途无量的数学家的描述：

> 没有人比纳什更对原创力着迷、更蔑视权威，也没有人认真妒忌他的罕见的独立性。早在青年时代，他的身边就已出现20世纪的科学泰斗——爱因斯坦（Albert Einstein）、冯·诺伊曼（John von Neumann）和维纳（Norbert Wiener），但是他没有加入任何一个学派，不是任何人的门徒，基本上是在既没有引导者，也没有跟随者的状况下前进。在他所做的从博弈论到几何学等多个学科的几乎所有工作之中，他对广为接受的知识、公认的方式以及根深蒂固的规律都抱怀疑态度。他差不多一直是独立工作，依靠自己的头脑。……即便是在学生时代，他对旁人的怀疑、疑虑和嘲笑的漠视就已经到了令人畏惧的地步。
>
> 纳什对理性以及纯粹思维的力量抱有旁人难以望其项背的坚定信念。……他的难以控制的理性使他愿意把生活中的决策，比如上第一部电梯或等下一部，应该把钱存在哪个银行，应该接受哪一份工作或者要不要结婚，统统转化为利弊的计算以及与感情、习俗和传统分离的算法或数学规律。即便是别人在走廊里随口同他打招呼这样的小事情，也会在他那里引发一个令人颇为恼火的问题："你究竟为什么要向我打招呼？"[16]

看看这两段描述，问问我们自己，纳什是不是像霍华德·洛克？

安·兰德从未向我们展示洛克的脆弱，但从娜萨对纳什的描述中，我们可以看到一个感情脆弱的年轻人。纳什固然傲慢，但他的傲慢，以及他想要成为一台计算机或超理性生物的愿望，似乎掩盖着深层的情感伤痕。

纳什来到普林斯顿大学的时候已经是个问题青年。他的家庭很富有，家人也很爱他，但他是个同性恋者，而当时同性恋是犯罪。他很早就知道自己是同性恋者，但他不愿令他来自西弗吉尼亚州的保守父母蒙羞。1945 年，他在匹兹堡的卡耐基理工学院（Carnegie Institute of Technology，即卡耐基梅隆大学的前身）上学时出柜了，因此遭到了同学的欺凌。

之后的事更令他受伤。他被普林斯顿大学研究生院录取。普林斯顿是特权主义和排外主义的堡垒，对他这种不合群的人分外排斥。纳什在情感上十分孤立。他有不容否认的天赋，却更遭同学的蔑视，因为他既缺乏社交优雅又没有高贵血统，而普林斯顿就看重这些。

就在日趋孤立的同时，纳什遭到了更大的打击。他的博弈论论文（后来因此获得 1994 年的诺贝尔奖）引发了瞩目，他被公认为天才。麻省理工学院非常迫切地想将他吸收进来。对他这样内向敏感的人来说，这种突如其来的名声带来了极大的压力，因此他做了问题青年在这种情况下很可能会做的事：他开始行为不检。

他使一个护士怀了孕，但又不肯娶她，因为她没有家世背景。他抛弃了她和孩子，不肯付抚养费。同时他在 24 岁到 29 岁间有三段同性关系，还有一次因鸡奸罪被捕。

在这段时期，纳什遇上了他未来的妻子，艾利西亚·拉德（Alicia Larde）。拉德是麻省理工学院物理系的学生，对纳什一见钟情，想要和他结婚。娜萨指出，拉德的爱是经过算计的。

> 艾利西亚满怀迷恋之情，而这种感情看来完全可以改造最热心学习科学的学生，但她却是在进行一个严肃的对弈游戏。她要成为著名科学家的浪漫梦想没能抵挡麻省理工学院严酷的现实考验。正如她后来所说：“我不是爱因斯坦。”讲究实际的她觉得和一个优秀人物结婚也许同样可以满足自己的雄心壮志，而纳什看来符合这个要求。[17]

纳什并没有被拉德吸引，但是进行了成本收益分析之后，他决定娶她。他有个私生子，和好几个男人有恋情，还有违法记录，因此在婚姻市场上并不具有优势；深爱的父亲刚刚去世，他害怕再失去母亲的爱，而母亲很重视社会地位和他人的尊重。因为这些错误的理由，纳什决定和拉德结婚。

> 他告诉古德曼（某熟人——译者注）自己觉得艾利西亚会成为一个出色的妻子。为什么？因为她那么喜欢看电视。他觉得，这就意味着她不会要求他给予太多关注。[18]

与拉德结婚后不久，纳什开始出现离奇的行为。娜萨认为这是精神分裂症发病的表现。但让我们考虑一下另一种可能。

一个内向、不擅社交的人曾一度被世界拒之门外，如今却被视为天才的化身。对此他会有什么感觉？根据德韦克和德雷谢维奇的观点，此人会开始变得妄自尊大，同时内心深处仍旧充满不安全感，感到与世隔绝。他将害怕别人识破他的真面目。当他受到批评，或没有获得赞扬和荣誉时，就会变得消沉或愤怒。

纳什的表现正是如此。娜萨认为，纳什写的那封外星人毁灭他事业的信，实际上是对失去一个他自认为应得的奖项的一种幼稚的应激反应。

> 纳什给伯奇写这封怪信的起因可能是1959年博谢奖（Bocher Prize）名单揭晓，得奖者是路易斯·尼伦伯格（Louis Nirenberg）。他曾建议纳什研究偏微分方程问题。库恩后来回忆说，纳什的反应是怒火中烧，他说自己应该得到这个奖，一个年纪较大的数学家得奖只是这些事情“与政治有关”的一个征兆。[19]

别忘了，麻省理工学院一直是充满竞争的精英制环境。纳什认为他的同事以及整个数学界都在蓄谋打败他。

在纳什年轻的时候，数学是他逃离世界的避难所。现在他已经成为著名人物，他需要用数学来维持自己的自我价值感，不断获奖，赢得他人的赞许。当他被外部动机所驱动，创造力就离开了他。纳什是宁可别人认为他是个发疯的天才，还是宁可别人认为他只是个庸碌之辈？

我们还可以猜测，婚姻，或任何形式的亲密关系，对纳什都造成了很大压力。纳什希望拉德整天看电视，但实际上怀孕的拉德意志坚强，很有主见。她期待纳什做出伟大成就，这更增加了纳什的压力。因此两人注定要产生冲突，有时甚至是非常激烈的争吵。拉德担心未出生的孩子的安全，去找了麻省理工学院的校长，而校长已经对纳什的古怪行为有所警觉。两人大概都觉得，将纳什送医治疗，有利于他保持头脑的清醒。

纳什在医院接受了良好的治疗，但精神科医生认为他的精神分裂症是因为同性恋倾向而导致的。医生那种高高在上的态度令他愤恨，而被最信任的人剥夺了自由也令他气得发疯。所以他出院后又怎么可能冷静理性？他本来就缺乏谦逊，也缺乏对他人的理解，因此他必然只想报复那些迫害他的人。在这个过程中，他进一步破坏了自己的生活和神智。

母亲在 1969 年去世之后，纳什无家可归，只好写信给拉德，请求她收留他。他的精神在荒废了十年之后，重新获得一个反思的机会，开始思考自己的人生选择。他对证明自己的才能、打败竞争者和获奖不再有兴趣。他现在想要的是“自由、安全和友谊”。拉德不想和纳什复合，但她同意为纳什提供住处，让他可以康复。

在人类之爱的力量下，纳什确实康复了。

让我们回想哈里·哈洛实验中那些被禁闭过的猴子。它们恢复自由后，变得暴力、笨拙、低落，其他猴子要么欺负它们，要么无视它们。哈洛和他的研究团队一开始认为这些猴子已经无法拯救了，但后来发现爱和友谊具有强大的救赎力量。幼猴依恋这些受伤的猴子，给它们带来温暖和亲密，使它们慢慢从伤痛中恢复过来。

纳什也经历了相似的恢复过程。数学界了解他悲剧的处境，他以前的同学和同事都来帮助他，结成一个友爱的社群。他们为纳什提供经济上的帮助，更重要的是给了他友谊。纳什开始喜欢和这些他过去以为是竞争对手的人一起用餐、散步。

曾因纳什年轻时的傲慢而刻意回避他的普林斯顿大学，在他受难时也伸出了援助之手，为他提供了一个避风港。整个 20 世纪 70 年代，纳什一直在普林斯顿大学的图书馆里度过，自创各种数学谜题，以修复住院时被电击疗法和药物破坏的突触回路。1985 年，他开始指导学生。在麻省理工学院做教授的时候，纳什不喜欢教学，但现在他在指导年轻人中发现了意义与目的。

全力支持他的，还有他曾经视为理所当然的家庭之爱。最后，他和拉德复合了，而且努力做一个好父亲。妻子和儿子为他提供了安全感的基础，使他在情感和才智上能够有所发展。

1994 年，纳什获得了诺贝尔经济学奖，并成为全球性的名人。

对纳什而言，这些名望、来自他人的认可和称赞不再重要。纳什花了一生想成为超理性的外星人，拒绝承认自己人性的一面；现在他终于拥抱人性，找到了安宁和幸福。他最终学到，做一个人比做一个天才更难，却更值得。

> 这个美国天才的奇特历程，这个令人惊讶的人的奇特历程仍在继续。……确实，哪怕在语言上稍有欠缺，纳什也已经获得新生，思想与感情更加密切地联系在一起，获得与给予是他生活最主要的部分，人际关系也更加和谐。他也许没有以前那么聪慧过人，也许再也不能取得另外一个重大突破，但是他已经比过去好了很多很多。他是“一个非常出色的人”，艾利西亚有一次这样描述。[20]

可以说，纳什就是洛克的现实版。洛克作为一个富于创造力的年轻人，无疑可以赢得许多建筑大奖。但他缺少对他人的共情，缺少谦逊，没法和他人合作，也就无法获得专业上的成长。等到他的创造力减弱，他就会变得嫉妒他人、尖酸刻薄。他不一定会精神失常，但一定会浪费掉他的才能，在孤单中死去，被世人遗忘。

洛克是个让人讨厌的人。既然他不关心别人，我们为什么还要关心他呢？因为他是我们一手打造的精英制学校体系的产物。在我们的教育下，他变得冷漠且自大，以掩盖自己在学校竞争中产生的不安全感。卡罗尔·德韦克会认为，洛克的老师过多地表扬了他的高智商。而米哈里·契克森米哈赖会认为，学校的教育使他习惯于外部动机的驱动。

霍华德·洛克代表了我们学校的失败。

7. 创造力的真相

为拯救年轻的霍华德·洛克和约翰·纳什，我们需要变革学校系统，使其从基于智力向基于创造力转变。为此，我们需要理解有关创造力的三个真相。

第一，为激发创造力，我们需要摒弃柏拉图式的完美主义。正如埃德蒙·伯克和简·雅各布斯的主张，社会这一复杂的组织本身具有内在的天赋——社会虽然从不完美，但一直在缓慢进步。为了改进社会，我们需要以谦逊的态度和智慧的头脑来观察它、研究它。正因为世界是不完美的，人的一生才值得度过，因为我们可以努力使世界变得更美好，这样我们的生命才有意义和目标。

第二，我们需要摒弃柏拉图的精英主义——创造本质上具有民主性，人人都可以创造，人人都可以有创造力。边缘人物常常最有创造力。具有创造力的社会是人人都能包容他人的社会。

第三，柏拉图相信教育应该选择和培养哲人王，而这种理念却是我们需要摒弃的。詹姆斯·科南特试过了，他创造了美国精英制，却导致社会的不公平、不平等，以及统治精英们的抑郁和焦虑。我们需要记得托克维尔和特纳的观点，即民主的基础是条件平等。因此我们需要学习芬兰，通过教育让每个孩子都成功。

让我们最后再回顾一次雷·克洛克的故事。他没有读完高中就辍学了，他本能地不喜欢精英制。在选择连锁餐厅的店长时，他并不关心候选人的智商或者学历，只关心候选人是否人品正派、愿意学习、努力工作。

> 麦当劳并不保证任何人都能成功。想在我们的餐厅里成功，需要勇气，需要坚韧不拔的毅力。同时，成功并不需要任何特殊的才能或者智力：任何有常识、有原则、热爱工作的人都能做到。我曾经在一大群店长面前说，任何人只要今天开一家麦当劳并且奋力工作就能成功，很多人都能成为百万富翁——结果正如我所言。[21]

克洛克相信人们具有与生俱来的创造力，并且愿意培育这种创造力，因此他得以创造出世界上最大的快餐企业。那么他是从哪里获得这种信念的呢？他在回忆录中解释，这种信念本质上来自特纳的拓荒者精神。

> 只有冒失败的风险，才有可能成功。走过平放在地上的绳梯不是成就。如果没有风险，就没有成功的自豪，也就没有幸福可言。我们进步的唯一途径就是前进，在拓荒者精神的引领下，独自或一起前行。[22]

事实上，创造力的三个基本体系——拓荒者精神（Pioneer Spirit）、诗人的想象力（Poetic Imagination）和黑客伦理（Hacker Ethic），其本质是相同的：开放、平等、利他。

我们的学校要想让每个孩子都成功，就需要做到这三点。我们将在本书最后一部分进行讨论。

SCHOOLS FOR THE SOUL

第四部分

游戏化

基于游戏化的项目式学习之所以能将不同的思维方式混合在一起，是因为游戏化教学使拥有不同技能水平、不同思维模式的人聚在一起，共同解决一个问题。在合作过程中，他们的思维方式逐渐同步，相互融合，每个人都能以新的眼光看待世界。

第十三章
从逻辑电路到海明威

1. 庞然大物

即使以20世纪60年代麻省理工学院的标准，铁路模型技术俱乐部（Tech Model Railroad Club）的成员也算是一群怪胎了。这些学生醉心于数学，而且热爱铁路模型，因为铁路模型就是有生命的数学。

有一天，这些学生发现自己所在的楼里有一个奇怪的东西——一台名为IBM 704的计算机。当时的计算机和现在的不同，史蒂文·利维在《黑客：计算机革命的英雄》一书中这样描述：

> IBM 704价值数百万美元，它占据了整整一间屋子，始终由一小队专业的机器操作员看管，而且需要专用的空调，以免机器内部炽热的电子管由于温度过高而把数据烧坏。当空调停机时（这经常发生），会发出巨大的声响，这时三位工程师就会立刻从旁边的办公室中跳出来，飞快地打开机箱，这样它的内部零件才不会融化。负责打孔、把卡片输入到阅读器中以及在机器上按动按钮和开关的这些人通常被称为牧师（priesthood），而有资格向这些最神圣的牧师提交数据的人则是正式的信徒（acolyte）。这几乎是一种仪式般的交换。[1]

这台计算机被称为“巨人”，它吸引了铁路模型技术俱乐部的学生们。他们越了解“巨人”，就越觉得这是一个上天赐予他们的数学方程式——如此复杂，又如此充满逻辑性。

“巨人”非常昂贵，也非常脆弱，因此总是被锁起来。学生们只能用远程终端跟它交流，每次只能一个人，时间不超过一小时。申请使用计算机的过程复杂冗长，而且本科生在申请队伍中总是排在最后。

学生们不喜欢看守“巨人”的牧师。“巨人”渴望说话，甚至是歌唱，但官僚主义者非要把它用锁链锁上，让它执行平淡乏味的计算任务。这就像让莱特兄弟在公路上开飞机一样。

俱乐部的学生决定从看守手中解放他们深爱的“巨人”，于是他们成了黑客。做黑客，就意味着破译“巨人”的语言和逻辑，让它说话、让它歌唱，也意味着蔑视那些禁锢 IBM 704 的规则。他们偷偷取得了登录的权限，而他们的恶作剧得到了麻省理工学院教授的鼓励和同情。

学生觉得自己是在引发一场新的科学革命。他们的使命是发现新知识、打破牧师对计算机的垄断，因此他们提出了民主、开放、平等的黑客伦理：

- 对计算机的使用不应受到限制。
- 所有信息应免费。
- 不相信权威——提倡去中心化。
- 评判黑客的标准是他们的技术水平，不是学位、年龄、种族、地位等伪标准。
- 运用计算机可以创造艺术和美。
- 计算机能使人的生活更美好。

任何能证明自己技术能力的黑客都应该获得尊重与承认。利维描述彼得·道伊奇（Peter Deutsch）是这样加入黑客社群的：

> （道伊奇）对计算机深深地着迷了。最初，他随手捡了一本不知谁扔掉的手册，介绍的是一种专门用于计算的晦涩难懂的计算机语言。书中有关计算机指令的某些规律吸引了他：他后来说那种感觉就好像是艺术家发现了最最适合他的那种创作方法，那是一种自

已也说不清楚的、超越一切的认知能力。这里就是道伊奇的舞台。道伊奇努力写出了一小段程序，并用某个牧师的名字预定了上机时间，在计算机上运行自己的程序。仅仅几周时间，他的编程能力便已脱胎换骨了。那年他才 12 岁。[2]

当“巨人”被更快的电脑取代，学生们的编程能力也越来越娴熟。他们中的一员——彼得·萨姆森（Peter Samson）在一台型号为 TX-0 的计算机上编程，让它演奏了巴赫的音乐。

当黑客圈以外的人听到约翰·塞巴斯蒂安·巴赫（Johann Sebastian Bach）那悦耳的旋律竟然以单声部、单音频的方波形式播放，且毫无和谐可言的时候，几乎都无动于衷。这是平地的一声惊雷！这可是台价值 300 万美元的大型计算机，为什么它不能完成一个价值 5 美元的玩具钢琴也能完成的小事儿呢？彼得·萨姆森几乎是另辟蹊径，颠覆了有史以来音乐制作的基本流程，跟那些局外人讲这些无异于对牛弹琴。音乐一直是通过直接制造振动（即声音）得到的。而萨姆森的程序只不过是将一大堆数字（或者说是无数输入到计算机里的位信息）组合成一段代码，音乐便蕴含在这段代码之中。[3]

黑客们编程的时候处在心流的状态中。对他们来说，编程的过程就是破译并操控构成宇宙基础的数学方程的过程。

在每天上机的高峰时段，黑客们总是非常紧张地工作，但这之前和之后的数小时内，他们也可以进入一种精神高度集中的状态。如果为计算机编写程序，你就必须十分清楚数千个表示信息的位会如何随着指令的变化而变化，并能预测它们的变化效果，甚至学会挖掘、利用其潜在的变化。

当你将所有这些信息印在大脑中以后，就好像将自己的意念和周围的环境（或计算机）完全融合在了一起。[4]

这段话也适用于描述马克·扎克伯格在哈佛大学读本科的时候开发脸书网站的状态。我们知道，当脸书在哈佛大学获得巨大成功的时候，扎克伯格就到硅谷去把它商业化了。

但在19世纪60年代的麻省理工学院，没有一名黑客想要用他们的发明赚钱，因为这违背黑客伦理。萨姆森让计算机演奏音乐的时候，就可以把他的程序卖给计算机制造商DEC，以获得一大笔钱，但他选择无偿赠送他的产品。

> 萨姆森自豪地向DEC演示了这个音乐编译器，它可以发布给任何需要的人。其他人会使用他的程序，这让他深感骄傲。负责编写新汇编程序的团队也有同样的感受。比如，他们很愿意将记载着程序的纸带放入抽屉，这样任何使用这台机器的人都可以获取程序、尝试改进它、压缩其中的若干条指令或添加一些功能。如果DEC请求他们提供这个程序以便给其他的PDP-1（DEC公司PDP系列推出的第一个机型——译者注）拥有者使用，那他们会觉得很荣幸。版税问题从来不在他们的考虑之内。对于萨姆森和其他黑客来说，使用计算机是他们的乐趣，他们甚至愿意为此付费。……黑客的观点是让计算机更为实用，让用户更高兴地使用它，让计算机的趣味性吸引人们使用它、研究它并最终破解它的奥秘。如果你编写出了一个优秀的程序，那么你就是在建立一个社区，而不是研究出一个产品。
>
> 不管怎样，人们不应该为软件付费——信息应该是完全免费的！[5]

萨姆森和同伴们引发了计算机革命，正如米哈里·契克森米哈赖的研究告诉我们的，他们高度的创造力来自他们开放、平等、利他的文化。

拓荒者们开拓了领地，平整了土壤，时机已经成熟，第二代计算机爱好者得以播种、收获。这一代中最著名的人就是比尔·盖茨。

盖茨是一个天才，同时更有好运，在正确的时机、正确的地点，出生在正确的家庭。20世纪60年代晚期，西雅图最好的私立中学湖畔学校（Lakeside School）的家长们向学校捐赠了一台远程终端，可以登录附近一所大学的“巨人”。对此只有两个学生感兴趣，一个是不善交往、瘦骨嶙峋的比尔·盖茨，另一个是他最好的朋友保罗·艾伦（Paul Allen）。因此他们不必像麻省理工学院的黑客们一样争抢上机时间。

马尔科姆·格拉德韦尔在《异类：不一样的成功启示录》一书中写道，通过这一经历，盖茨学到了编程技能，最终成为亿万富翁。但盖茨真正学到的并不是编程技术，而是系统设计思维（systems design thinking），即理解复杂系统的逻辑，并加以利用的技能。如果我们要创造我们自己的复杂系统，例如建立一个拥有几万名员工、市值万亿的企业，系统设计思维正是我们需要掌握的技能。也正是系统设计思维使弗雷德里克·泰勒发明了科学管理法。

因为计算机的逻辑性及可控性而爱上计算机的并不止盖茨和艾伦，还有斯蒂芬·沃兹尼亚克。沃兹尼亚克想要与世界分享他的挚爱，他发明的电脑 Apple Ⅰ和 Apple Ⅱ开创了个人计算机的时代。

2. Nand2Tetris 课程

诺姆·尼桑（Noam Nisan）和希蒙·肖肯（Shimon Schocken）是耶路撒冷希伯来大学计算机专业的学者，他们爱计算机的方式与麻省理工学院的黑客、比尔·盖茨和斯蒂芬·沃兹尼亚克一样，爱调试它们，探索它们，并重构它们有序、理性的内部世界。

今天，“巨人”已经缩小为一个神奇的黑匣子，因为摩尔定律和抽象化彻底改变了计算机业。戈登·摩尔是英特尔公司的创始人之一，他预测集成电路上可容纳的晶体管数目大约每 18—24 个月就会翻一番，这意味着我们口袋里智能手机的运算能力要超过几百个“巨人”。摩尔定律揭示的信息技术的发展速度，使个人计算机、互联网、大数据、机器学习成为可能。

另一个突破性的变革——抽象化，意味着我们今天与计算机交流的方式比 20 世纪 60 年代更容易了。计算机以二进制处理数据，也就是说它只能理解“开”或“关”，即“1”或“0”。麻省理工学院的黑客是以机器语言与计算机沟通的，但后来出现了汇编语言，将二进制抽象化为词语，教计算机说人类的语言。随着时间的推移，人们发明了越来越多的高级语言，将机器语言进一步抽象化，这样我们就很容易学习 Python 这样的编程语言了。

摩尔定律和抽象化让越来越多的人可以使用计算机，但人们也为之付出了代价。如今当我们让计算机做些什么的时候，没有人知道计算机的内部到底是怎么工作的。今天的计算机就像一个神奇的黑匣子一样。

计算机变得日趋由软件驱动，学生的专长也越来越窄，尼桑和肖肯开始怀念那些调试巨大机器的日子。他们认为，如果学生对软件背后的硬件没有基本的理解，就写不出好的代码。

因此尼桑和肖肯设计了一个本科计算机专业的入门课程，让学生重建沃兹尼亚克的 Apple Ⅱ。这一课程称为“Nand2Tetris”，为期一年，现在已经向数百万学生教授了计算机原理。Nand 是指构建计算机最基本的逻辑电路，Tetris 是指俄罗斯方块游戏。Nand2Tetris 意即从最基本的电路开始构建虚拟计算机，并用它来编程、玩儿俄罗斯方块。

3. 游戏化学习

我在 2016 年春季第一次接触 Nand2Tetris。当时清华大学聘请我为学生开发课程。与计算机系的教授相比，我有一个优势：没有计算机专业背景。

邓宁—克鲁格定律告诉我们，专家往往不是最好的教师，因为这个领域对他们来说已经太容易了，他们觉得对别人来说也是一样。而我根本就不了解计算机，所以我没有这个问题。

但是邓宁—克鲁格定律也说明，由于水平过低，我无法判断自己的水平。好在 Nand2Tetris 给我提供了指导，而且它是完全在线且免费的。[6]

Nand2Tetris 的好处是，课程采取关卡的模式，学生必须完成每一关的挑战，才能进入下一关。由于每一关都建立在前面一关的基础上，因此学习是积累性的，而且学生能够不断巩固之前学到的知识和技能。

因为要搭建自己的计算机，所以这个课程的目标和结构非常清晰。在每一关中，我都知道自己所处的位置，也知道目标和方向。尼桑和肖肯在课程中建立了反馈机制，保证我能够掌握每一关学到的技能。换句话说，他们把学习计算机原理转化成一种游戏，整合了刻意练习、心流和成长型思维的原理。

你想过学生为什么爱玩儿电脑游戏、讨厌做作业吗？其原因就在于心流的三个基本元素：自主、挑战和反馈。

- 学生在游戏中有自主性。他们是故事中的主人公，他们的选择和行动可以决定发生的结果；但在作业中，学生是被动的参与者。
- 游戏富有挑战性，而且可以调整难度适应玩家的水平；作业则人人一样，有的学生感到很难，有的学生则觉得无聊。
- 游戏提供即时反馈，帮助玩家改进；学校提供评价，但很少提供能帮助个人改进的个性化反馈。

通过自主、挑战和反馈，游戏玩家可以精通复杂的游戏。Nand2Tetris 也利用了这三种元素，帮助无数学习者掌握了计算机原理和编程。

4. 如计算机一般思考

我自己尝试学习 Nand2Tetris 的时候，发生了一件奇怪的事，这给了我很大的启发。学这门课很累，我有时会玩儿一个游戏《炉石传说》来放松，它是一个在线的卡牌游戏。随着我在 Nand2Tetris 中不断升级，我发现自己在《炉石传说》中也赢得更多了。

这时我意识到，Nand2Tetris 的力量和美妙在于，它训练我们的头脑变得富有逻辑性，使之更能理解计算机工作的原理。因此我顿悟了：教学的目的并不是传递知识，而是训练头脑，使之以特定的方式思考，将某一学习领域的价值观、原则和逻辑内化于心。

学完 Nand2Tetris 课程之后，我开始研究怎么教它。我想把刻意练习、心流和成长型思维融入课程。我和同事们采用了“群体学习”的教学法模型，不再用分数区分学生，不再让他们彼此为得到教授的称赞而竞争。我们想要每个学生都能帮助彼此学习，让每个人都能掌握课程的内容。

为此，我们挑选了一组学生志愿者作为助教。每周四晚上，我们都要花两个小时讨论本周的 Nand2Tetris 题目，思考学生会在哪里出现困难，怎么解决，探讨如何更好地教学。我们采用了翻转课堂的模式。课前学生会在网上观看 Nand2Tetris 的视频，视频后附有我们准备好的相关题目，学生先尝试自己解决；每周六上午上课时，我们再集中精力解决本周问题，一起攻克难关。

教学很成功。有些学了很多年计算机编程的学生告诉我们，在学习 Nand2Tetris 之前，他们对计算机的理解是模糊不清的，如同蒙着一层雾。现在，太阳出来了，一切都清晰明了了。这正是尼桑和肖肯设计本课程的目的。

5. 耶鲁的精读法

当我在清华大学教书的时候，偶然获得一个机会，受到北京八中（以下简称八中）的邀请，为他们的英语教研组讲授耶鲁大学的精读方法（close reading method）。讲座效果很好，因此八中的教师想要尝试使用精读法。

我在耶鲁大学读的是英国文学系，因此必须学会精读文献。精读要求我们拆解文本的结构（包括遣词、造句和修辞），洞悉文本和作者的内在意图。为什么作者用这个词，不用另外一个词？为什么这些词汇以这种方式相连接？为什么某些词语非常突出？

为理解精读的方法，我们需要回顾第六章提到的玛丽安娜·沃尔夫的《普鲁斯特与乌贼：阅读如何改变我们的思维》。沃尔夫认为，为了阅读，大脑必须建立新的神经回路。因为英文是表音语言，而中文不是，所以英文读者和中文读者的神经元结构不同，他们理解世界的框架也不同。

如果一种特定的神经元结构决定了我们写作乃至我们思考的方式，我们就可以依据对写作的分析来理解这种结构，尤其是作者的情绪、经历和价值观。这就像对一个流水线上生产的玩具来说，我们的目的是要一丝不苟地分析这个玩具的结构和功能，以至于能够在脑海中重构整个生产线的样子。

让我们再举一个例子来更好地理解精读的方法。加州大学旧金山分校心理学教授保罗·埃克曼是电视剧《别对我说谎》（*Lie to Me*）中卡尔·莱特曼（Cal Lightman）博士的原型。埃克曼被称为“人肉测谎仪”，因为他精于洞察人们的微表情（micro-expressions），即能够揭示肌肉细微动作所隐藏的情绪。埃克曼是《别对我说谎》一剧的顾问，他给剧组展示了许多著名人物的慢动作特写视频，并揭示了人物内心的真实想法。在其中一个视频中，某著名政治人物说“是的，我同意”时却摇头；在另一个视频中，某政治人物在说一个人好话的同时用中指擦去前额的汗，体现了他内心深处的鄙视。

在耶鲁大学受到这种阅读的训练后，我训练自己在读任何文字时都如埃克曼读微表情一样，寻找表象下的真实含义。我读一篇文章或者一封电子邮件的时候，会发现语法错误、含义不清的用词或者拙劣的句子结构中隐藏着的真实意图或情绪。我相信耶鲁大学的这种精读法是培养批判性思维的最有效方法。

要将这种方法介绍给中国的中学老师，需要做一些变通。在耶鲁大学的课程中，我们一周在一门课上讨论一本书，迅速而流畅地发现其中的微妙之处。讨论课之后，我们要完善自己的想法，写一篇论文，基于文本的依据，提出合理的观点。八中的老师水平很高，但不可能在一周之内读完弥尔顿（John Milton）的《失乐园》（*Paradise Lost*）或者乔叟（Geoffrey Chaucer）的《坎特伯雷故事集》（*The Canterbury Tales*）并完成一篇论文。而且让老师们读我在耶鲁读的那些文学作品也没有意义，它们都太长、太复杂也太晦涩了。

我也没法采用耶鲁的教学方式。耶鲁的学生学习动机很强，教授可以与学生展开自由讨论，只要时不时停下来充实下某个观点就可以了。但如果我将这种方法用在中国老师身上，很可能得到一片沉默。

6. "游戏化"精读

在清华教过Nand2Tetris课程之后，我开始设想，是否能利用相似的游戏化模式教授八中老师精读。这意味着我必须挑选简单易读的文学文本，这样我们就可以专注于精读技巧了。为此，我必须像Nand2Tetris一样设定不同的挑战，提出引导性的问题，让老师们搜索文本，寻找证据。

我选择的文本是约翰·勒卡雷（John Le Carre）的小说《柏林谍影》（*The Spy Who Came In from the Cold*）。这本书记述的是冷战时期、柏林墙刚建起之后英国间谍和东德间谍之间的智斗。

在小说的开头，英国间谍亚历克·利马斯（Alec Leamas）正在柏林墙西德一侧的一处前哨等待。他花费数年时间在东德建起了间谍网，但最近他的网络被摧毁了，间谍们一个又一个被杀，只剩下最后，也是最好的一个间谍卡尔（Karl）。在故事的开头，卡尔正准备逃亡。

利马斯等了一整天，十分紧张。一名情报处人员陪着他，劝他去休息。就在利马斯正准备离开去休息的时候，他看到卡尔正在穿越边境。看到朋友逃离，利马斯十分激动。突然，警笛响起，探照灯打在卡尔身上，他被击中身亡。

第一章情节十分紧张，作者并没有披露人物的过多信息。因此我问八中老师可以定下讨论框架的两个问题：这三个人——利马斯、卡尔以及名字未知的情报处人员——多大年纪？利马斯等了卡尔多久？要回答第一个问题，老师们必须仔细研究人物说话和互动的方式。要回答第二个问题，必须从文章中寻找描写氛围的细节——天气、利马斯喝了多少杯咖啡、他观察周围人的方式等。

通过这些有针对性的引导问题，老师们就可以聚焦于文本，利用自己的经验判断人物的情感。我引入了心流的三大因素，让老师们在内部学习动机的驱动下，深入思考文本。由于这些问题没有正确答案，因此在提供挑战的同时保证了他们的自主。我没有告诉他们回答是对还是错，而是不断质疑他们提出的文本证据，帮助他们进一步改善精读的能力。

7. 重构海明威

第一次的阅读非常成功，我决定加大难度。第二次阅读的是海明威（Ernest Hemingway）的第一部小说《太阳照常升起》（*The Sun Also Rises*）的第一段。叙事者是小说的主人公杰克·巴恩斯（Jake Barnes）。

> 罗伯特·科恩（Robert Cohn）一度是普林斯顿大学中量级拳击冠军。别以为一个拳击冠军的称号会给我非常深刻的印象，但当时对科恩却是件了不起的事儿。他对拳击一点儿也不爱好，实际上他很讨厌拳击，但是他仍然痛苦而一丝不苟地学打拳，以此来抵消在普林斯顿大学被作为犹太人对待时所感到的低人一等和羞怯的心情。虽然他很腼腆，是个十分厚道的年轻人，除了在健身房里打拳，从来不跟人打架斗殴，但是想到自己能够把瞧不起他的任何一个人打倒在地，他就暗自得意。他是斯拜德·凯利（Spider Kelly）的得意门生。不管这些年轻人的体重是105磅，还是205磅，斯拜德·凯

利都把他们当作次轻量级拳击手来教。不过这种方法似乎对科恩很适合。他的动作确实非常敏捷。他学得很好，斯拜德亲自下场打倒了他，给他终生留下了一个扁平的鼻子。这件事增加了科恩对拳击的反感，但也给了他某种异样的满足，也确实使他的鼻子变得好看些。他在普林斯顿大学的最后一年里，读书过多，开始戴眼镜。我没见过他班上的同学还有谁记得他的。他们甚至记不得他曾是中量级拳击冠军。[7]

《太阳照常升起》写的是"一战"后侨居巴黎的一群文学青年的故事。小说中没有什么戏剧化的情节，海明威的写作风格简单但富有欺骗性。我让老师们精读这一段落，然后问他们巴恩斯是怎么看待科恩的，没有人回答。正如我预想的一样。

于是我向大家展示了我自己重写的第一段，让大家将两段话放在一起对比遣词用句，以及词句中隐含的作者的真实意图。

罗伯特·科恩是个前拳击冠军。我对此不以为意，但这件事对科恩却很重要。他不喜欢拳击，但作为一个在普林斯顿大学受到歧视的犹太人，他觉得自己必须学好拳击，才能在同学面前证明自己。一想到可以打倒任何看不起他的人，他就高兴，但其实他是个友好礼貌的人，只在健身房打拳。他是斯拜德·凯利的得意弟子。无论学生体重多少，凯利都教他们要快速敏捷。这种风格对科恩很适合，因为他速度很快。因为科恩练得太好了，所以凯利只好给他一个教训，在赛场上把他的鼻子打平了。这让科恩更不喜欢拳击了，但也让他骄傲，因为他觉得教练专门把他挑出来是看得起他，而且这也让他的鼻子更好看了一些。他在普林斯顿大学的最后一年里由于读书过多，开始戴眼镜。我没见过他班上的同学还有谁记得他的。他们甚至记不得他曾是拳击冠军。

让我们比较前三个句子，看看海明威表面的平铺直叙中隐藏着多少细节和深层含义。叙述者巴恩斯告诉我们科恩是普林斯顿大学的前中量级拳击冠军，其实他可以只说科恩是一个前拳击冠军。海明威因用词简练而著称，因此他在添加词汇的时候，必然是要强调某个观点或某种态度。“中量级”和“普林斯顿大学”隐含的意义是：他的成绩并没有那么了不起。如果科恩曾是世界重量级冠军，或在任何没有那么多富二代的学校获得重量级冠军，巴恩斯可能就会觉得他水平还可以。巴恩斯看起来对拳击挺了解，可能自己也打得不错。

巴恩斯以第二个句子进行了强调——“别以为一个拳击冠军的称号会给我非常深刻的印象”，对可能被这个头衔打动的读者进行了警告。这个句子的结构显示他不太看得起科恩。下一句再次强化了这一点，揭示了科恩不喜欢拳击的事实，说明他强迫自己练拳击只是为了不在普林斯顿低人一头。

这时我们可以听出叙事者语气中的讽刺了：他看不起科恩，各方面都看不起。因为科恩不喜欢拳击——一个真正的男人怎么能不喜欢拳击呢？更因为科恩强迫自己做不喜欢的事——一个男人怎么能这么拒绝面对真实的自我呢？他最看不起科恩的，是科恩在意别人的看法——为什么不让别人滚远点儿？在这种情绪中，叙事者巴恩斯暗示自己是一个遗世独立、追随内心的人，谁要是不喜欢他就爱滚哪去滚哪去。

通过将前三句话改写为中立的语气，与原文相比较，分析词语、句子和语气，我们可以从中了解到巴恩斯和科恩个性的冲突。精读是一个非常费时费力的过程，我们花了两个小时分析第一段的内容。

我们可以继续用不同的方法，一个小时又一个小时地分析文本的细微之处。我们可以让每一位老师读出叙事者说的话，分析语音、语调和韵律。我们可以设想叙事者是一个画家，并画出他心中科恩的样子。

如果要采用游戏化的模型，接下来的任务是让老师们根据文本推断人物性格。我们可以提出问题，问巴恩斯和科恩各来自什么样的背景和家庭。我们可以猜测：巴恩斯的父母可能不怎么管他，他讨厌学校；科恩可能在富裕的家庭中成长，可以上最好的私立学校，而他的母亲可能对他的生活插手过多，导致他缺乏安全感又依赖他人。

为了提高挑战的难度，我们可以画出巴恩斯和科恩的形象。他们长什么样子？穿什么衣服？他们的身体语言和惯用手势是怎样的？

最难的任务是从不同的角度重写第一段。为此我们需要将对他人的理解、想象力和智慧发挥至极致，就像刻意练习需要的那样。仅仅对人物有所了解还不够，我们还需要成为这些人物，用他们的眼睛看世界，用他们的话描述世界。

以下我以科恩的身份重写了第一段：

> 在普林斯顿大学的经历激励我成为一名作家，但是点燃我内心深处火花的并不只是西方的经典著作。主要原因是我是一名犹太学生，来自中等家庭，却身处富裕而背景深厚的高端人群的后代之中。这一经历教会我以不同的眼光看世界，尊重弱者，为弱势和边缘人群的痛苦发声。不过，在我刚来到普林斯顿的几年里，我太急于顺应环境、证明自己了，忽视了追寻我真正的文学使命。因此我开始学拳击，而且打得很不错，打赢了圈子里的每个人。但是普林斯顿是不会让犹太人当拳击冠军的。我的同学在场上都没法和我对抗，所以我的教练斯拜德·凯利向我直接发出挑战。他是个好教练，教得很好，我很尊重他。我不能在场上给他难堪，特别是当着那么多期待他替自己捍卫荣誉和尊严的学生的面。所以我让他打倒了我。起来之后，我决定就此结束拳击生涯。这是我做出的最好的决定。此后我开始认真阅读，学会了用词语而不是用拳头表达我的痛苦与疏离。当我离开普林斯顿的时候，我知道自己注定要成为一名作家。

如果我是科恩，我会认为普林斯顿的经历对“我”的个人成长有着深远的影响，因为这是“我”第一次感到孤单脆弱。年轻的时候“我”处处出色，而且对自己犹太人的身份也从来没有感觉，直到“我”来到普林斯顿，这一身份突然成为一个刺眼的标签，让人无法忽视。不过“我”是个彬彬君子，又有钱，不可能为此向别人发火，于是“我”去学拳击，试图证明自己的能力。结果拳击没用，于是“我”改为写作。“我”喜欢写作，因为它能赢得别人的钦佩，将“我”和同学区分开；而且它让“我”可以在终日谈论自己的同时，为大众代言。——这一任务的难度在于要以科恩的语言和逻辑来表达这些内容。

从某个边缘人物的视角来写作更具挑战性。以下是我从凯利的角度所做的改写：

我以前有个学生，名字应该是罗伯特·科恩吧。他是个好学生，是我最好的学生之一。他个子高，挺有礼貌。他开始说要学拳击的时候，我不确定他是不是这块料。他不够强硬。后来他下了场，速度很快，也很灵活。而且他身上有一种狠劲儿，这让他投身竞争，非赢不可。他属于我遇上的最有礼貌的那种年轻人，可一旦他上了场，就决心要打倒对手、羞辱对手、俯视对手、嘲讽对手。他身上这一点令我尊重。这让我想起自己在混乱的社区长大，为了保护自己而跟街头恶霸大打出手的时候。但科恩还是个孩子，他不知道他的极限在哪里。在他获得普林斯顿中量级冠军之后，我认为，除非有人打赢他、好好教给他谦虚两个字，否则在场子里让人看到那副自鸣得意的傻笑，他一定会被打掉大牙。所以我上场和他比试了比试，让他知道一个有点儿拳击经验的老头子能轻易打倒他这样的纨绔子弟。他不喜欢我给他的教训，尽管这差不多是我给人上过的最重要的一课了。他很快就不再玩儿拳击了，我后来再也没见过他。我想知道他后来怎么样了。

每次从其他人的视角重写这个段落，我都需要挖掘我的潜意识，找出深锁其中的不同人格。我不知道我的潜意识是怎么令我设想不同人思考和说话的方式的，但我知道只有通过精读的训练，才能做到这一点。通过这种阅读的方法，我对文字和情感的理解更加深入，也更加精微。

8. 人机混合

精读与Nand2Tetris课程教授的技能和思维方式完全不同。

Nand2Tetris 培养严格的逻辑和系统思维，而精读则训练我们理解人类生活的微妙之处。也许我们会认为 Nand2Tetris 和精读教授的是两种相反的价值观和逻辑，但这两者也彼此互补。

比尔·盖茨想用系统设计思维来解决美国的教育危机，为此捐献数十亿美元，想要确保每个孩子都能上大学。但是今天美国教育界日益形成的共识是，盖茨提倡的共同核心课程和高利害的标准化考试实际上对教育弊大于利。

这一点可能会令盖茨难以理解，毕竟，系统设计思维通过秩序与理性的方式帮助他将微软打造成世界上最著名的公司之一。可为什么同样的东西不能对教育产生相同的影响呢?

如果盖茨花学习编程同样多的时间来学习精读，他就会理解，人和机器不一样。不错，微软的员工严格遵从他的指令，那是因为他的员工正是美国精英制的一部分，他们受到的训练就是要像机器一样行动和思考。

多数美国教师是普通人，需要自主、挑战和反馈。如果盖茨有教学的经验，或者能够理解教师的处境，有设身处地的想象力，他就会知道，要改进学校，就要激励教师。这意味着要为教师赋能，给予他们自主权，同时也给他们培训和反馈，如同芬兰做的一样。

高利害的标准化测试只会带来士气低落、弄虚作假以及有害的工作环境——这就是盖茨的教育改革在美国公立学校引发的后果。

为进一步理解计算机逻辑的局限性，让我们再来看看麻省理工学院的黑客们。他们被“巨人”吸引，因为它如此精确、如此符合逻辑；但随着他们越来越着迷，他们也越来越不通情理。史蒂文·利维描述了一名叫作鲍勃·桑德斯（Bob Saunders）的黑客无法与妻子沟通的情况：

> 玛吉（此时，她已经是桑德斯的妻子了）每周六上午都会开着自己的大众车到西夫韦超市去采购。当她回来的时候会问自己的丈夫：“你愿意帮我把车上的东西搬进来吗?”鲍勃·桑德斯回答道：“不。”前几次玛吉觉得十分惊讶，不过还是自己将采购的东西搬进屋子。不过同样的事情发生几次后，她终于忍不住发怒了，气呼呼

地冲他大发脾气，质问他为什么对她的要求说“不”。

“你问的其实是个愚蠢的问题，”他回答说，“我当然不愿意帮你把采购的东西搬进来啦。但如果你把‘愿意’两字去掉，问我是否帮你把这些东西搬进来，那就是另一回事了。”

玛吉就好像把一段程序输入到了 TX-0 中，结果这段程序崩溃了（如果语法错误，程序总是如此）。只有当她“调试”了自己的问题以后，鲍勃·桑德斯才会让这段“程序”在他自己大脑里的“计算机”中顺利运行。[8]

不错，黑客开始确实很有创造力，但因为他们缺乏对他人的理解和谦虚，他们成为他们最恨的那种人——保卫机器的牧师。他们成了一个精英组织，只在意成员间彼此的认同，把其他人拒之门外。因此，虽然他们引发了计算机革命，却是另一个组织——家酿计算机俱乐部——完成了这场革命，使计算机能够被大众使用。

假如麻省理工学院的黑客和比尔·盖茨对精读像对计算逻辑一样有兴趣，会发生什么？让我们用雪莱的话来描述一个在两方面都受到思维训练的人：

所谓推理与想象这两种心理活动，照一种看法，前者指心灵默察不论如何产生的两个思想间的关系，后者指心灵对那些思想起作用，使它们染上心灵本身的光辉，并且以它们为素材来创造新的思想，每一新思想都具有自身完善的能力。[9]

理性的心智可以探索技术的逻辑与精密，想象力的心智可以探索人类社会情感的复杂。在人工智能的时代，我们需要开始培养具有这样心智的人。

在清华大学一年之后，我相信我找到了合适的教学模式，即游戏化。这种模式可以培养学生不同的思维方式，以适应一个复杂、技术化且全球化的世界。但我的想法还需要进一步测试和完善，随后我发现了一个完美的实验室——成都。

第十四章
从耶鲁到成都

1. 改变我命运的老师

1999 年 5 月从耶鲁大学毕业后，我回到中国追逐我的梦想，想要让中国的学校变得更有创造力。教育曾经改变了我的命运，我也想通过教育改变其他人的命运。

1976 年我出生在广东的一个村庄里。1982 年 9 月，我随父母移民到加拿大多伦多，被安排在当地一所公立学校的一年级。当时我一句英语都不会。一个学年结束的时候，我仍然听不懂几句英语。

学年末，老师把我母亲和我叫到一间空教室里。她通过翻译告诉我母亲，我课上不能集中注意力。我母亲问是不是需要留级，老师摇摇头，说我应该去学前班。我母亲问我想怎么办，我告诉她我想和同学一起升二年级。老师说如果我上二年级，可能会跟不上学习进度。

我还是继续上了二年级，学业落后得更多。六年级毕业的时候，学生通常会在毕业典礼上获得两种奖：学习好的学生得学术奖；其他人得鼓励奖。五年级的时候，我曾经获得过一个读书最多奖，因为我作弊了。一开始，我去图书馆挑最容易、字最大的书读，后来我发现只要写下读了一本书就可以了，因为五年级老师从来不检查。可六年级老师检查。这样一来，作弊的事就暴露了，所以我在毕业时连鼓励奖也没得到。

我父母都是穷移民，对我并没有太高的期望。只要不像父亲一样在洗盘子的时候毁掉腰背、不像母亲一样在缝衣服时毁掉眼睛就好。老师对我也没有任何期望，认为我智商低。

然而在九年级的时候，发生了一件奇怪的事，从此改变了我的生活。某个星期一的英语课（这是我学得最差的课），一位年轻的老师走进教室，说我们的老师生病了，她来代课一星期。她很年轻，还在读师范学院。我想给她留一个好印象。以前我从来不做阅读作业，这一周我读完了老师布置的所有阅读材料，对希腊神话和特洛伊战争产生了兴趣。这位代课老师每次提问我都举手，而且每次都能答对。

在这一周的最后一节课上，她问了我一个我从来没想到过的问题：以后计划上哪所大学？她说只要我努力，什么目标都可以达成。

她的话点燃了我内心的火焰。终于有人相信我了，我要证明她没有看错人。四年之后，我拿到全额奖学金进入耶鲁大学。我向自己承诺，要尽可能地学习，有朝一日像她改变我的命运一样，改变他人的命运。

2. 追逐梦想

1999 年从耶鲁毕业后，我来到北京，在北大附中和北京四中教书。我试图教学生提出问题、尝试新鲜事物、大胆梦想，但学生只对考试分数感兴趣。我对他们的思维方式很失望，离开了教师的岗位，做起了记者和纪录片制片人。

但我一直记得自己是多么热爱当一名教师。2008 年，深圳中学邀请我筹建学校的国际项目，我抓住了这个机会。每年学校毕业班 10% 的学生（约 80 人）会申请美国大学，我的职责是指导他们顺利完成申请流程。但学生只在乎背单词，这一点也令我不开心。

我不希望学生进入美国大学之后经历我曾经历的那种文化冲击，所以我开发课程，教学生提出问题、尝试新鲜事物、大胆梦想。我建起了拥有 5000 册英文藏书的图书馆，招聘了十个毕业于美国大学的老师教精读。我让学生合作创办了一间咖啡馆、一份日报和一份英文杂志。

这个项目从一开始就饱受争议。教师抱怨我用公共资源建立了一个将多数人排除在外、只服务于富家子弟的项目。我没有认识到这种批评的合理性，反而很生气。我反驳说这个项目是课程改革的实验，对所有学生都有好处。我的意图是好的，但是我不够成熟，沟通不够成功。雪上加霜的是，我当时还认为学校多数教师又懒又平庸。两年后，我得罪了太多人，被开除了。

幸运的是，国际教育在中国开始快速发展。2010 年，我到北大附中建立国际部。与深圳中学不同，北大附中国际部是收费的，因此我得以避免在深圳中学时面对的指责。但我仍然不肯和学校已有的教师合作，而是聘用新教师。最后，我在 2012 年 7 月又被开除了。

我花了很长时间反思。深圳中学和北大附中的老师批评我做事没有计划、思虑不周，他们是对的。

接下来又发生了奇怪的事。我在深圳中学的学生被很多名校录取——耶鲁大学、沃顿商学院、布朗大学、康奈尔大学等。他们进入大学后，敢于提问、敢于尝试、敢于梦想，给教授留下了很好的印象。有一个学生进入沃顿商学院——沃伦·巴菲特（Warren Buffett）的母校、美国最好的商学院——学习金融，但她毕业后没有去华尔街，而是忠实于内心的梦想，去做了一名记者。

我的这批学生影响深远。今天，深圳中学的国际项目可以说在中国南方名列前茅，学生源源不断地进入美国著名大学，包括斯坦福和哈佛一类的名校。

为什么这个项目这么成功呢？经过反思，我认为这是因为深圳中学的国际项目拓展了学生对“可能”的定义。我最开始提出这一项目的构想时，学生觉得这是白日做梦，但我们一起一点一滴将它建设起来了。这让学生觉得，只要敢于梦想、努力奋斗，一切都有可能。

于是我想，如果学生能做到这一点，那老师呢？如果我能拓展老师的思维，教育变革不就能可持续、规模化了吗？

多年之后的今天，我理解了事情的本质：我以为自己给中国学校带来了新思想，其实我原来的工作方式像是对学校的入侵，虽然能攻城略地，却水土不服。如果我想要实现提升中国学校创造力的梦想，就需要学会和教师合作。于是我走南闯北，寻找这样的机会。

这就是我 2017 年春来到成都的原因。我有一个想要测试和改进的课程与教学模型，即游戏化模型，而成都的学校想要创新。我专注地与成都的老师合作，将游戏化教学模型推向规模化。在之后的两年中，我在不同的学校尝试了不同的培训策略。

在成都市同辉（国际）学校，我开发了一个创业课程，培训老师们教学生做市场调查、写商业计划。在晋阳小学，我教两个四年级班写英文绘本故事。在成都市实验小学，我和两个老师一起开发密室脱逃课程。

虽然老师们对我评价很高，但我感到没有获得预期的影响。我虽然给他们带来了有趣的经历，但是没能改变那些决定他们根本教学方式的神经突触连接。经过反复实验，我终于找到了一个方法——教老师科学。

3. 科学革命

如果把人类科技的发展用图表来表示，我们会发现在几千年的时间里，曲线几乎是平坦的。然后在一个转折期，科技发展曲线会急剧上升。这个时期起始于 1543 年哥白尼（Nicolaus Copernicus）《天体运行论》的发表，结束于 1687 年牛顿（Isaac Newton）《自然哲学的数学原理》的发表。这就是科学革命。

科学革命之前，科学是宗教的奴仆。哲学家亚里士多德（Aristotle）和天文学家托勒密（Claudius Ptolemy）的理论被教会奉为信条，决定了科学家理解世界的方式。当哥白尼这位喜欢观测天文的公务员发表了日心说的时候，托勒密的天文模型仍然占据统治地位，因此他的学说没有引起多少注意。哥白尼本人敬畏天主教会的权威，在他的支持者催促了几十年、自己即将走向死亡的时候才同意发表著作。

之后的几十年间，一些天文学家接纳了日心说，其中最著名的是第谷（Tycho Brahe）和开普勒（Johannes Kepler）。与此同时，宗教改革也挑战了天主教会的权力，北欧各国、德国和英格兰逐渐脱离了梵蒂冈的精神轨道。这一切都为新思想的传播创造了机会。此后，欧洲国家在战争中发现，科学是有力的盟友。由于各国政府的巨额投资，科学开始独立于哲学和宗教，科学家也不断开发新的精密仪器、开拓新的科学领域（如物理学），给予日心说更多的支持。

到了伽利略（Galileo Galilei）的时代，罗马教会开始反击日心说。伽利略生于1564年，出身于音乐世家，从小就擅于发现大自然隐藏的规律。在父亲演奏的时候，他能看到音乐的数学美，体会到令感官迷醉的声波的对称性。父亲虽然知道儿子热爱科学和数学，但因为经济条件所限，坚持让他学医。但即使在学医时，伽利略也能看到数学在周围流淌回旋。

传说在一个刮风的晚上，伽利略坐在一间大厅里，观察到风吹得吊灯摇摆作响，很快发现了其中的某种韵律。他冲回家，将一长一短两个钟摆组合在一起，利用它们摆动的韵律造了一个时钟。伽利略天赋卓越，很快便成为著名科学家，获得了教皇的资助。

伽利略有发现自然奥秘的天赋，也有激怒那些智力不如他的人的天赋。他通过对潮汐的研究，发现了地心说要想成立是不可能的，于是与教会的神学家们陷入了激烈的争论。他的对手向宗教裁判所举报了他。

1615年，宗教裁判所裁决日心说为异端邪说。由于知道伽利略受教皇庇护，宗教裁判所告诉伽利略，只要他不公开宣扬日心说，就可以继续进行研究。然而1632年，伽利略还是发表了一篇宣扬日心说的文章。这种公开反叛的行为使他遭到逮捕。1633年，他被定罪，遭到终身软禁，直到1642年死去。今天，他追求真理、绝不妥协的行为被我们铭记。

1687年，牛顿发表了《自然哲学的数学原理》，平息了人们对日心说的一切质疑。这时，科学的力量战胜了教会。

4. 无知的革命

科学革命质疑一切，从数据和证据中寻求真理，通过这种方式打开了人类的心智。以色列作家尤瓦尔·赫拉利（Yuval Noah Harari）在《人类简史：从动物到上帝》（*Sapiens: A Brief History of Humankind*）中说：

> 科学革命并不是“知识的革命”，而是“无知的革命”。真正让科学革命起步的伟大发现，就是发现“人类对于最重要的问题其实毫无所知”。[1]

在科学革命中，一种工作流程随之成形，被称为科学方法。科学方法将质疑和反思的过程制度化，是科学革命最具影响力的突破。

要理解这一点，让我们再次回顾第五章讨论的邓宁和克鲁格的研究。他们的研究表明，自我质疑是学习过程中最难的部分。我们在本书第二部分曾经讨论过，我们的大脑天生擅长制造种种虚构的故事，使我们虚荣心膨胀。人类太以自我为中心了，以至于邓宁和克鲁格发现，自我质疑这件事是不能直接教的，最有效地提高自我评估水平的方法是提升能力。学生“在获得更高能力后对自我评估更加谨慎”[2]，邓宁写道。

这似乎陷入了某种循环：我们需要反思才能改进，但改进后才能学会反思。难怪学习这么难。

科学方法能够帮助科学家迅速学会反思，因为它把质疑作为整个工作流程中不可或缺的一部分。尤其是这种工作流程还要求科学家做实验、收集数据，以便发现自己观点的不足和局限。接下来他们需要在专业会议上讲述他们的观点和发现，供同行提出质疑。最后，他们发表自己的观点，供整个科学界评议。

正因为有这种将质疑和反思制度化的方法，科学才能够引导人类前进。

5. STEAM 教育

为了使教育变革规模化，我决定将科学精神引入教育。如果要改变教师教学的实践，就需要将教师培训结构化，复制科学革命的方法，引入自我发现与自我启蒙的精神。为了破译自然的奥秘，教师需要与现实迎头相撞，才能摆脱过去的偏见，重构突触连接，形成自我质疑和自我反思的习惯。

我发现这种方式类似于很多科学家做出新发现的方式：无心插柳柳成荫。2017 年 9 月，我受邀来到成都市金牛区机关第三幼儿园（以下简称第三幼儿园），培训教师开发 STEAM 课程。我从来没教过 STEAM，也没教过幼儿园，但我之前也从来没有在大学教过计算机，这并没有阻挡我在清华大学教 Nand2Tetris 课程。因此我答应第三幼儿园每月举办一次教师培训，然后上网寻找 STEAM 课程相关的点子。

在第三幼儿园的第一次培训里，我把 20 名老师分成 4 组，向他们展示一张桌子：桌子一侧是用纸杯以 3-2-1 方式堆成的金字塔；桌子中间是用空易拉罐以同样方式堆成的金字塔；桌子另一侧是一大瓶水。我给每组各发了一个较重的石球、3 个乒乓球、3 个大的泡沫塑料球。

然后我向各组解释规则。他们需要使用这些材料制造一个远程武器来破坏目标。每个球只能用一次，从一米远外的另一张桌子上发射。打倒一个纸杯得 1 分，打倒所有纸杯分数加倍。打倒空易拉罐也一样。打倒大瓶水可以得 30 分。实验如下图所示：

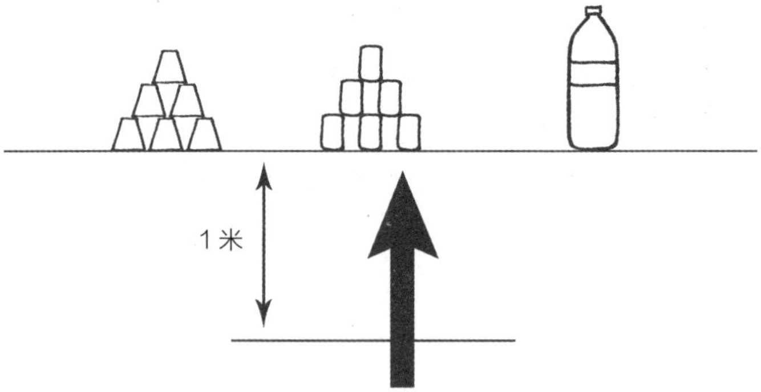

然后我给每组发了 200 元代币，向他们展示可以购买的物品：塑料管、橡皮筋、气球、金属勺子、筷子、塑料扑克牌，以及我从周围教室找来的其他东西。我告诉老师们，他们有一天时间准备，而且可以使用

200 元代币购买各种材料。大家理解规则后，我就让大家开始购买材料、制造武器。

半小时后，我集合大家，检查大家的武器。我没有对大家的设计发表评论，只是把一个纸杯放在椅子上，让各组把它打倒。各组都失败了。他们的设计各不相同，失败的原因也多种多样。我们一起检查不同的设计，寻找问题所在。底座是否够重？发射装置是否有足够弹性、是否够坚固？我向老师们介绍了能量、力、质量、速度、精确性等概念。

为加深理解，我让老师们将双手举过头顶投掷一个足球。他们可以感觉到，要想将球掷远，需要两腿分开站立，这样才能对身体形成稳定的支撑。手臂要直、要用力，这样才能控制方向，而且要用腰部的力量才能投得远。这实际上是把身体转换为一个弹射器。通过这种方式，教师理解了攻城武器的原理。

第一轮讨论后，各组回去继续调整并测试。

6. 与现实迎头相撞

有一个老师来问我，为什么不能用最大的球射最重的那瓶水。我给他一个大泡沫塑料球，让他用力扔向水瓶。他用了最大力气，可球击中水瓶后就弹开了。他亲眼观察到牛顿第一运动定律的现象，了解到要想改变水瓶的静止状态，需要做很大的功，而功和质量相关。泡沫球的质量太小了。他与现实迎头相撞，从中学到了东西。

随着讨论的深入，老师们越来越能理解科学方法的作用。第二轮讨论中，我指出武器的底部不够牢固，导致投掷落点不精确。一个老师不同意，于是我让她向同一个方向射乒乓球 3 次，每一次球都落在不同的位置。可她坚持说球落在同一个位置，至少她的眼睛是这么告诉她的。

本书第二部分中我们曾讨论，感官会愚弄我们。因为感官与生俱来的工作方式并不是准确地捕捉现实、让我们更好地适应现实，而是扭曲现实、让现实更好地适应我们的理解。很多人不能接受这一点。如果我对第三幼儿园的老师这么讲，他们也不会接受。但当他们亲眼看到那位同事的眼睛如何愚弄了她自己，他们就可以理解，眼睛是多么不可靠。

我还告诉他们，运气（或所谓的干扰）对结果也有重要的影响。科学需要可重复的结果。

第一次培训很成功。老师们现在熟悉了 STEAM 的问题解决过程：

- 识别挑战或问题。
- 提出解决方案。
- 通过实验收集数据。
- 对设计中存在的问题进行自我评估。
- 调整解决方案。
- 重复以上过程，直到方案最优（使用的资源最少，且能够快速、安全、可靠地解决问题）。

第二次培训中，我给他们两个新的挑战：第一天，他们需要用一个大塑料瓶造一辆车，车跑得最快的组获胜；第二天，他们需要从三楼阳台上抛掷鸡蛋，且确保鸡蛋飞过院子而落地不碎，使用资源最少的组获胜。

第一个挑战中，我给每个组都发了同样的材料，提供了同样的设计。瓶子需要剪开做车的底座，四个瓶盖做轮子，两根木棍把轮子连接在一起，一个风扇给车提供动力，很多橡皮筋给风扇提供动力。老师面对的挑战主要是通过不断测试优化设计。如下图所示：

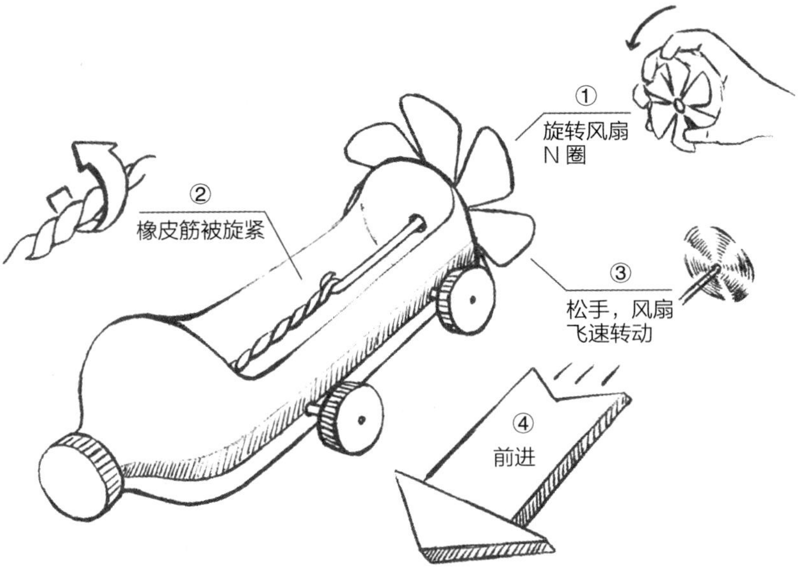

他们需要解决三个问题：一是以有效的方式产生并传输动能，为此需要让风扇对称，减少摩擦；二是减少轮子的摩擦；三是确保车走直线。这个任务很难，有一组连车都没有造好。

7. 打碎鸡蛋

第二个挑战是扔蛋挑战的变种。一般的扔蛋挑战是让鸡蛋从高处落下不碎。我增加了难度，让各小组从三楼把鸡蛋平抛过院子而不碎。

每个组都低估了这个任务的难度，以为很容易做到。我没有和他们争论，只是让他们测试自己的解决方案——打碎多少个蛋都可以。有一组把鸡蛋包在层层气球中，结果把蛋扔出去的时候，发现只能扔出目标距离的一半。另外一组在塑料袋中装满水，把鸡蛋放在水里，扔出去后发现袋子和蛋都摔裂了。我想要老师尽可能地与现实迎头相撞，这样他们才能发现物理学中隐藏的基本规律。

我向团队解释，关键在于要制造一个受力均匀且能运动较长距离的装置。我提出一些建议，例如把网球装在飞行装置的边缘，或者用橡皮筋把鸡蛋固定在装置的中间。我建议他们要增大装置内部的缓冲力，而且要保证整个装置的平衡与对称，这样才能减少干扰因素的影响。

各组都成功地把鸡蛋抛过了院子。做到这点并不难，难的是要尽量少用材料。在造车任务中最后一名的小组获得了第一。我问他们是怎么做到的，他们说因为之前失败了，很不甘心，所以这一次提前做了研究，准备了多种方案。他们遵循科学方法，打碎了很多鸡蛋，不断收集数据，优化解决方案。以下是他们工作流程的示意图：

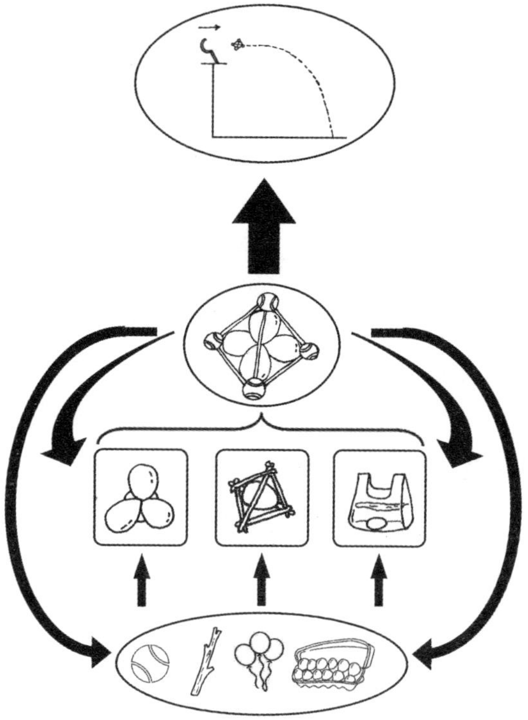

而那个花时间最长、用材料最多的小组，却是造车挑战的第一名。他们之所以最后一个完成，就是因为不肯像另外那个小组一样打碎鸡蛋。培训过半时，我发现他们连一个蛋都没有打碎，催他们赶紧开始。他们赶我走，往他们的装置上缠绕一层又一层保护层，以确保不会失败。

这再次证实了卡罗尔·德韦克的正确——那些曾经受到夸奖的学生不想输，所以不愿意犯错误，然而错误能帮助他们在未来成功。我很注意不要伤害老师的内部动机，所以我只夸奖团队，而且是表扬他们的工作流程。事后经过反思，我决定彻底避免将竞争作为反馈的一部分。

8. 创造的过程

在下一次培训中，我向各组提出挑战，让他们从三楼扔东西下去，任何东西都可以，唯一的要求是物体必须在第 5 秒的时候落地。每组都遵循科学方法，试了很多不同的策略，收集了数据。他们很快就发现，气球和塑料袋等太轻的东西下落时会受到风的干扰，结果不稳定。太重的东西又会落地太快。所以他们必须学会分配重量，减少干扰。

一个组做了一个降落伞，他们发现可以通过增加配重改变速度。另一组先用许多气球组成花瓣形状，然后在外层包裹保鲜膜以减少风的干扰，最后在中间逐渐增加配重来控制时间。等他们都有了成功的设计，我让小组互换设计方案，寻找进一步优化的方法。取消任务中的竞争元素后，我发现每个老师的内部动机都提升了，也更享受培训的过程了。

在这段时间里，第三幼儿园的老师和我一起不断调整方法，创造了最有助于解决 STEAM 问题的工作流程：

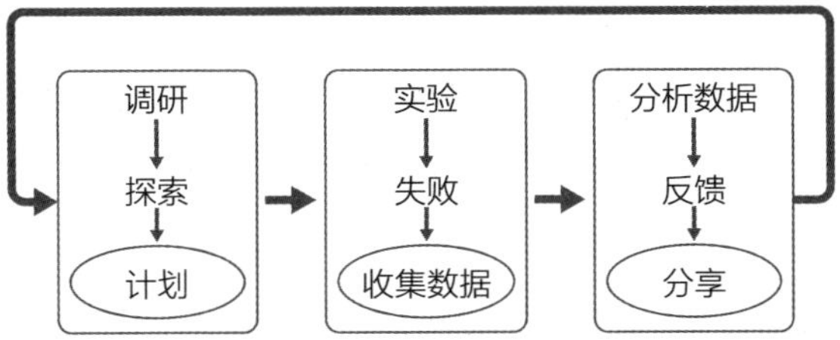

第一步，教师上网进行研究，探索解决问题的多种策略。我们发

现，准备多种策略，比只准备一种最有效的策略更好。这一点与阿莱克斯·彭特兰对于最优团队表现的研究相吻合。

第二步，教师进行实验、收集数据。正如安德斯·埃里克森指出的，失败比成功提供的信息更有用、更丰富。

第三步，教师花时间分析数据，与其他团队分享发现。分享的过程帮助教师更清晰地思考自己的不足之处以及改进的方法。他们还能从其他团队的发现中学习。

9. 新的教学方式

向第三幼儿园的老师教授科学方法的过程改变了他们看世界的方式。随着培训次数的增加，他们对科学的理解急速增长，发现设计缺陷的能力也迅速提升，这令我深感惊讶。

老师们在亲自体验了科学方法之后，也将其融入课程设计。他们写下每节课的学习目标，并将其分解成能够用游戏化教学实现的小部分。他们在教室中测试课程计划，邀请其他老师来听课并提供反馈。

听起来像刻意练习，对不对？刻意练习之所以有效，就是因为它将科学方法用于学习。

这种备课的方法效果惊人。我听了一堂课，学生是五岁孩子，内容是静电。通常在这样的课堂上，老师会向学生解释什么是静电，让学生重复；然后可能会放一段视频、做一个演示，让学生坐在下面听。但在这堂课上，老师一开始就给学生设置了一个挑战。他向学生展示了一个气球和一块黑板，然后提出这样的问题：怎么才能让气球贴在黑板上不掉下来？

他耐心地看着一个又一个学生失败，直到有一个学生用气球在头上摩擦后，成功地把气球贴在了黑板上。然后他让每个学生都用这种方法获得了成功。之后他们又讨论了静电的概念和原理，在塑料管、毛衣、窗帘等不同材料上摩擦气球，比较气球在黑板上贴住时间的长短。

接着，为了进一步巩固学习成果，老师把学生分成两组，每组发一些小气球，让他们在一分钟内在黑板上尽可能多地贴气球。完成这个任务之后，又让两组反思自己采用方法的优缺点。

之后，老师把学生分成四组，每组发一根塑料管，让学生使它带电，并测试能贴在上面的材料。整个过程中，学生需要做记录，并报告他们的研究发现。

整堂课上学生非常投入，学习内驱力很强。我可以感受到，学生对科学产生了一种深度的好奇心。很多学生可能回家后还会做实验，并逐渐体会到物理学的逻辑，甚至有一些学生可能会像伽利略一样迷上科学。

我建议老师们避免单向讲授，避免数学这样的抽象概念，围绕学生熟悉的日常事物来设计课程的结构。

有一个老师问我如何教化学，我回答我会通过教学生做饭的方式来进行。可以说厨师就是化学家，能用不同的材料和热量，将食物转化成某种令人愉快的混合物。物理学家能看到自然的隐藏逻辑，厨师则能看到食物和热量互相作用、产生迷人味道的隐藏逻辑。

怎么教生物呢？也许可以让学生造一个蚂蚁农场，或者带学生访问真的农场，观察动物和植物在生态系统中的相互作用。

我告诉第三幼儿园的老师们，运动也有助于发展科学的思维。当篮球运动员投篮的时候，他把身体转化为投射器，他的头脑需要计算身体的准确动作，以及用多少力量推动球。归根结底，进化使我们的身体成为我们最有效的工具。

如果读伟大科学家的传记，我们会发现，很多科学家在乡野中长大，与自然很亲近，也有很多科学家年轻时是运动员。很少有人是通过看书成为科学家的。他们在和现实迎头相撞的过程中学习科学，变得谦虚且充满智慧。

伽利略为科学做出了巨大的贡献，因为他不断实验，无惧失败。今天，科学已经成为我们生活中不可或缺的一部分，我们对此已经习以为常。但是在伽利略的时代，主流科学家对于实验和科学观点的修正持蹙眉反对的态度。阿瑟·科斯特勒（Arthur Koestler）在《梦游者》

（*Sleepwalkers*）一书中指出，伽利略最重要的敌人并不是天主教会，而是奉亚里士多德思想为正统的科学共同体。

> 但是有一群人对伽利略的敌意从未减退：大学里的亚里士多德学派。心智固化、拒绝创新并不是像有些人以为的那样，主要体现在无知大众身上——事实上如果大众的想象力被激发，他们的观点很容易改变——而是主要体现在固守利益、垄断知识的专业人士身上。创新对学术界的庸人有双重威胁：首先威胁了他们神圣的权威，其次激发出一种深层的恐惧，他们恐惧辛苦建成的整个学术大厦将要崩塌。学术界的保守力量始终是缠绕天才的诅咒，从阿里斯塔克斯到达尔文再到弗洛伊德都深受其苦。千百年来，庸俗学者构成了顽固而恶意的大军。[3]

为更好地理解这一点，让我们回顾麻省理工学院黑客的故事。为什么麻省理工学院的教授那么支持这些年轻的叛逆者？部分原因是，他们逐渐发现牧师——管理“巨人”的工程师和研究生——已经无力创新。牧师限制别人使用计算机，以此获得权力。他们对普及计算机没有兴趣，却发明神秘的仪式、晦涩的语言和复杂的规则，确保只有他们自己才能使用“巨人”。

人类历史上任何将自己与大众割裂的知识精英都是如此。他们发现了新的知识，从中获得了权力，然后就试图保护他们的秘密，不让别人进入自己的疆域。他们把知识变成只有自己才理解的晦涩术语，然后教给亲自挑选并控制的学生。

当伽利略横空出世、开始实验的时候，他不仅发现了新知识，更撕裂了功成名就的科学家所刻意构建的知识领地。

在本书中我们讨论了人类创造力的三个例子：拓荒者精神、诗人的想象力和黑客伦理。三者都是对人类生活中的官僚主义做出的某种回应：美国的拓荒者逃向西部，逃离东海岸日益加剧的不平等；诗人给已经沦为陈词滥调的语言赋予新的生命力；黑客伦理则是对垄断计算机的牧师的直接回应。

我们更需要了解，所有的创新或早或晚都会腐败退化，成为僵硬的教条。最初来到美国的欧洲移民，在建立一种社会等级制度来保护自己的特权之前，本来是最初的拓荒者；陈词滥调曾经是生动的比喻；而牧师对计算机技术性的操控曾有助于提升社会效率。

那些与伽利略对立、想要将科学革命扼杀于襁褓中的亚里士多德学派的学者呢？他们曾经将欧洲从中世纪的黑暗中解放出来，在欧洲恢复了学习和读写的传统。

今天的精英制也是如此。它曾经是一种创新性的有益的社会制度，但如今已经腐朽退化为精英人群的故步自封。社会要革新，精英制就必须终结。

如果我们真心想让学生成为学习和命运的主人，我们就必须直面现实，承认我们的学校已经成为一种广义的官僚机构的现实。我们需要让我们的学生像伽利略和麻省理工学院的黑客一样，自由实验，自由探索。从本质上来说，就是让他们去撕裂教育者刻意构建的知识领地。这很难。但今天在气候变化、经济不平等和人工智能崛起等危机面前，我们别无选择，唯有信任孩子们的创造力。在最后两章中，我将就学校如何释放每个孩子的创造力勾画一幅蓝图。

第十五章 游戏化教学

1. 通向创造之路

本章中我们可以把前面讨论的所有内容整合到一起，通过游戏化的课程设计培养学生的创造力。首先，让我们回顾一下第十二章讨论的关于创造力的三个要点：

- 创造力事关终身学习。创造力是旅程，不是终点；是改善，不是完美。重要的是让学生学会如何学习。约翰·穆勒和阿莱克斯·彭特兰都主张，创造力是探索和自我反思的结合。
- 创造力事关学习机会。创造力意味着帮助每个人成为更好的自己。任何人都可以创造，那些边缘人群往往最有创造力。有创造力的社会欢迎每个人。印刷革命开启了学习和读写民主化的过程，计算机革命的开始也是为了让人人都获得使用计算机的机会。在培育创造力的过程中，让人人都获得发展创造力的机会至关重要。
- 创造力事关平等。每个人都有权利接受有创造力的教育，学校需要修复穷人和富人之间在安全感、读写能力和学业成绩上的裂痕。詹姆斯·科南特“机会平等”的观点是错误的，给予富人和穷人平等机会，富人就会垄断学习。“条件平等”则意味着学习芬兰，建设能够超越学生社会经济背景的学校体系。

如何建设有创造力的学校，帮助每个孩子成功？为此我绘制了一张蓝图：

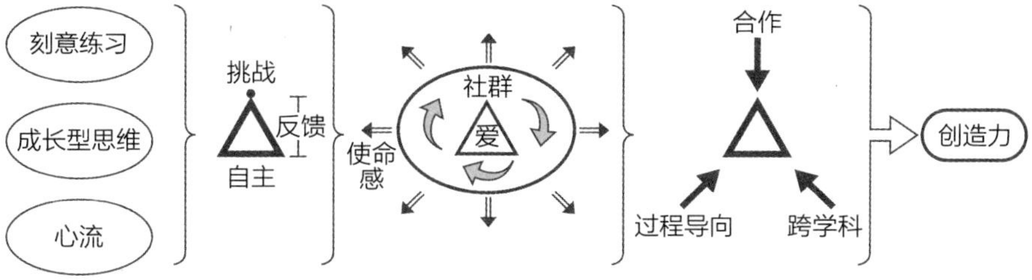

这一蓝图的主要观点是：

- 在本书的第一部分，卡罗尔·德韦克的成长型思维理论告诉我们成功者的特质。在本书的第二部分，K. 安德斯·埃里克森的刻意练习理论帮助我们掌握任何技能。在本书的第三部分，米哈里·契克森米哈赖的心流理论解释了创造力的表现。我们需要将这三种理论用于课堂。
- 为此，我们需要认识到，成长型思维、刻意练习和心流有三个共同的因素：第一，学生需要有学习的内动力，这意味着要赋予他们自主权；第二，学生需要应对适合他们能力水平的挑战；第三，为确保学生一直保有学习的内动力，且坚持不懈，教师需要提供适当的反馈。这三点相结合就形成了我们的游戏化教学三角模型，在本章中我们将详细讨论。
- 仅仅在课程中加入成长型思维、刻意练习和心流还不够。在本书第一部分中，我们讨论了富学生比穷学生有优势。尽管仅依靠教师和学校自身的力量，不足以消除贫富分化，但教师和学校应为此努力。这也意味着我们需要平等地爱每一个学生，让所有学生都有安全感，帮助他们学会尊重彼此，建设社群，用使命感将他们团结在一起。
- 课程应该如何培养学生的创造力呢？应重视合作的、跨学科的、过程导向的学习。在最后一章中，我们将讨论如何通过评价，在课堂上促进这样的学习。

接下来让我们具体讨论。

2. 游戏化教学

在游戏化教学中，教师的角色从答案提供者转化为问题提出者。这一点说起来容易，但做起来难。两种教学模式的主要区别如下表所示：

	提供答案	提出问题
· 教学的重点是什么？	向学生解释正确的答案或正确的方法，供学生记忆。	提出开放性问题或复杂的挑战，迫使学生自主思考。
· 教师的职能是什么？	教师是教学的中心和焦点。	教师从旁提供反馈和指导。
· 这种教学模式的优点是什么？	能够低成本、高效率地将信息传递给大量学生；通过测验来收集数据、改进教学比较容易；选拔并培训教师的过程成本低、可复制、简单易操作。	学生能成为学习的主动参与者，从而成为有创造力的终身学习者；学生更有学习的动力，教师也更有改进的动力。
· 这种教学模式的主要缺点是什么？	过分强调外部学习动机，容易摧毁学生对学习的热爱和好奇心。	可能会导致混乱的课堂体验，学生没有学到任何东西；这种模式未经验证。
· 在这种教学模式下，什么样的教师是合格的教师？	精通学科知识。	有好奇心、爱学习、谦虚、有韧性、有自我反思的能力。
· 大规模应用这种模式成本如何？	成本低。	非常昂贵，需要雇用新一代的教师，给他们付高工资，并提供大量培训。
· 这种模式如何大规模推行？	已经在大规模使用了。	通过教育先行者、实验学校、新教师培训、新课程模型来推行，不断实验。
· 谁最反对这种模式？	雇主对这种教育模式培养出的学生不满意；学生多数缺乏学习动力。	家长害怕这种教育模式带来的不确定性；教师对这种模式的实验性和变革本质有抗拒心理。

如今全球已形成共识——学校必须从“粉笔和讲台”模式向项目式学习模式转变，但少有人知道到底应该怎么做。可能还需要几十年时间的试验，解决方案才能大规模推行。基于多年经验，我开发了一种游戏化教学模型，我相信它将成为培养创造力的一个强大工具。但工具只是工具，最大的挑战是教师在课堂上的有效运用。

3. 游戏化教学三角模型

下图展示了我的游戏化教学模型：

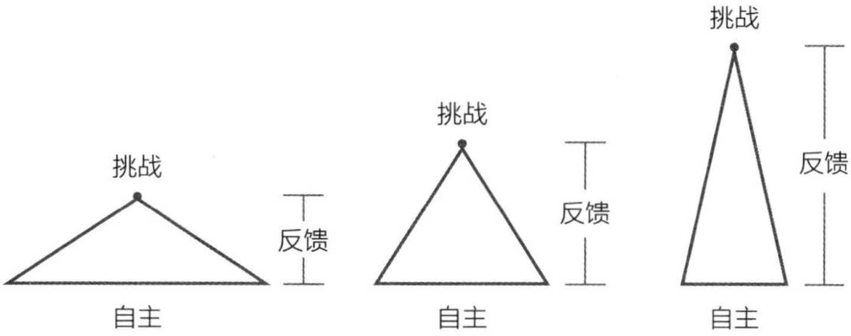

该模型受到心流理论的影响，其主要特征如下：

- 自主、挑战和反馈是三个相互连接的元素。
- 自主即让学生掌控学习。这并不是说教师就可以不管不顾了，而是说教师要了解学生的能力水平，通过设计难度逐渐增加的挑战并提供反馈来帮助学生学习。
- 挑战的水平必须超过学生现有的能力水平，如果等同于或低于学生的能力水平，学生就会感到无聊，三角形就会崩塌。
- 反馈是最重要的因素，可理解为教师介入学生学习的程度。所需反馈的多少由挑战与学生的能力水平之间的差距决定。

- 游戏化教学有三种状态（如上图所示）：第一种状态中，学生自主性高，反馈少，因为挑战难度低；第三种状态中，学生自主性低、反馈多，因为挑战难度太高。第二种状态是适中的状态。
- 游戏化教学的三角模型是一个启发式的模型，没有固定的程序。教师需要运用自己的判断力来做决策。如果教师感到挑战太难或太容易，他们可以自行调整，保持三角区域的整体性。如果降低挑战难度，就需要提升自主性、减少反馈；如果提高挑战的难度则反之。
- 游戏化教学很适合采取团队教学的形式。例如，一名教师设定挑战，其他教师在教室中走动，提供个性化的反馈。
- 游戏化教学允许教师开展个别化教学。教师可以为同一个挑战设计不同的难度，以适应不同学生的能力水平。

4. 游戏化教学的实例

我们在第十三章和第十四章中讨论了游戏化教学的实例。

- Nand2Tetris 是一个游戏化教学的典型例子。该课程的目的是通过让学生一步步创建自己的计算机，教学生学会计算思维。
- 我在八中的精读阅读工作坊是将文学或历史游戏化的例子。通过回答问题或重写文本，学生成为用放大镜搜索文本线索的侦探。
- STEAM 和项目式学习是如今最流行的游戏化学习的例子。教师需要提出真实世界的挑战，让学生一起解决。

让我们以前一章我为第三幼儿园老师提出的 STEAM 任务为例，更好地理解游戏化教学的模型。以下是我为我们所做的所有 STEAM 任务制作的结构示意图：

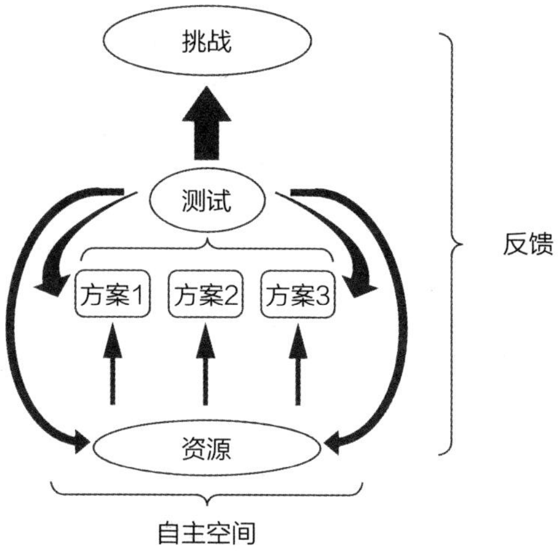

我作为教师的职责是提出挑战、提供反馈。我从不告诉老师们答案，我提供反馈的目的是确保他们遵循工作流程、反思以下问题：

- 我理解这个问题吗？
- 我设计的解决方案用到了哪些资源？我是否能有策略地使用这些资源？
- 我是否测试了解决方案，并通过数据收集和观察来改进方案？
- 如果当前的解决方案不适用，为什么不从头开始，而要持续改进？

让我们用上一章扔鸡蛋的例子来说明这个流程。我要求老师们设计一个装置，保证鸡蛋被扔过整个院子而不碎。为优化解决方案，他们需要遵循一套严格的流程、测试不同的方法、收集数据、理解背后的物理学原理。

尤其重要的是，他们要理解不同材料的功能，并通过整合不同功能的材料来创造优化的方案。如果老师把鸡蛋包裹在气球中，经过测试，他们会发现这个装置飞不远，但鸡蛋确实不会碎，因为气球提供了很好的保护层。如果他们用木棍来造保护层，会发现成败存在随机的因素——如果这个装置的边缘先着地，木棍就会折断。这样他们就会发现，如果在木棍的边缘加上网球，它们就不会折断。

他们制作好一个成功的装置原型后，还需要分析这个装置是否已经足够优化。比如，是否在该用棱柱结构的时候用了正方体结构，是否在用几个气球就能解决问题的情况下在整个装置里面填满了气球？

如果挑战太简单或者太难，我可以通过调整对气球落地位置精度的要求来调整难度。下图显示了扔蛋挑战的不同难度：

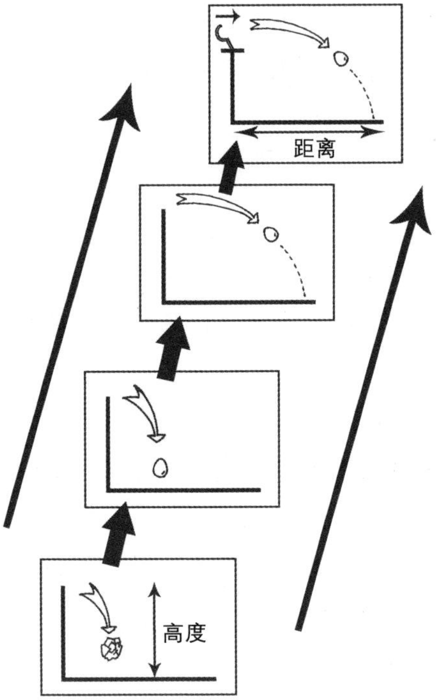

最简单的是从高处投掷物品，要求必须在第5秒钟落地。第二级难度是从高处扔鸡蛋，让鸡蛋平安落地。第三级是将鸡蛋向远处投掷，让鸡蛋横跨整个院子而不碎。第四级是横跨院子投掷鸡蛋并指定落地的位置。

目标越小、越远，任务就越难。为了完成任务，我们需要制造一个弹射器，并且用数学方法计算出放置位置。如果目标非常小，我们就需要使用机器人和电脑。

这一系列难度逐渐增加的工程学挑战（其实任何工程学挑战都一样），反映了武器的发展史。最开始人们使用弹弓、标枪、弓箭，然后是投石机、弩炮等控制性和精度更高的攻城武器，现在则是激光制导炸弹。

5. 让学生学习的更好方法

让我们再次回顾应该让精英制退出历史舞台的三个主要原因：

- 它让学生被外部学习动机驱动，这摧毁了他们的创造力。
- 它强化了穷富学生之间的阶级差异。
- 它让学生相互竞争，对他们的心理健康有很大伤害。

为促进学生的学习，我们可以使用一种更好的教学方式，如下图所示：

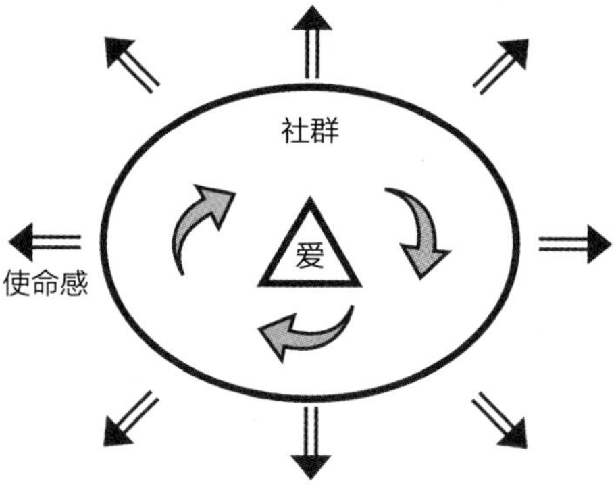

中间的三角形是我们前面提到的游戏化教学三角模型——自主、挑战和反馈，但这一模型本身只是骨架，爱、社群和使命感则构成了灵魂。还记得阿莱克斯·彭特兰关于有效团队合作的社会物理学模型吗？影响团队表现的三个要素是轮流主导对话、说话的语调和探索新思想的频率，本图与之相似。爱与社群构成了游戏化教学存在的环境，使命感使游戏化教学可以发展进化。简单来说，课程需要有深层的社会目标，聚焦于构建学习者的社群，并确保所有学生彼此关心爱护，这可以让他们改变彼此的命运。

6. 爱每个学生

口头上说爱每个学生很容易，教师也都知道要这样做，但爱从本质上说是困难的。为理解这一点，让我们来看看戴维·哈伯斯塔姆的作品《业余爱好者》（*The Amateurs*）：

> （11 岁的蒂夫·伍德和他的父亲理查德·伍德）在新罕布什尔州爬山。在很高的地方他们看到了一个很小的池塘，直径最多 20 英尺（1 英尺≈0.3 米——译者注）。池水冰凉刺骨，池塘上方是非常陡峭的悬崖，大约 30 英尺高。如果要想从悬崖上跳进水池里，动作必须非常完美，不然就会栽到池边的岩石上。理查德看了一眼悬崖，就知道要发生什么——蒂夫肯定想跳水。但问题是，池塘太小了，很容易跳歪。蒂夫说："从那儿跳水的话肯定来劲儿。"理查德说："我就算了。"他看着蒂夫计算距离，想："我要不要阻止他？"最后他决定不，因为他知道自己是无法阻止孩子的。最终蒂夫动作完美地跳进了普通人甚至不会想去游泳的池塘中。[1]

这本书记录了 1984 年美国奥林匹克赛艇队的故事，蒂夫·伍德（Tiff Wood）是书中的主人公。在这一段中，作者着重描写的是蒂夫小时候和父亲之间的关系。

在这里，理查德·伍德（Richard Wood）是怎么表达对孩子的爱的呢？当蒂夫提出想跳水时，父亲既紧张又害怕，但是他尊重了孩子的愿望，努力保持平静。我们可以想象孩子跳水之后的情景：两人继续向前走，就像什么都没有发生过一样。两人不像父子，更像情感彼此调谐的好朋友。

爱并不是任意向孩子挥洒赞美，注意他们的一举一动，而是尊重他们的选择，相信他们能打赢自己的战役。听起来是否很熟悉？这就是我们在本书第一部分讨论的"安全基地模型"：

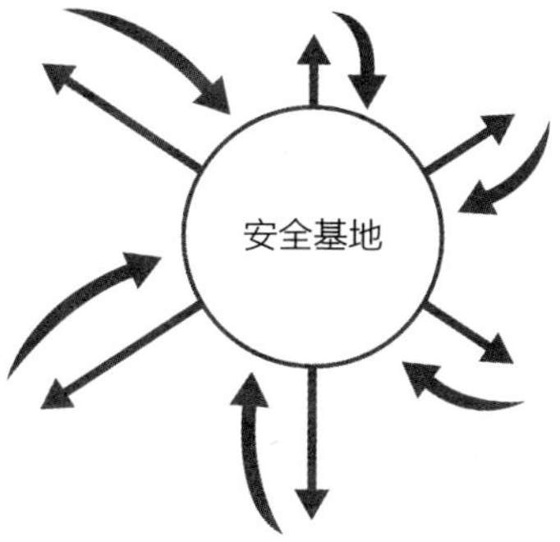

要在教室中应用“安全基地模型”，教师需要与学生情感调谐。教师要记得，父亲往往并不是从一开始就爱婴儿的。父亲通过亲密的行为，如抚摸、陪婴儿玩耍、和婴儿一起开怀大笑等，和婴儿情感调谐。教师也可以应用以下三个简单的方法与学生情感调谐：

- 以拥抱或握手向每一位学生致意。
- 每天至少一次，向每一位学生真心微笑。列一张清单，以确保你没有忽略任何学生。
- 和学生一起大笑，越多越好。

1995 年，印度医生马丹·卡塔里亚（Madan Kataria）在孟买的一家公园做了一个实验。他有个可笑的主意：作为一名医生，他知道笑对身体有很大好处，那么如果一群人一起笑，不就是特别有利于健康吗？

于是卡塔里亚到一家公园里尝试这个方法。他说服了四个陌生人和他一起大笑。他没有准备笑话，也没有做滑稽的表情，只是强行大笑，还鼓励四位新朋友和他一起笑。没过多久，因为笑能传染，也因为大脑无法区分假笑和真笑，他们真的开始大笑了。路人也产生了兴趣，加入了他们。他们决定每天早上集合，一起笑。现在，全世界有超过 5000 个大笑俱乐部。

研究者对这些大笑俱乐部进行了研究，发现很多人立刻就体会到了大笑的益处。老年人说大笑提升了免疫力，上班族说他们对工作压力的承受力提高了，学生说大笑提升了他们的注意力和记忆力。

牛津大学的研究者认为，大笑之所以对健康有积极作用，原因之一在于它帮助人们建立了情感连接。卡塔里亚与他的大笑伙伴们关系密切，十分关心他们。这证实了我们在本书第一部分中讨论过的哈佛大学幸福研究的结论。

如果老师每天上午和下午都留出 5 分钟和学生一起大笑，会发生什么？我们可以推测，老师会更喜欢学生，学生也会更喜欢老师。学生的学习动力会提高，老师也会更有动力去培养学生的创造力。确实，老师也会犯错误，提出的问题会令学生困惑、沮丧，但因为他们曾经一起欢笑过，所以每个人对失败都会更宽容。老师和学生都将更愿意承担风险、一起克服困难。

7. 建造社群

戴维·哈伯斯塔姆的《业余爱好者》一书关注的要点是奥运选手是怎样炼成的。他们和我们有什么区别？是什么驱动他们取得卓越成就？将他们引向奥运荣耀的，是父母养育他们的方式，还是他们接受的教育？

《纽约时报》记者卡伦·克劳斯（Karen Crouse）在《诺威奇：一个佛蒙特小镇幸福与卓越的秘密》（*Norwich: One Tiny Vermont Town's Secret to Happiness and Excellence*）一书中也提出了这样的问题。美国佛蒙特州的诺威奇只有约 3400 个居民，但过去的 30 年间，每届冬季奥运会都有不止一名运动员来自诺威奇。目前，这个小镇已经产生了 11 名奥运选手，赢得了 3 枚奥运奖牌。对此克劳斯在书中解释，这是因为诺威奇重视社群胜于竞争：

> 诺威奇小镇上的父母喜欢给孩子读书，鼓励孩子发展兴趣爱好。他们做学校志愿者，将运动视为连接家庭的纽带。他们也会参加孩

子的活动，但很容易被忽视，因为他们总是退居幕后。他们称许勤奋努力而非胜利的结果，不但庆祝自己孩子的胜利，也庆祝别人孩子的胜利，从而传达出一个清晰的信号，即社群比竞争更重要。[2]

诺威奇是这样培育冠军的：

- 诺威奇的居民专注于培育孩子对运动的内部动机。
- 为此，他们努力消除外部动机对孩子的影响。他们告诉孩子，运动不是为了赢得奖杯或打破纪录，而是为了锻炼身体、热爱户外、结下终生友谊。
- 居民平等对待每个孩子。在比赛中，每个孩子都能得到所有人的鼓励。这个小镇的运动俱乐部都不设门槛，也就是说每个孩子都可以参加任何运动。在克劳斯观察的一场足球比赛中，一个男孩连进两个球，教练决定将他换下，给别人更多的机会。
- 诺威奇的居民力求培养拥有成长型思维、幸福、健康的孩子，运动是他们实现这一目标的手段。如果一个孩子热爱运动，整个社区都会支持。如果一个孩子爱艺术或者科学，社区也会同等对待。
- 诺威奇的居民有利他思维模式，他们会照顾社区中最弱势的成员，保证每个孩子在成长过程中都有安全感。

让我们举一个具体的例子，来说明诺威奇培育世界级运动员的方式。在诺威奇获得的奥运奖牌中，汉娜·卡尼（Hannah Kearney）赢得了其中两枚：自由式滑雪雪上技巧的 2010 年金牌和 2014 年铜牌。雪上技巧相当于雪上的自由体操，运动员要在空中扭转、翻腾和跳跃。

卡尼从小就很出色，是能上哈佛的那种孩子。如果是在纽约或者洛杉矶，她的父母一定会为她聘请教练，让她早早投身于奥运训练。但在诺威奇，她的父母让她上公立学校，那里的老师担心她过于争强好胜。

汉娜的老师向她父母表达了担忧，担心她小小年纪却太过严肃，所以在她焦躁紧张的时候极力帮她减轻压力。三年级第一天，汉娜走进教室就哭了，因为她得和别人分享同一张桌子，她以为会有自己的桌子。第二年，她的体育老师阻止她在体育测试的时候做太多仰卧起坐，担心她把“能做多少就做多少”的指令理解成“无论如何要做得比别人多”，担心她运动过量会受伤。[3]

卡尼对老师的关心置之不顾，继续把自己推向极限。很快，她就成为世界上最好的雪上技巧选手。19 岁的时候，她参加了 2006 年冬季奥运会。人们都觉得她会获得金牌，因为除了金牌之外不可能是别的。

然而在意大利都灵的这场比赛中，卡尼只获得了第 22 名，是她最糟的战绩。她遭到重创，在接受记者采访的时候掉下了眼泪。在世界面前表现得如此难堪，卡尼觉得已经失去了继续比赛的勇气，但又害怕回家。

克劳斯在书中写道，卡尼回到诺威奇之后发生的事展示了社群具有治愈伤害的强大力量。

汉娜回了家，感到就像折断了翅膀的天使。然而人们对待她的方式是她没有预想到的。当她潜入超市购物时，其他购物者会在货架之间狭窄的过道上拦住她，告诉她，他们为她代表诺威奇走到世界舞台上而自豪。无论她走到哪里，人们的态度都是积极的。他们看起来是真心为她参加奥运会而激动。没有人认为她在场上的表现是一种失败；没有人看到她时躲开视线，说“我们为你难过”。汉娜说：“我 19 岁就参加了奥运会，人们都觉得我非常了不起。”[4]

几周以后，卡尼重返赛场。邻居的关爱与支持给了她力量与信心，让她不再把自己的价值和排名与奖牌联系在一起，让她重拾对运动的热爱。

家乡的支持把汉娜带向四年后的辉煌。在 2010 年温哥华冬奥会上，她又成了天之骄子。比赛当天，她蹲在起跑线上，体会到了在之前的比赛中不曾有过的平静。她的命运将在一分钟内决定，但与 2006 年不同，她知道比赛的结果并不会定义自己的价值。她已经在最大的舞台上失败过了，诺威奇人并没有因此而看轻她。她知道自己并没有什么可失去的，她获得了自由，走向胜利。[5]

学校应该像诺威奇一样，致力于围绕每一个学生建设强大的社群。这种强大的社群应具有以下特征：

- 教师和家长把每个孩子都当成自己的孩子。
- 每个孩子的独特性都能受到尊重，在寻找自己的激情与梦想时都能得到鼓励。
- 每个孩子的幸福和健康都被放在比考试成绩和学业成就更重要的位置上。

如果考察世界上的学校，我们就会发现，好学校往往拥有强大的社群，差学校的社群则较弱。而社群的强弱决定了家长、教师、学校管理者和学生如何看待彼此、如何互动。

	社群强大的学校	社群薄弱的学校
家长	家长积极参与学校活动，帮助学校获得社会资源。	家长疏远冷漠，视与学校相关的事务为负担。
教师	教师有一种强大的使命感，要把每个孩子教好。他们是家长、学生的朋友，同事之间也相处和谐。他们拥有成长型思维。	教师觉得学生懒惰冷漠，害怕家长打电话或者来访，因为这必然是来抱怨的。他们感到任何批评都是对他们的威胁，持固定型思维。
学校领导者	学校领导者致力于创建奖励卓越与创新的学校文化。他们对学校的缺点持开放心态，主动寻求外部人员的建议与反馈。	学校领导者觉得他们和教师、家长、学生处于对立状态，认为学校无法管理，只想尽量减少麻烦、回避冲突，持鸵鸟心态。
学生	学生有安全感，有内在的学习动力，有成长型思维。他们感到只要努力工作，就什么都能做到。	学生感到没有人尊重他们、爱他们、信任他们。他们恨学校，更恨老师。在学校，他们感到无聊又不安，只想“越狱”。

强大的社群多半富足且拥有优质教育。诺威奇的居民都是中产阶级

白人，许多人在几英里之外的达特茅斯学院工作。那么，学校怎么做到无论穷富都能组建强大的社群呢？方法之一是确定使命感，并就这一使命感构建一种强大的叙事。

8. 聚焦使命感

美国文化批评家尼尔·波兹曼（Neil Postman）在其著作《教育的终结：重新定义学校价值》（*The End of Education*：*Redefining the Value of School*）中提出，学校如果想让学生积极参与学校生活，获得学习的激情，就需要将课程转换为叙事。“没有叙事，生命就没有意义。”波兹曼写道，“没有意义，学习就没有使命感。没有使命感，学校就成为监狱。”[6]

怎样设计有叙事、有意义、有使命感的学校？

第三章中，我们曾经讨论过哈里·哈洛的恒河猴实验。受创最深的是曾经遭单独禁闭的猴子，禁闭和隔绝使它们濒临崩溃。于是哈洛提出猜想——亲密感和社群可以使它们康复。用约翰·纳什的话来说，解决的办法在于“自由、安全和友谊”。

研究者将这些受伤的猴子和有强迫性依恋行为的幼猴放在一起。随着时间的推移，它们之间的纽带修复了受损的神经。

我们可以猜想，赋予这些禁闭过的猴子一个使命，对它们情感的修复也有好处。它们现在需要对脆弱的幼猴负责，因此需要控制情绪，使自己成为积极的照顾者。

回顾贝蒂·哈特和托德·里斯利的《意味深长的差异》（*Meaningful Differences in the Everyday Experience of Young American Children*）以及安妮特·拉鲁的《不平等的童年：阶级、种族与家庭生活》，这些作者在书中记录了富人和穷人育儿策略的差异。这些差异在一定程度上解释了为什么富人的孩子更容易通过棉花糖实验，更容易有成长型思维。

哈特和里斯利在书中讨论了能够减弱贫富分化的干预措施，例如密尔沃基项目。另外，芬兰的教育以及哈佛大学教授查尔斯·纳尔逊为罗马尼亚孤儿设计的寄养项目也是成功干预的例子。

但是成功的干预只是少数，还有更多失败的例子。哈特和里斯利写道，由于贫穷家庭所面临的结构性问题，多数干预措施都是无效的。穷父母缺乏稳定工作与社区支持，没有安全感，往往会做出糟糕的人生决策、产生暴力行为。

成功的干预不仅要给穷孩子提供他们父母无法给予的养育方案，还要培育他们父母的安全感。这些都需要巨额的政府投资。而且在富人只顾自己的孩子、不愿帮助他人的精英制下，这几乎是不可能的。

所以让我们进一步发挥创造力。如果我们让孩子自己跨越穷富之间的学业鸿沟会怎样？这是否能给学校带来叙事、意义和使命感？

9. 精英制终结的那一天

尼尔·波兹曼在《教育的终结：重新定义学校价值》中提出了一个思想实验。让我们想象这样的情景。某一天纽约市破产了，市政工人拿不到工资，拒绝工作。城市停摆，经济陷入危机。市长没有办法，只好让学校系统寻找解决方案。学生原本将精力用来攀爬精英制阶梯，现在教师需要引导他们将精力用于拯救社区。下面是波兹曼对接下来会发生的事所做的描述：

> 每周一上午，40万儿童需要清理他们居住的社区。他们清扫街道、清运垃圾，从空地清除杂物，用水管冲洗人行道和墙壁上的灰尘、涂鸦。每周三上午，学生需要美化城市。从自己的学校开始，他们需要种树种花，修剪草坪灌木，粉刷地铁站，修理公共设施。
>
> 每天5000名高中生负责在街道上指挥交通，这样原先指挥交通

的警察就可以全副精力打击犯罪。另有5000名学生负责送邮件。他们很快就可以达到失控之前一天送两次邮件的标准。

几千名学生负责运营托儿所，这样，很多依赖福利度日的年轻母亲就可以去工作了。每个学生在周二和周四还要教两名小学生读写和算术。2万名学生每周要抽出一个下午的时间代替成人做力所能及的工作，这样，这些成人就有时间重返学校学习了。他们如果愿意，也可以去帮助那些拯救城市的孩子们。[7]

很多家长会对这种景象感到惊骇不已。这样他们的孩子不就没法受教育了吗？波兹曼与简·雅各布斯的观点相同。他指出，不是非获得文凭不可。而正是这一点能够解放学生，让他们可以获得真正的教育。

令人惊讶的是，多数学生会发现，他们尽管没有"接受"教育，却创造了不凡的教育。每一天，他们都亲身体验着社会课、地理课、沟通课、生物课，并通过这些体验了解了正派、得体的人应做的事情，知道了无论将来做什么，都必须拥有投身创造宜居城市的信念。最终，年长者被年轻人带动，以全新的热情投入到恢复环境的工作中，至少不再继续破坏环境了。[8]

波兹曼指出，这样的情景暴露了很多问题。最可悲的问题就是，人们终于可以看到，精英制对于社会的正常运转是多么微不足道。

如果否认这一过程暴露的问题，是十分愚蠢的。例如，几千名学生本来可以知道乌拉圭主要河流的名字，现在却将在不知道这些事实的情况下度过余生。数百名教师将感到他们所接受的培训白费了，因为他们如果不在教室里就不知道该如何教育学生。可以想象，要给这些学生的活动打分将十分困难。过不了多久，所有考试都会被取消。这会令很多人不高兴，原因有很多，但最主要的原因是，没有人能区分愚笨的学生和聪明的学生了。[9]

官僚主义者会辩解，波兹曼的设想只是一种不切实际的幻想。没有官僚机构的引导，社会将陷入混乱。然而塞巴斯蒂安·琼格在《部落：返乡与归属》（*Tribe: On Homecoming and Belonging*）一书中指出，社会比官僚主义者设想的更有自适应性。

> 那些受到自然或人为灾害破坏的社区几乎从来不会陷入混乱，恰恰相反，它们变得更公正、更平等，对个人更友好。[10]

琼格以"二战"为例。德国认为入侵英国行不通，于是决定对英国进行大规模空袭，使之屈服，即众所周知的闪电战。德国希望闪电战能够打击英国的士气，让不同的社会阶层为了生存陷入内斗。但事实恰恰相反，闪电战将英国人民团结在一起，振奋了士气。英国人在"二战"期间凝聚的爱、社群与使命感，使战后的英国成为开放、平等、民主的社会。

> 英国历史学家认为，1945 年工党在选举中取得压倒性的投票，以及后来英国建立的全民医疗服务和高福利，与闪电战带来的艰苦历程以及随之而来的社会团结密不可分。数年的贫困加上闪电战的打击，将社会凝聚在一起，使人们不再将商业利益置于人民福祉之先。即使在战争一代逐渐退出历史舞台、玛格丽特·撒切尔（Margaret Thatcher）于 1979 年当选首相之后，这一时代仍未结束。"在每一次巨变中，我们都重新发现人性，重新获得自由。"一位社会学家这样描写英国对战争的反应，"我们重新学到那些古老的真理，关于幸福、无私和简单生活之间的关联。"[11]

琼格指出，迄今研究者还没有发现一个社群在面对灾难时退化为无秩序状态的例子。灾难迫使人们从利己的模式转向利他的模式。人们忘记了曾经割裂他们的阶级、民族、教育差异，看到将他们彼此相连的共通人性。官僚制度虽然为我们提供了许多方便，但也让我们对邻人的需求无动于衷，阻碍了我们在生命中体验爱、社群与使命感。

> 现代世界的美丽与哀愁在于，它消除了许多需要人们为共同福祉而奋斗的情况。一个城市居民被警察和消防员保护，不需要面对绝大多数生存的挑战；他一生也可能从不需要帮助某个处于危险中的人，甚至也从不会三餐不继。同样，在一个将所有的道德行为都融入法律框架的社会，人们从不需要做出威胁自身生命的决定。你将为什么或为谁而甘愿冒死，可能是一个人能自问的最深刻的问题。现代社会中的大多数人可以不用问这个问题，安然度过一生，这是极大的福气，也是极大的损失。说它是一种损失，是因为几万年来，必须面对这个问题是人类定义自身的一种方式；说它是一种福气，是因为比起哪怕是100年前，人们的生命都没有那么艰辛和困苦了。[12]

这一点在我们的学校中体现得尤为真切。除了学习，我们不让学生干任何别的事。他们从来不会遇到危险，没什么可恐惧的，也不需要对社会做出什么贡献，所以没有东西值得他们为之努力。而没有了使命感，学校就成为监狱——正如尼尔·波兹曼对我们的提醒。

如果我们将穷人和富人之间的成就差距视为一场社会危机，并招募我们的学生去解决这场危机，会发生什么？如果我们尝试波兹曼的思想实验，会出现怎样的状况？如果把学校变为社区的中心，让学生照顾幼儿、教社区中的父母学习，又会发生什么？

很可能这将赋予学校爱、社群和使命感，我们的学生，无论穷富，将更有学习的动力。

在这种情境下，他们会收获什么？我们将在最后一章中讨论。

第十六章
精英制之死

1. 合作的天性

为了回答学生能收获什么这一问题，让我们重新回顾上一章介绍过的游戏化教学蓝图：

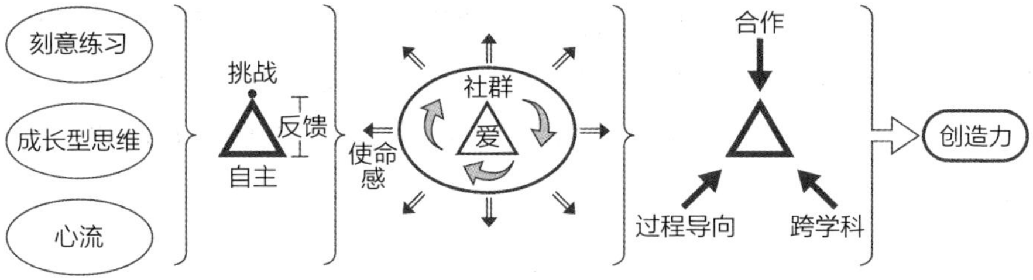

在上一章中，我们讨论了游戏化教学三角模型，也讨论了我们为什么应该围绕爱、社群和使命感来建设学校。本章中，我们将讨论这样的学校如何帮助学生合作，发展跨学科思维，发展问题解决能力，从而培养我们的学生成为富有创造力的终身学习者。

首先让我们来看合作。

当学生通过团队合作解决问题，并且教师鼓励团队成员相互学习的时候，游戏化教学最有效。不幸的是，我们精英制的教育模型追求个人成就。在本书第三部分中我们指出，这对学生的身心健康不利。外部学习动机摧毁了他们的创造力、冒险精神、对学习的热爱、与他人合作的意愿、良知和成长型思维。

官僚制度推崇个体成就，痴迷于数据、测试、指标，想把学生分门别类并排名。一种更阴暗的说法是，成人畏惧儿童天马行空的想象力，强迫性地要控制他们。

英国作家威廉·戈尔丁（William Golding）的《蝇王》（*Lord of the Flies*）充分表述了这种畏惧。在这部发表于 1954 年的小说中，一群男孩因飞机失事滞留在太平洋的一个荒岛上，最终沦落为相互残害的野蛮人。本书使戈尔丁获得了 1983 年的诺贝尔文学奖，成为很多英语国家高中生的必读书（我在 10 年级读了此书）。这部小说传递的信息很清晰：人类的本性是邪恶的，只有文明才能将他们从内心深处的黑暗中拯救出来。

同样在 1954 年，美国研究者进行了如今声名狼藉的“罗伯斯山洞实验”（Robbers Cave Experiment），这个实验几乎再现了《蝇王》的情节。22 名来自中产阶级白人家庭的十一二岁男孩受邀来到美国的罗伯斯山洞国家公园，参加为期三周的夏令营。研究者将他们分成两队（鹰队和响尾蛇队），并组织两队开展竞争。

很快，竞争变得暴力、失控。朱迪斯·里奇·哈里斯（Judith Rich Harris）在其著作《教养的迷思：父母的教养方式能否决定孩子的人格发展？》（*The Nurture Assumption: Why Children Turn Out the Way They Do*）中描述：

> 两队第一次在一场棒球比赛中正式会面时，就开始互叫绰号。比赛之前，响尾蛇队在场上升起了自己的旗帜，他们认为球场是他们的。比赛之后，输掉的鹰队扯下这面旗子烧了。响尾蛇队非常愤怒，教师不得不拉开打架的双方。
>
> 事情每况愈下。鹰队赢了拔河赛后，在夜间遭到了响尾蛇队的袭击。响尾蛇队掀翻了床，撕毁了蚊帐，偷了一些东西——包括一条蓝色牛仔裤，还把这条牛仔裤做成新的旗帜。对此鹰队进行了报复，在白天洗劫了响尾蛇队的木屋。他们认为响尾蛇队应该不在，但还是准备了木棍和球棒以防不测。他们回到自己的木屋后，为防御未来的袭击，准备了装满石头的袜子和很多用于投掷的石头。[1]

戈尔丁的小说和罗伯斯山洞实验强化了教育者的一种想法，即孩子都是难以控制的生物，学校神圣的使命是教化他们，使他们免受邪恶本性的影响。

但是罗伯斯山洞实验的设计和执行存在很多问题。研究者有意引起两队男孩敌对，例如他们安排一队早早来到野餐地点，吃完了所有食物，这必然导致另一队又饿又生气。

因此其他研究者产生了疑问，儿童变得暴力是因为成人没有压制他们的本性，还是因为成人下意识地操纵他们，使其顺应社会的期望？

哈里斯在书中主张，儿童最自然的学习方式就是一起玩耍、互相学习。

她讲述了夏威夷种植园工人的例子。在19世纪晚期，夏威夷从中国、日本、菲律宾、葡萄牙和波多黎各引进了很多廉价劳动力。这些工人彼此语言不通，这实际上是种植园主防止工人组织起来的一个策略。这个策略很有效，工人们只和自己本民族的人交往，而且鼓励他们的孩子也这样做。种植园主认为办学校是不必要的开支，所以工人的子女在父母工作的时候只能自己照顾自己。《蝇王》和罗伯斯山洞实验试图让我们相信，没有成人监管的孩子会很快开战。但事实并非如此。这些夏威夷工人的孩子迅速成为朋友，发明了他们之间独特的语言，用来交流彼此的希望和梦想。[2]

儿童的天性并非竞争，而是合作。因此，人类才得以繁荣昌盛。而精英制却强迫学生相互竞争。

2. 混合视角的创造力

接下来让我们来看学生怎样才能发展跨学科思维。

在第十一章里，我们将科学家、工程师、表达者和企业家的工作流程总结为：

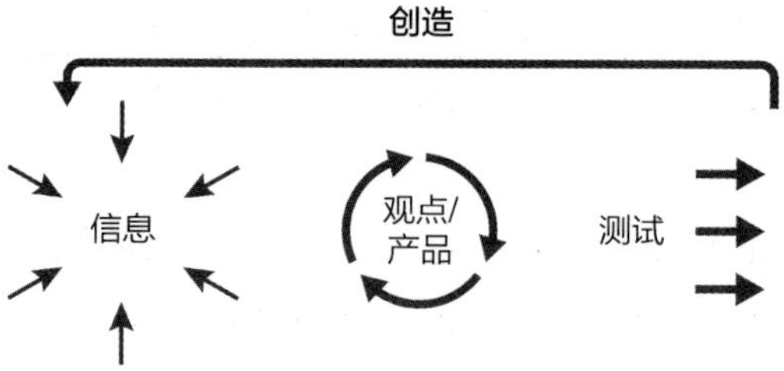

但如果工作流程本质上是相同的，为什么他们工作的产出如此不同？为什么不同领域之间的对话是如此困难，就如同来自不同的星球？这是因为不同领域通过不同的滤镜看待这个世界。例如在信息技术领域，人们关注的焦点是逻辑（尤其是布尔逻辑①）。计算机处理逻辑的速度越来越快，机器学习、机器人、智慧城市等技术得以实现。如下图所示：

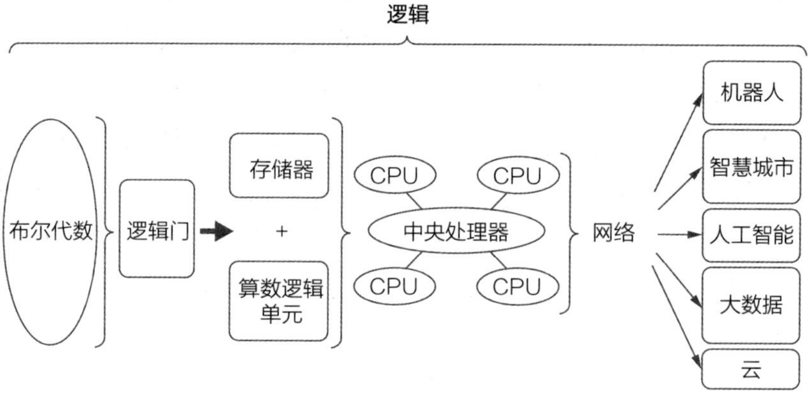

我们在第十四章中讨论过，科学即寻求真理。科学发现可以用两种标准来衡量：优雅性与连贯性。优雅性可以用奥卡姆剃刀原则（Occam's Razor）进行描述，即如果两种相互竞争的理论具有相同的解释力和预测力，则简约的一种更好。连贯性则指新发现与已有科学真理的一致性。

工程学运用科学来操控我们周围的物理环境。科学追求真理，工程

① 布尔逻辑（Boolean Logic）：对逻辑变量进行运算的方法，由英国数学家乔治·布尔（George Boole）提出。布尔逻辑在电子电路中有广泛应用。——译者注

学则追求精确。人类的进步与技术精确性的提升相关，如下图所示：

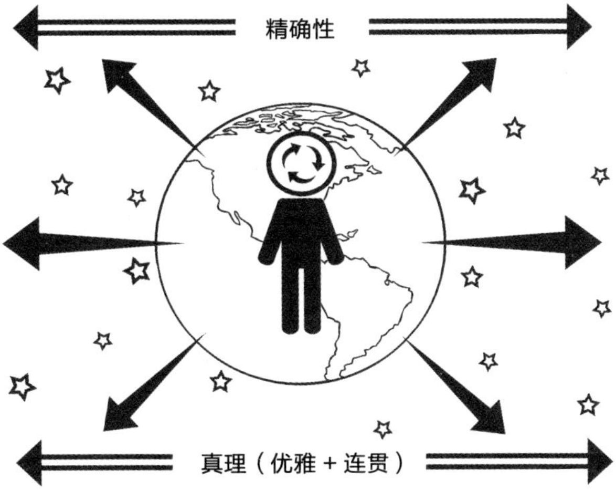

艺术与情绪相关。所有的艺术形式都有其内在的语言、结构和逻辑，因此我们在第十三章讨论过的精读方法可以被用于各种艺术表达形式，无论是电影、小说、交响乐，还是雕塑或家具设计。

精读法通过解构创作者的经验和所处环境来分析艺术的内容。通过分析受众和艺术品之间的情感流动，我们也可以对受众进行分析。艺术品的表现形式和结构越优美，引发的情感也越精微、越富于变化，这也使我们能够更深入创作者的世界以及受众的世界。如下图所示：

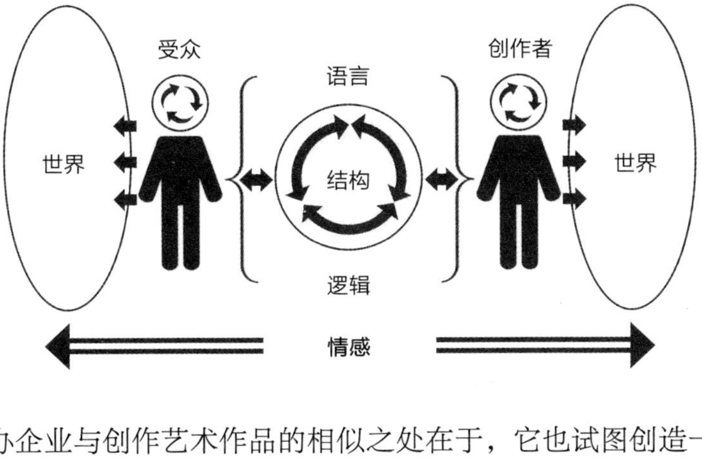

创办企业与创作艺术作品的相似之处在于，它也试图创造一种具有

内在语言、结构和逻辑的产品，这种产品能够获得受众的情感支持（即品牌效应）。但是艺术建立的是一种深入而强烈的连接，而品牌建立的是和尽可能多的人（市场）之间的简单连接；艺术追求感情深度，企业则追求市场容量。如下图所示：

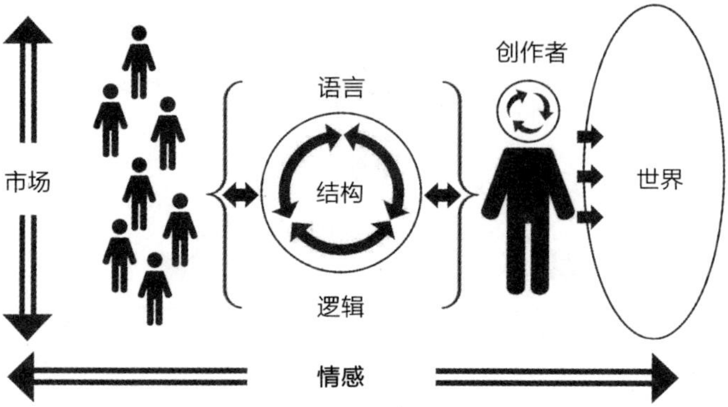

分析了不同领域之后，让我们用一个例子来进一步解释它们之间的区别。想象不同的人走进一家餐馆，他们会看到什么？

- 计算机科学家可能会把餐馆中的人分成不同类别，寻找他们互动的规律，尤其关注服务员在室内移动的方式。
- 工程师可能会关注安全和效率：餐馆有没有足够的出口？如果着火，人们能否很容易地找到出口？
- 科学家可能想通过心理学实验来理解群体动态和人际关系。人们为什么来这里？他们想从中获得什么？他们的行为规律与同伴人数有没有关系？不同的群体是如何选择成员的？
- 艺术家可能会观察室内的美学设计，分析其对人们情感产生的影响。强烈的光线和轻快的装饰是否能使人们的情感更开放、更亲密？
- 企业家可能会问：餐馆利润是多少？人们的体验如何？他们会不会再次惠顾或者向朋友推荐？他们点不点贵的菜？喝不喝酒？

划艇运动员可以“读”一条河。他们能看到河水的能量、方向与个性，看到流水的曲折和回旋，能找准划艇在河流中的恰当位置，从而节约能量。滑雪者从山上滑下来的时候也一样。这就是专业人士和专家的工作方式——他们“读”所处的情境，以最有助于实现目标的方式从容穿梭于其中，并与之互动。

在餐馆的例子中，如果餐馆老板能从不同的角度审视餐厅管理，将获益匪浅。

3. 混合感官

让我们用一个比喻来帮助我们理解混合思维方式的力量。

你是否曾经想过，为什么有些人有绝对音感？例如关门的声音、用勺子敲击水杯的声音、大理石地板上滑过物体的声音——有些人一听到这些声音，就能确定它们的音高。研究者发现，这类人很多都有通感的能力，即不同的感觉彼此相通，例如在听到特定声音的时候会看到特定的颜色：如果钢琴奏出升 C，通感者能看到一个橘红的圆圈——不同人的体验不同。

科学家发现存在不同种类的通感。有些人能看到数字的颜色，或者能够把数字和形状关联——如果给他们一组随机数字，他们瞬间就能准确地记住。有些通感者能将词汇和味觉关联，当看到“云”一词的时候能尝到冰激凌的味道——这些人可以背下整本书。

也有通感者擅于为数字和字母赋予个性和情感。他们看到数字 2，就能看到一头愤怒的熊。等等——数字 2 是愤怒的熊？你是否想起了些什么？我们曾经提到，有些记忆高手可以记住洗过的六副牌，因为他们将每张牌转化为稀奇古怪的故事。

具有这种混合感官的人往往对数字和字母有过目不忘的能力，而这种能力可以通过刻意练习的方式习得，因为通感是一种神经元特征，与大脑中神经突触连接网有关。虽然科学家还不了解通感的真正机制，但他们怀疑，这和大脑在使用一种感官的同时无法阻断另一种感官有关。

让我们回顾城市的比喻。神经元突触连接控制进入我们大脑的信息，但因为突触连接太多了，我们需要阻断一些神经元，让它们不会冲突，就像交通信号灯一样。但是在大脑中的一些地方，交通信号灯坏了，因此多股信息流涌入大脑，让人们在听到声音的时候看到颜色，在阅读的时候尝到味道，在看统计数据的时候感觉到数字在周围漂浮。

与读写障碍不同，通感似乎给人们带来好处。人们曾怀疑伽利略有通感的能力。20 世纪最伟大的物理学家之一理查德·费曼（Richard Feynman）是通感者，发明家尼古拉·特斯拉（Nikola Tesla）也是。很多著名的音乐家和作曲家都有通感的能力，如比利·乔尔（Billy Joel）和伊扎克·珀尔曼（Itzhak Perlman）。作家弗拉基米尔·纳博科夫（Vladimir Nabokov）也有通感。

如果所有的创造者——科学家、工程师、艺术家、作家、企业家——都能用一双新的眼睛看世界，不就会更有创造力吗？别忘了，史蒂夫·乔布斯并不关心计算机电路（这是斯蒂芬·沃兹尼亚克的爱好），他关心的是人们的情感。苹果电脑品牌的巨大价值并不在于它拥有最先进的技术，而在于它的产品设计与消费者的情感产生了共鸣。

基于游戏化的项目式学习之所以能将不同的思维方式混合在一起，是因为游戏化教学使拥有不同技能水平、不同思维模式的人聚在一起，共同解决一个问题。在合作过程中，他们的思维方式逐渐同步，相互融合，每个人都能以新的眼光看待世界。

4. 新评价模型

让我们再来看看游戏化教学是如何帮助学生发展问题解决能力的。游戏化教学采用过程导向的评价模型来实现这一目的。它通过反馈，帮助学生内化最有助于解决问题的工作流程。我们在第十四章着重讨论了这一点。

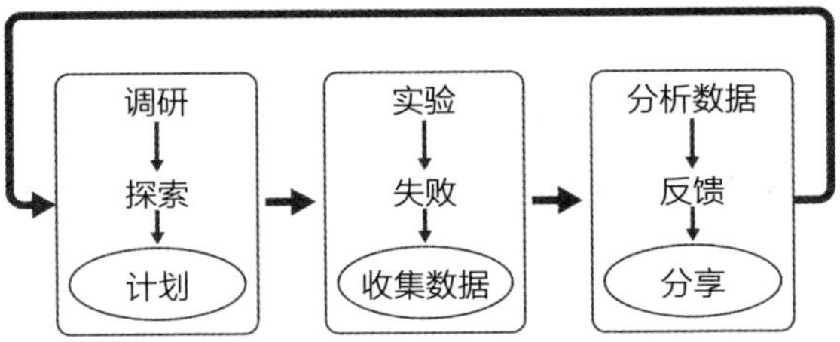

我们现在可以引入相应的评价模型，确保我们的学生开展合作、以跨学科的方式思维、遵循解决问题的正确流程。

	课时 1	课时 2	课时 3	课时 4	课时 5	课时 6
参与程度						
轮流主导对话						
说话的语调						
探索新思想的频率						
实验						
反思						

- 上表中的每一格表示不同课时学生在不同项目上的得分。每节课上，每个学生在每项上的满分是 10 分。
- 参与程度这一指标评价的是学生的内部动机以及心流的状态。他们是否理解了问题和规则？是否能聚精会神地投入学习任务？
- 轮流主导对话、说话的语调和探索新思想的频率这三个指标借用了阿莱克斯·彭特兰对团队工作表现的研究。轮流主导对话和说话的语调评价的是学生的情感调谐和安全感。学生应该轮流表达自己的意见，同时保持语调的平和。探索新思想的频率代表学生不断思考新策略的能力。彭特兰的研究告诉我们，使用多种策略胜过使用一个大家都赞成的策略。

- 实验这一指标评价的是学生尝试和测试不同解决方案，并收集数据和分析结果的能力。K. 安德斯·埃里克森的研究指出，我们只能从失败中学习。而在第十四章的例子里，这就意味着打碎尽可能多的鸡蛋。
- 反思这一指标评价的是学生理解数据和信息的意义，并使用这些数据和信息改进问题解决方案的能力。

我已经对这个评价模型进行过测试，发现它验证了游戏化教学的有效性。表中的得分能够预测团队表现（但相关度并不是100%——得分最高的团队并不总是表现最好的团队）。

最重要的一点是，如果挑战太难或者太容易，反馈没有针对性，所有团队的所有得分都会下降。因此我意识到，这个表格并不是用来评价学生表现的，而是用来评价课程设计与教师反馈的。我们可以在课上使用这个评分表来帮助我们确定何时、以何种形式提供反馈，也可以在课后用这个表帮助我们自我评价和反思，以改进课程设计。

5. 全新的课程

让我们再看一遍游戏化教学蓝图：

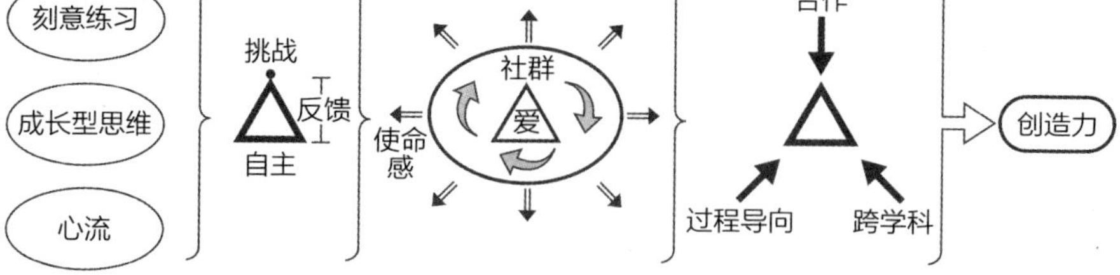

我们已经详细讨论了其中的元素，现在我们来看看如何在课程的层

面使用它。

尼尔·波兹曼在《教育的终结：重新定义学校价值》中提出，我们应该停止将课程视为学生为了通过考试而识记的一系列知识和事实的集合。他认为课程是生动的、不断进化的、开放的叙事，可以帮助学生发现自我认知、团队认同，以及生活的使命感。

波兹曼在书中举了五个例子：

- 在以“星际航行中的地球”为主题的科学课程中，学生将学习如何成为负责任的地球乘务员。
- 在以“坠落的天使”为主题的历史课程中，学生将理解，知识和文明的进程，是提出假设、通过争论发现假设中的问题，并不断修正的过程。
- 在以“美国实验”为主题的政治学课程中，学生需要自主探索美国是如何不断重塑自我的。
- 在以“多元化”为主题的跨学科课程中，学生将探索多元性对生态系统（包括生物系统和政治系统）的活力、卓越性与凝聚力的影响。
- 在以“世界制造者”为主题的语言课程中，学生将探索如何通过语言的媒介来感知世界。

波兹曼提出的内容可以作为一种游戏化课程体系的基础，它们具有社会价值，能使学生在学习的过程中帮助社区与世界进步。波兹曼的每种课程都可以在教室、学校、社区、全球四个难度和意义逐渐增加的层面上进行。这里我以其中两个课程为例加以说明。

“星际航行中的地球”主题课程：

- 教室层面：建造一个能自我运行的花园。研究并测试如何使用尽可能少的资源，建造尽可能多样且丰富的花园。在最后的项目中，学生需要用图表来解释花园的科学原理。

- 学校层面：在学校中建造一个有机农场。学生需要通过研究和测试，使农场可以为全校供应午餐所需的食材，并尽可能减少资源消耗。另一个可能的项目是，学生将学校视为一个独立的生态系统，研究其中的生物——昆虫、植物、人——如何互动，并建立相关的计算机模型。
- 社区层面：在社区一座高楼的楼顶建一个有机农场。学生需要向这座高楼的居民提出这一建议，争取他们的支持，和他们一起建造农场，然后收集数据并研究农场对社区的影响。它是否提升了居民的健康，增进了他们的交往，加强了他们的环境意识？学生需要使用数据说服更多的社区采纳这一设想。
- 全球层面：研究每种蔬菜进入超市的路径。学生需要追踪它们的全球供应链，找出蔬菜生产对环境产生的影响。然后做一个网站，让公众能够理解全球食品供应链是如何伤害环境的。

“多元化”主题课程：

- 教室层面：让学生树敌。他们必须找到策略激怒某一个同学，让这个同学一年都不想再和他们说话。为完成这个任务，学生需要了解每个同学，发现那些能够让彼此分道扬镳的东西。
- 学校层面：让学生在全校交尽可能多的朋友。为完成这个任务，学生需要了解自己个性的多个侧面，发现自己和他人的共同点，从而拓展更广阔的社交圈。然后，学生需要汇报有效的交友策略。
- 社区层面：在不同的社区中多交朋友。学生可以发起大笑俱乐部或运动俱乐部，无论建立什么样的群组，其目标是要增加人群的多元性。
- 全球层面：建一个网站，以某种社会公益性为目标，从不同国家吸引流量。开展宣传，增加影响力，让访问这个网站的人能够通过社交媒体等平台发展友谊，甚至线下见面。这个挑战可以成为创造一个“有社会意义的脸书”的活动。

我们现在可以回答最初的那个问题：如果我们把学校变成社区的学习中心，让学生负责教育幼儿、帮助居民，他们会收获什么？

上述课程告诉我们，学生将获得一切。他们的人生会有故事、有意义、有使命感；他们将学会合作，以跨学科的方式思考，成为有创造力的问题解决者；他们将彼此关爱，对社群产生强大的归属感；他们的价值体系、观念态度与自我认知将不断延伸。

让我举真实世界中的两个例子来说明学生如何从这种课程中获益。

在深圳中学，我希望我的学生能够对整个学校做出贡献。他们开办了一家咖啡屋，为学校提供公共空间；他们还出版学校日报，促进学校集体认同的形成。两个团队都有社会使命感，能获得反馈，且不断面对新挑战，因此他们成为创造性的问题解决者。

在北大附中，我的学生去广西阳朔的一所农村小学支教一周。在开始的两天，他们的经验明显不足，但因为那里的孩子对他们寄予很高期望，他们必须不断试验、反思、改善。在一周结束的时候，很多学生爱上了教书。

从以往的经验我了解到，如果我们给学生提供一个有意义的学习目标，他们会超出我们的期待。

但游戏化教学模型是不是太理想化了？教师能掌握这种方法吗？

6. 尊重教师

为回答这个问题，让我们回到芬兰。芬兰的教师是怎么成为世界上最好的教师的？

很多人会回答，是因为芬兰招募的教师都是成绩名列前茅的人。最好的学生往往能成为最好的教师，因为他们掌握了有效的元认知策略，且能够分享这些策略。“最好的教师相信智力和天赋能不断发展，而且他们对学习的过程着迷。”[3] 卡罗尔·德韦克在《终身成长：重新定义成功的思维模式》一书中写道。

伟大的教师之所以教得好，是因为他们热爱学习。当遇到有学习障碍的学生时，他们能积极迎接这一挑战。在帮助这些学生的过程中，教师进入心流的状态。卡罗尔·德韦克解释了这一过程：

> 拥有成长型思维的教师为什么能这么无私，为最差的学生花费那么多时间？难道他们是圣人吗？指望所有的教师成为圣人，是否合情合理？答案是，他们并非只有无私。他们热爱学习。教是最好的学。在教的过程中，他们学到人们是如何学习的，也学到自己应该怎样教，从中了解自己，了解生命。[4]

这是否意味着学校只有招聘到最好的学生来当老师，才能使教学卓有成效呢？不是。这样做不仅不现实，也没有搞清楚问题的关键所在。

我们不要忘记，20 世纪 60 年代，芬兰的学校和其他国家的学校差不多。但当世界开始拥抱精英制的教育模型时，芬兰却选择了平等主义的教育模型。因为芬兰人口少、资源有限，它必须建造一个让每一个孩子都能成功的学校体系。

当芬兰开始转型的时候，尚无法吸引最好的学生来当教师，也没有建造起后来世界领先的教师教育机构。那芬兰是怎么改变的呢？

我想，芬兰之所以能够建成世界上最好的学校体系，是因为整个国家认识到自身正处于一种只有教育才能解决的危机之中，因此寄予公立学校教师极高的期望。

忽然之间，教师体会到一种沉甸甸的社会责任，决定迎接挑战。他们必须从培养高分学生向培育创造性人才转变。他们回应的方式是拥抱拓荒者精神、诗人的想象力和黑客伦理。

拓荒者精神：芬兰教师将精英教育民主化，踏入了一片未知的领域。他们开拓并尝试，建设提倡相互学习的合作文化。他们的开拓和尝试为打造世界上最好的教师教育奠定了基础。

诗人的想象力：雪莱曾写道，只有活的语言才能激励并启迪他人。芬兰教师认为，只有活的课程才能解放人的思想并培养他们的创造力。

因此芬兰舍弃了国家课程，赋予每个教师权力，让教师根据自己的判断决定应该怎么教。教师成为医生，评估并响应个体的学习需求；他们也成为诗人，通过教学表达自己。

黑客伦理：创造性教育自苏格拉底和柏拉图的时代就已经存在，但他们坚信，只有最出色、最聪明的人才能接受这样的教育。詹姆斯·科南特基于这种观念建立了精英制教育。而芬兰教师决定破解创造性教育的密码，让每个学生（无论智商或家庭背景）都能享有这种教育。

7. 理解芬兰奇迹

芬兰教师是如何破解创造性教育的密码并将之民主化的？

我们之前讨论过，有研究发现穷富孩子接受的教育截然不同。在家和学校里，富孩子受到的教育是要发出自己的声音、独立思考、不迷信权威；穷孩子受到的教育是保持安静、听从命令、服从权威。这一区别比智商理论、棉花糖实验或成长型思维更能解释穷富孩子人生的差异。

与此同时，仍然有很多在穷学校里工作的教师改变了很多孩子的人生。朱迪斯·哈里斯在《教养的迷思：父母的教养方式能否决定孩子的人格发展？》中认为，这些教师为学生提供了“安全、自由和友谊”。那些改变了学生生命的教师致力于建设一个有使命感、有爱的学习者社群。

> 教师可以这样改变教室：
>
> - 改变群组的规则与文化。
> - 定义群组的边界。
> - 定义群组对自己的认知。
>
> 真正有才能的教师在这三方面都能发挥领导力。他们可以防止多元化的学生分为彼此割裂的群组，可以将整个班级凝聚为一体，一种将自身视为学习者，有能力且勤奋努力的“我们”。[5]

哈里斯说，这样的社群因彼此关爱而与众不同。“一间教室是否优秀取决于学生对待学习不如自己的同伴的态度。”[6]

回顾简·埃利奥特的实验，她表现出对棕色眼睛学生的信任，从而激发了他们对学习的热爱；而她对其他孩子的轻视，导致了他们对学校失去了兴趣。

埃利奥特的实验很残酷，但实际上普通教师或多或少都会将潜意识中的偏见带入教学，从而影响学生对他人和自我的认知。

让我们举例来说明。有这样一个实验。研究者将黑人学生分成两组参加数学考试，第一组只做数学题，第二组除了做数学题，还要在考题前面的问卷中写明自己的种族。实验结果显示，第一组的成绩总是更好。

我们在本书第二部分中曾经讨论过，每个人都有多种自我认知结构，可以体现出不同的个性。在面对一种社会情境时，我们只用其中一种认知结构来处理，这种认知结构决定了我们的态度和行为。心理学家称之为“凸显”（salient）。通过使用信号和暗示，人们可以刺激某种认知结构，使之“凸显”出来，这一过程称为“启动”（priming）。

在让黑人学生填写种族的时候，研究者启动了他们黑人身份的自我认知结构，让“黑人”自我比“学生”自我更为凸显。而孩子总是忠诚于自己所认同的群体。哈里斯解释道：

> 尽管童年是学习的时期，但认为儿童是空的容器，只能被动接受成人灌输给他们的任何内容的观点是错误的。认为儿童是学徒，只有通过个体的挣扎才能成为成人世界的正式成员的想法也是错误的。儿童并不是成人社会里的不合格成员，而是自己社会中的合格成员，有自己的标准、自己的文化。[7]

社会或学校向黑人孩子强化他们不擅长数学的偏见，结果他们将不擅长数学与自我认知相混同。如果数学好，就意味着背叛朋友，没有孩子愿意这样。

芬兰教师把创造性教育民主化，他们认识到自己对学生自我认知的构建能够产生深远的影响，于是努力建设每个孩子都能感到安全、愿意成为学习者的社群。换句话说，他们爱每一个孩子，就像爱自己的孩子一样。

本书讨论的所有研究和理论都告诉我们，和儿童情感调谐是我们人类的天性。因此，并不是只有芬兰教师或者最好的教师才能建设一个有爱的社群。我们所能做的，就是不再强迫教师为应试而教，让他们爱每一个孩子。

正如威廉·德雷谢维奇在《优秀的绵羊》一书中所说，这一方法不仅可以建设有创造力的学校，也可以建设强大而充满活力的社会。

> 如果我们想要创造一个体面的社会，一个正义的社会，一个明智而繁荣的社会，一个孩子们因为爱学所以学、人们因为爱工作而工作的社会，我们就必须接受托马斯·哈代（Thomas Hardy）的这一理念（即将这个时代的每一个孩子视如己出——译者注）。我们不一定非要去像爱自己一样爱我们的邻居，但我们要像爱自己的孩子一样爱邻居的孩子。我们已经尝过贵族统治，尝过精英治理，接下来是该试试民主治理的时候了。[8]

建设创造性的学校并不仅仅是为了给所有儿童带来更好的未来，甚至也不仅仅是为了建造公平的社会，其终极目的是保存我们的人性。

8. 美丽新世界

本书第一章中我们讨论了迈克尔·扬的《精英制的崛起》。在这本书的结尾处，精英想让他们的优势代代继承，社会因此陷入了停滞和不平等。

小说在这里结束，正如我们当前的世界。我们将走向何方？

还有一本我们没有讨论过的书，这本书可以被视为《精英制的崛起》

的续集。它就是1932年出版的英国作家奥尔德斯·赫胥黎的《美丽新世界》。这本书预言了一个精英掌握了科学技术，使其统治永存的世界。

在迈克尔·扬的小说结尾处，科学家发明了工具以检测贫穷家庭出生婴儿的智商，智商高的孩子会受到国家的监护，这样穷人中就不可能产生领袖。而在《美丽新世界》中，科学家通过基因工程设计婴儿的智商。所有的婴儿都从试管中出生，分成五个截然不同的社会阶级：阿尔法个子最高，智商也最高，从出生的那一刻起就被设定为领导者；其余的四个阶级贝塔、伽玛、德尔塔和埃普斯隆则被设定成驯服的群众。

以下是生育与培育中心主任（一个阿尔法）对为什么必须设定低等阶级害怕花朵、痛恨书本的解释：

> 樱草花与风景有一个严重的缺陷：它们是免费的。热爱自然使得工厂开工不足。他们决定消除对于大自然的热爱，至少对低下阶层要这么做，消除对大自然的热爱，但不是消费交通工具的倾向。当然，他们应该继续往郊区跑，虽然他们很痛恨它。问题是要找出更加合乎经济法则的方式，而不是纯粹出于对樱草花和风景的热爱，而这个方法被适时地找到了。
>
> "我们培育群众憎恨郊野，"主任总结道，"但与此同时，我们安排他们热爱一切郊野运动。与此同时，我们确保所有的郊野运动都需要使用精密的器械。因此，促使他们会去消费工业品和交通工具。于是就采取了电击这一手段。"[9]

为确保社会的稳定性，阿尔法给儿童洗脑，让他们了解自己的阶级属性，同时憎恨别的阶级。正如安妮特·拉鲁在《不平等的童年：阶级、种族与家庭生活》中所说的那样，这隐含在中产阶级养育孩子的过程中；而《美丽新世界》中的世界则是不加掩饰的，儿童在睡眠中被灌输了潜意识的信息。

> "我不要和德尔塔孩子一起玩。埃普斯隆更糟糕。他们笨得大字不识一个。而且他们穿的是黑色的衣服，那个颜色丑死了。我是

个贝塔，好开心哦。”

那个声音停了一下，然后继续讲述道：“阿尔法孩子穿的是灰色的衣服。他们比我们更加勤勉工作，因为他们聪明绝顶。我是贝塔，真是太开心了，因为我的工作不用那么辛苦。我们比那些伽玛和德尔塔幸福多了。伽玛傻乎乎的。他们都穿绿衣服，而德尔塔孩子穿黄褐色的衣服。噢，不，我不要和德尔塔孩子一起玩。埃普斯隆更糟糕。他们笨得……”[10]

《美丽新世界》的社会是物质主义和享乐主义的社会。药物使人们满足又驯服。诗歌、宗教和艺术都遭到禁止，以防止人们的情感和想象力得到发展。社会非常稳定，因为它非常平淡乏味。

一个野人的到来打破了社会的平静。野人有一个阿尔法父亲，但被父亲抛弃，在原始部落中读着莎士比亚长大。他回到新世界，立刻成为每个人关注的焦点。但他逐渐开始厌恶这种人人都在嗑药、如同行尸走肉的社会，他没有办法和任何人展开有智慧的对话，甚至都没办法激怒任何人。

他试图解放大众，将药品换成诗歌。最终他被带到美丽新世界的哲人王——主宰者（Controller）面前。两人就什么是好的社会展开了长篇激辩。

他不理解为什么人们宁愿选择药品也不愿选择诗歌，主宰者向他解释了情感和想象力对社会稳定的威胁：

“因为我们的世界与《奥赛罗》的世界并不一样。没有钢铁你怎么能造出汽车呢？——没有社会的动荡，你就写不出悲剧。如今的世界很太平，人们过着幸福的生活，他们想要什么就有什么，不会想要得到无法企及的东西。他们享受着富裕与安宁，没有病痛，不会害怕死亡。他们很幸福，不知道激情与年老为何物，他们不会受到父母的干预。他们没有感情深厚的妻子、孩子或爱人。他们所接受的培育使得他们不由自主地表现出应有的行为，就算出了什么岔子，还有苏摩（美丽新世界的一种致幻药物——译者注）呢。而你却把它们扔出窗外，以自由的名义，野人先生，自由！”他哈哈大笑，“以为德尔塔知道什么是自由！现在你还以为他们能看得懂《奥赛罗》！我的好伙计！”

野人沉默了一会儿，然后固执地坚持说道：“不管怎样，《奥赛罗》是一出好戏，《奥赛罗》要比那些感官电影好得多。”

“确实如此。”主宰者表示同意，“但那是我们要为稳定所必须付出的代价。你只能在幸福和人们以前所说的高雅艺术之间做出选择。我们牺牲了高雅艺术。取而代之的是，我们有了感官电影和香薰设备。”[11]

作为哲人王的主宰者是一个明智的人，他的脾气和外貌有点儿像詹姆斯·科南特。他承认有创造力的人在他们的社会中会很悲惨，因此消除了创造力。

对于社会为什么必须划分不同阶级这一问题，主宰者也毫无掩饰地坦白：社会需要有智慧的人来统治，这些人能够在统治不如自己的人时感到满足。

野人问主宰者为什么不把每个人都设定成阿尔法，主宰者斥责了他对人性所持的幼稚的乐观主义态度：

“因为我们不希望惨遭割喉。”他回答道，“我们的信仰是幸福和稳定。由阿尔法组成的社会一定是动荡和悲惨的社会。想象一个工人都是阿尔法的工厂——也就是说，那些工人都是独立的没有关系的个体，有优秀的天赋，而且所接受的培育是能够做出自由的选择和承担责任（在有限的范围内）。想象一下吧！”他强调了一遍。[12]

美丽新世界的社会建筑在逻辑、理性和科学之上，可以说是科学革命、启蒙运动、精英制崛起的顶峰。社会的每一方面都经过精心设计，以实现最多人的最大快乐。

野人没有被说服，他拒绝放弃自己的人性。“我不要舒适。我要上帝，我要诗歌，我要真正的危险，我要自由，我要美好，我要罪恶。”[13]

主宰者发现劝说野人没有意义，便同意了他的要求，让他一个人生活在孤岛上，可以整日读《奥赛罗》。

但是野人越拒绝被这个社会同化，就有越多的人被他吸引。他的生活成为一场真人秀，直升机在他的城堡上盘旋，旅游者潜入他的岛屿，希望能偷看这个住在这里的奇怪野兽。

野人发现自己在美丽新世界中无法获得平静，也无法获得幸福，于是自杀了。随着他的死，人类最后仅存的人性——想象力、好奇心和独特个性——也随他而去。世界将永远和平，因为科学技术杀死了人类创造性的灵魂。

主宰者和野人的争论在人类历史上从未消逝过。约翰·穆勒和杰里米·边沁会有同样的争论。《美丽新世界》一书本身就受到柏拉图《理想国》的启发。

今天，这一争论比以往更加迫切。随着人工智能的兴起和生物工程的发展，我们很快就将拥有能够创造“美丽新世界”的科技。《精英制的崛起》的预言已经成真，我们今天的选择将决定《美丽新世界》的描述是否变成现实。

我们正站在十字路口。我们需要改变学校系统，以确保人类能够走向另一种未来。我们的人性依赖于此。

后记　新的开始

1. 人生低谷

2008 年 9 月，我到深圳中学的时候正值 32 岁，处于人生低谷。1999 年从耶鲁大学毕业后，我相信自己会迅速取得成功；但我傲慢又没有安全感，因此不可能成功。于是我决心建成深圳中学的国际项目，因为我觉得这是我的最后一个机会了。

到了 2009 年 9 月，我已达成想要的一切目标：国际项目发展成一所校中校，有 100 名学生、来自常春藤大学的 9 名老师、4 名职员，以及拥有 5000 册英文藏书的图书馆，还有供应有机食品的食堂和由宜家家具装饰的教室。

这时一切却开始分崩离析。我有足够的想象力，能够从无到有开创国际项目，但不够成熟，不会管理。正如霍华德·洛克和年轻时的约翰·纳什，我坚持自己理念的纯粹不肯动摇。

深圳中学是公立学校，但我让国际项目的招生团队精挑细选精英学生。我创建这个教育项目的初衷是推动教育改革，但我不肯和学校的其他人分享资源。家长、教师和学生在学校里张贴标语，上网发帖，抗议我的专横。我失去了学生和老师的尊重。一个月后，我意识到自己给老师和学生带来了伤害，便辞职了。

2010 年，我去北大附中成立国际部，失败再次随我而来。我仍然难以和其他教师合作，结果在 2012 年 7 月被解雇了。我是耶鲁大学的毕业生，行为却像罗马尼亚孤儿一样：20 多岁到 30 多岁这些年，我没法和同事合作，也没法维持亲密关系。

为什么?

2. 想象的力量

正如书中所述，故事开始于我一年级的最后一天，老师、母亲和我一起讨论我的未来。老师认为我应该回学前班，这样我就可以慢慢学习英语，交上朋友。我母亲是农民出身，不是那种奉行“精心养育”的受过良好教育的女性，不然她可能会劝我接受老师的建议。

于是她问我想怎么办。我想和同学一起上二年级，虽然我和他们关系也不怎么样。这个决定是我小时候犯的最大的一个错误。但今天，我仍然对母亲充满感激，因为她给了我自由，即使这自由让我毁掉了自己的童年。

我父母不给我讲故事，也不拥抱我，但他们给了我父母能给孩子的最强大的礼物：自主性。他们任我自己一个人待着，因此在整个童年，我任我的想象力自由奔驰。

整个周末我都在后院用网球玩儿自己发明的各种游戏。冬天我会用乐高积木、公园里捡来的石头、父亲工具箱里的螺丝钉组建庞大的“军队”。在父母地下室的夜晚，我会自编各种宏大的史诗故事。

学校如地狱。我的头发是父亲理的，我口吃，穿的衣服又廉价又难看，这些已经很不幸了。我还非常敏感，想法又和常人不同。同学经常嘲弄我、欺负我。

唯一令我感到安全的地方就是图书馆。在那里，我的想象力与书自由共舞。在书中，我到处旅行，穿越过去和未来。在那位九年级的代课教师点燃了我内心的火花之后，我读了无数本关于常春藤大学录取过程的书。我列出了耶鲁大学所寻求的个人品质——智力潜能、领导力和人格力量。

这些东西我都没有，但我有自主性、决心和想象力。我缓慢而有策略地把我自己打造成耶鲁大学的材料。我选修最严格的老师教的最难的课，我读那些迫使我质疑周围世界的书。

我转学到多伦多最好的公立学校。在上学的30分钟地铁上，我读《纽约客》和《大西洋月刊》，提升自己的词汇量。午休时我做SAT模拟题。

老师和同学认为我是个外来的入侵者，只痴迷于成绩和打造亮丽的简历。而我之所以痴迷这些东西，是因为我不能忍受孤独一人。

3. 成为精英制的一员

进入耶鲁大学，意味着我成为美国精英制的正式成员，但我的孤独感并没有因此减少。

我的同学都来自受过良好教育的富裕家庭，他们生来就是要上耶鲁大学的。我则是一个穷移民，因为运气好才来到这里。我知道自己是个冒牌货，这种感觉吞噬了我。因此我只能专注学习以转移注意力。

在耶鲁大学，我的智识获得了极大成长。我选择了英国文学专业，因为这里有最优秀的教授和学生。然而从第一天起，我就清晰地感到，自己不属于这里。

但我有学习的内动力，有成长型思维，同时对刻意练习的原则也有直觉性的把握。尽管我的同学一天就能完成一篇论文，但我不惜花好几周时间写一篇文章，对文本进行深入思考。一年之后，我充分掌握了精读的方法，能够深入理解西方伟大思想家的思想和著作。我研读了柏拉图、阿利克西·德·托克维尔和埃德蒙·伯克。

我努力学习，因为我有推动中国教育变革的梦想。从耶鲁大学毕业后，我回到中国，到北京四中教英语。我想像耶鲁大学打开我的视野一样打开学生的视野。我不是个优秀的老师，但我热爱教学，因此水平逐渐提升。

我想教学生独立思考，但其他老师和学生家长不喜欢这一点。在学校开除我之前，我抢先辞职了。离开后，我才意识到自己是多么热爱教书。深圳中学的职位是我梦寐以求的，但最后我一手毁掉了自己的成功。

4. 重塑自我

被北大附中开除之后，我回到了多伦多，花了一年的时间自我反思：到底是哪里出了问题？

经过大量阅读和反思之后，我意识到，从头开始就是错的。我一直是个不完整的人，徒劳地想要用成功填补空虚的心灵。

我读到勒内·斯皮茨的孤儿、哈里·哈洛的猴子，以及罗马尼亚孤儿的故事，这令我明白了，我一直缺少安全感，所以无法信任他人、与他人合作。我总会自毁前程，因为我心中对自己充满厌恶和怀疑。我注定失败，因为我不知何谓成功。

现在我知道问题所在了，那么怎样才能重塑自我？

我读到芭芭拉·阿罗史密斯一扬为克服自己的学习障碍开发了课程，便决定也为自己开发课程，以治愈内心深处的伤口。我不知道哪种方法有效，所以给自己一年时间，广泛尝试。

为了治愈自己，我花掉了全部积蓄。我学唱歌、学弹钢琴、学弹低音吉他，我上驾驶学校、烹饪学校、喜剧学校，我试了跑酷、攀岩、巴西柔术和Crossfit，我还试了瑜伽、冥想、木工、摄影、有机种植以及踢踏舞、芭蕾和霹雳舞。

我每周花两个晚上去上烹饪课，学了两个学期。以前我从来不做饭，但自信一年的时间足够我成为世界上最好的厨师。只要我想，我就能拥有自己的餐厅、自己的烹饪电视秀、自己的食品帝国。要知道，我可是耶鲁大学的毕业生，还会背济慈的诗呢。烹饪学校的同学肯定连济慈都没听说过。

在我上烹饪课之前，我不知道“知道某事”和“能做某事”有区别。我知道做饭的原理，能列出详细的计划。比如把蔬菜切成完美的方块、控制火候、摆盘漂亮整齐……我相信自己能写一本烹饪指南。

但在厨房里，我手忙脚乱，疲于奔命。本来前一天晚上已经背下来了工作计划，但厨房里有那么多事要做，蒸汽弥漫，锅碗瓢盆叮当作响，压力山大。我开始头昏脑涨，迷失方向。我不知道冰箱里有哪些原料，不确定面前有哪些调料。我忘记锅里小火炖着的牛肉，又听到钟表嘀嗒嘀嗒地走得飞快。我的心也跳得越来越快。

与此同时，我的同学把蔬菜切成标准的条块，擦去汗水，精心摆盘。他们充满自豪地向老师展示自己精心烹调的杰作，老师也向他们报以微笑。

我筋疲力尽，是最后一个端上菜的人。老师瞥了一眼我做老了的牛肉和油腻的鸡汤，然后双手交叉，摇着头对我说："我可不会吃这个。"

我难道要在烹饪学校败下阵来吗？老师为什么不表扬我的努力？他为什么非得实话实说不可？老师不应该对学生那么实话实说的！我真想哭。

烹饪学校教给我关于学习和人生的重要一课。首先，我的智商和耶鲁学位在厨房里都没用。如果我想要学习，必须像其他人一样付出努力和汗水。其次，我的同学们比我更有学习动力、更有成长型思维。有个18岁的女孩每天早上4点钟起床锻炼，然后去餐饮公司上班，早八晚五。下班后她骑车来烹饪学校上课，从晚上6点上到10点。

她清理完自己的工作区后就帮助别人清理。我就是这么认识她的。我真想问她："你会背济慈吗？"

等她从烹饪学校毕业后，她还会继续切很多年菜，挣最低工资，在厨房里被上级呼来喝去。但是她真心热爱烹饪，愿意牺牲尊严与骄傲。她不在乎金钱或名望，只想提升专业水平。

她是个好人。谦虚的她会比骄傲的我为世界做出更大贡献，但人们认为我更优秀，只因为我有耶鲁学位。这难道公平吗？难道合理吗？

我在烹饪学校没学会做饭。我没法像我的同学一样，在切蔬菜的过程中体会到乐趣。但同学使我明白，如果我想要实现推动中国教育变革的理想，就需要控制自己的自负和恐惧，坚定自己的使命。

这也意味着我需要重新构建与自我认知及人格相关的神经突触回路。我在中国做课程创新的那些年里，学到了有关神经可塑性、成长型思维、心流和刻意练习的知识，现在是应用这些知识重塑自己的时候了。

我定下了三个学习目标：

- 掌控自己的情感，不再当自负与恐惧的奴隶。

- 学会和他人合作。只有建立同盟，才能实现变革中国教育的理想。
- 爱别人并信任别人。我不想再孤独一人，与世隔绝；我想找到一个会拥抱我、说爱我的人。

我知道我的分析能力很强。我和比尔·盖茨以及罗伯特·摩西相似的地方是我们都善于运用系统设计思维。这种思维帮助我在深圳和北京开创国际项目，将目标可视化，并借此指引我的行动。

现在我需要发展情商。我对那些将人们彼此相连、让他们相爱或互憎的情感力量十分生疏。因此要想获得真正的创造力，除了学会看到事物之间的逻辑关联之外，我还必须学会看到人们之间的情感关联。

5. 自我的可能性

所以我报名上脱口秀课程。

开始，我根本就不会讲笑话。别的同学在舞台上看起来信心十足，而我在舞台上则身体僵硬，表情扭曲。我的笑话实际上是在批判世界，抱怨这个世界多么不公平、不公正。

此外我还学习巴西柔术。每天我都去健身房，和一个比我更高大、更强壮的对手较量。他每次都把我按在地上摩擦。

我知道自己的问题在哪里。每次我和别人对打，都会触发那些仍然鲜活的童年记忆——记忆中我常常遭受欺凌。这点燃了我心中的恐惧。我的对手察觉到我的恐惧和弱点，就耐心等待。直到我耗尽力气，他就可以轻易将我击倒。

为什么我总是这么害怕？为什么我不能在压力下保持镇定？

我想要放弃一切，躲在父母家的地下室里，就像我还是个孩子时一样。我来到这个世界，总是遭到羞辱和打击，现在我甚至还付钱被嘲弄、被欺侮。

我知道自己的弱点源自安全感的缺乏与智识上的傲慢。我总是害怕，因此想永远站在顶峰，只有这样才不会暴露弱点。如果我想掌控自己的情绪，就需要逆转童年和耶鲁大学对我产生的最坏的影响。

所以我继续挣扎向前。巴西柔术虽然很痛苦，但我还是坚持下来了。身体开始习惯痛苦，恐惧也减轻了，笼罩着我的迷雾开始消散。随着时间的推移，我的身体能够体会到巴西柔术的逻辑和内在规律。看到对手右肩的微小扭转，我就能预测接下来的攻击动作，并推断如何化解对方的攻势。这样一来，在对手勒我脖子的时候我也逐渐能够保持镇定了。

我开始理解，运动的意义在于享受身体的动作，同时控制对手的动作。我的肢体变得放松，动作如行云流水。我开始爱上格斗中身体韵律的流动，不再在乎输赢，学会了在练习的时候将面子和恐惧抛到脑后。过去，我的“战或逃”模式太容易被触发，正是这一模式让我总是自毁前程。巴西柔术帮助我减少了这种状况的发生。

在脱口秀课快结束的时候，老师给我们提出一个挑战，让我们在现场观众面前表演五分钟。我非常紧张。我从来没有在真正的观众面前表演过。我害怕他们不笑，更害怕他们会笑我。

我在课上学得不怎么样。这辈子我一直觉得整个世界都在嘲笑我，这令我愤怒。现在我必须让整个世界随我一起笑。我必须深入挖掘我最深的痛苦，将这痛苦转化为幽默。

我忘不了我的前女友，一想到她就痛苦。我在人生到达谷底的 20 多岁遇上了她，她美丽，有艺术才能，而且就像我一样，内心深处满目疮痍。我以为她就是我的灵魂伴侣。

而这就是问题所在。我们的灵魂深受折磨，而我们解决这种折磨的方式就是折磨对方。我们不相信对方会爱自己，又害怕离开对方。我们已经分开很多年了，但这种痛苦仍然啮咬着我的内心。我决定把这种痛苦作为我五分钟脱口秀表演的素材。

我们的表演在一个星期六下午进行，地点在一家餐馆。餐馆里观众满座，聚光灯亮得刺眼。我觉得自己马上就要因尴尬而死了。最好赶紧死掉算了。

我的同学都邀请家人和朋友来参加，而我一个支持者都没有。要为蹩脚的笑话笑，需要花费很大精力，我相信同学邀请的朋友们都把精力留给自己的朋友呢。不过我决心赢得他们的笑声。

我以一个轻松的段子开始。“今天我的同学们和我第一次现场表演。”我对观众说，“我们都想当脱口秀演员，因此今天是我们生命中重要的一天。今天是通往失败和贫穷的开始。你们来到这里，支持我们错误的人生选择——感谢你们这么够义气！”

房间里迸发出笑声，我也笑了。这是友好的微笑，我因他人的快乐而感到快乐。

“我有个朋友，他就不怎么够义气了。我告诉他我正在和一个女孩谈恋爱，这女孩是我的真爱。但朋友和我说他不看好我们俩，因为我们俩没有共同点。我是个受过高等教育的人，她不是。按说，我不会随便喜欢没有我智商高的人，但她真的非常、非常漂亮。于是我冥思苦想，终于想出一个天才的办法，成为世界上第一个发明这一伟大办法的男人：不在乎她的内心，只看脸。”

满堂大笑。我感到身上的负担变轻了，不再被自己的面子和恐惧所束缚。和世界一起欢笑的感觉真好。

“我和这女孩没走到底。”我继续说，“我们老吵架。有一回吵架的时候，我和她说，我想要一种开放而诚实的男女关系，不是说让你去夜店随便找一个男人睡，然后第二天早晨再回来告诉我。我和她说必须分手。于是我走出门，几分钟后收到她的短信：我现在想和人上床。于是我就做了每个正常男人都会做的事：回短信说我十分钟就回来。结果我五分钟就回去了。

“这种事持续了一段时间，确切地说是四年。有一天我问她，老这样吵架闹分手，你不嫌腻吗？她说，吵架闹分手再上床，感觉更好。我就使劲儿琢磨她说的话，你知道我琢磨出什么来了吗？”

“什么？”观众向我大声喊道。

“她说得对，而且她有病。”我的回答立刻引起一片笑声。“所以我立刻打包滚回多伦多，好躲开这个神经病。”

所有观众都为我的表演鼓掌。演出结束后，很多人前来向我道谢。给陌生人的生活带来欢笑，令我感觉很好。

在多伦多的一年里，通过挑战自我情感局限的不同体验，我成长为更好的自我。我学到了如何应对压力，如何尊重他人，如何给他人带来欢笑。我重构了我的神经回路，让我能够和他人合作，能够相信自己，能够为中国的教育变革不懈努力。

6. 回到中国

2013 年 10 月，我回到中国，只带着一个行李箱，从一个城市流浪到另一个城市，寻找能够实现我教育理想的机会。深圳中学和北大附中的经历给我留下了傲慢自大和难以合作的坏名声，我知道需要时间，人们才会相信我已经改变。我愿意为此等待。

有很多人为我提供可以迅速致富的工作机会，要我帮助中国学生申请美国名校。这样做我确实能变得富有，却会失去灵魂，所以我继续寻找愿意给我机会的学校。

然而我的时间不多了。在多伦多的一年里，我花掉了全部积蓄。由于一直没有找到稳定的工作，我愿意接受任何提供住宿的工作。2015 年 12 月，21 世纪教育研究院的赵小莉女士给我打电话，说她正在编写一本中国创新学校案例集，邀请我写一个成都学校的案例。

“你能帮我报销住宿费吗？”我在电话中问。

“当然。”对方回答，“你需要多长时间做采访？两天？”

“我需要听课、采访家长、跟访校长，”我回答，“我需要时间来收集能够感动和鼓舞读者的故事和细节。”

“你需要多长时间？一周？”

“我需要一个月。”

“我给你两周时间。”

我同意了，相信自己总能找到借口把这个时间延长。

“那所学校叫什么名字？”我问。

“成都市同辉（国际）学校。”对方回答。

我在这所学校（以下简称同辉）停留了三个星期，这段经历改变了我对中国公立教育能做到何种程度的看法。同辉是一所服务于低收入家庭学生的公立学校，同时尽力帮助自闭症学生随班就读。为此，学校抛弃了强调竞争与成绩的模式，以爱与社群为导向。

让我举例子来说明这种做法是如何改变同辉师生的生活的。

六年级的一个班里有一个患自闭症的孩子。他的症状很明显，没法直视同学的眼睛，而且在座位上总是紧张得坐立不安。但是他在课堂上表现很好，也能参与课堂学习。语文老师了解他的长处，所以不会让他解读诗词，但是会让他背诗。他背得不太流利，但充满自信。

课后我和这位老师聊了几句，得知她并没有受过如何教自闭症学生的专业训练，但她也是一个母亲，从做母亲和老师的经验中，她知道每个孩子都不同。她没有给他贴上"自闭症患者"的标签，认为他是个坏学生，而是积极发现他的长处，希望能培养他的自信。

教这个学生的过程也让她成为更好的老师。这个学生难以集中注意力，所以她努力增加课堂互动，让课堂对每个孩子来说都更有趣。关爱学生释放了她的创造力。她对这个学生并没有过高期望，但他的语文和数学学得都不错。他的同学告诉我，他的存在打开了大家的视野，教会了他们尊重与自己不同的人，并且感恩自己的长处。

同辉的领导者致力于建设教师和学生相互关爱、彼此合作的共同体，这一点令我印象深刻。同辉是一个真实世界中的例子，展示了利他、共情、关爱、创造力、成长型思维和内部学习动机是如何彼此关联的。

我在深圳中学和北大附中创办的项目，其隐含的理念是：只有精英学校才富有创造力。同辉让我明白了，创造力是一种平等关爱每个学生，尤其是最弱势学生的文化和社群的副产品。

我为 21 世纪教育研究院写的那篇文章[①]是我最好的一篇教育文章。这篇文章的读者不再将我视为一个自高自大的精英主义者，而将我视作真心热爱教育的人。

我也跟我的编辑赵小莉成为好朋友。我的中文不够好，不能用中文直接写作，所以她把我的英文转换成优雅的中文。在这个过程中她成了我的一个同伴，我们两个在教育上有很多共同的认识，所以我在写这本书的时候，就确切地知道只能邀请她来翻译。本书理论内容众多，虽然

① 文章收录于《为生活重塑教育：中国的教育创新》一书，由中国人民大学出版社于 2016 年出版。

以教育为主题，可是也涉及很多领域的知识，翻译难度不小。然而书的初稿完成之后，赵小莉看罢，很痛快地答应为这本书翻译。

7. 青羊区的教育

时值哈佛大学教育学院在收集整理全球教育创新的案例，我的这篇文章引起了他们的关注。我向哈佛大学申请了一项研究课题，研究成都市青羊区这一孕育了同辉的教育生态系统。青羊区有 34 所小学，被认为是中国教育最平等、最具创新性的地区之一。青羊区成功的秘密是什么？

我分析了该区的教育组织结构和相关的作用因素：

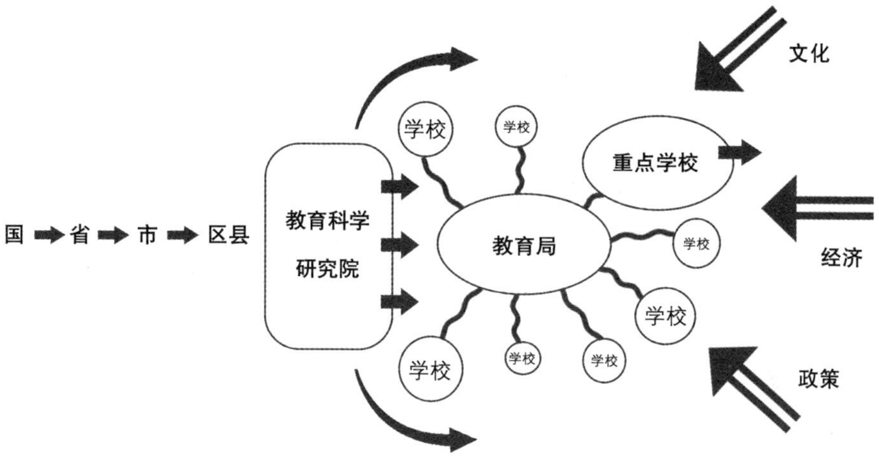

- 区县是执行国家教育政策的主体。由于中国每个地区都有各自不同的政治、经济、文化特点，因此各区县的教育政策也有差异。
- 青羊区的教育体系有三个核心机构，这三个机构有各自不同的功能，且密切合作：

  第一，教育局是政策中心，负责调配各学校的财政和人力资源，保证资源的公平分配。

  第二，教育科学研究院在全区层面培训并评价教师，从而保证教育质量。

  第三，重点学校聚集了最好的教师，构成了一个追求卓越与创新的群体。重点学校是课程实验室，也是教师培训中心，孵化了本区的年轻人才。

中国的每个区县都有同样的教育组织结构，为何青羊区能做到与众不同？通过研究，我发现青羊区将社群建设放在教育发展的首要位置：

- 它致力于保证所有儿童——特别是流动儿童和有特殊需求的儿童——都能够接受有质量的、提倡公民权利与关爱的教育。
- 它投入资源建设教师互助成长的社群。
- 它选拔社群中最出色的教师做校长，给予他们自主权和资源，让他们试验并创新。

下图可以帮助我们理解这些做法是如何相互作用的：

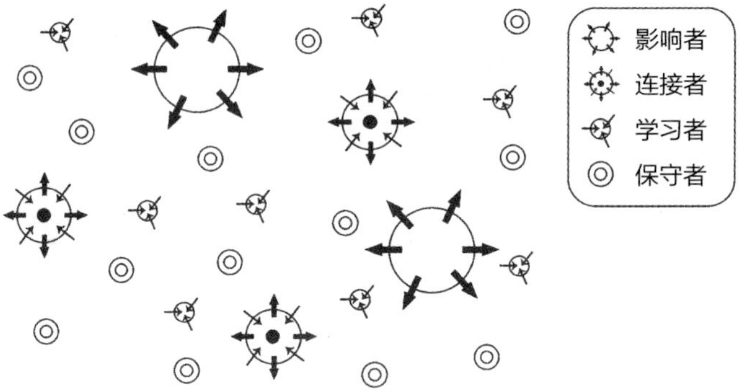

在任何一个教育生态系统中，都有四种人。这四种人的区别在于他们传输并接受新观点的能力，这种能力与他们的创造力密切相关。

- 第一种人是卓有成就的教育者，他们的观点最有影响力、传播最广。我们称之为“影响者”。
- 第二种人是积极向上的教育者，他们寻找最好的观点并与系统内的其他人分享。我们称之为“连接者”。
- 第三种人是拥有成长型思维的教师，我们称之为“学习者”。

- 第四种人是拥有固定型思维的教师，我们称之为“保守者”。

所有生态系统中都存在这四种人，他们都有各自的重要功能，一个生态系统的创造力即取决于：

- 这四种人的比例。如果一个生态系统中的“保守者”比“学习者”多得多，那么这个系统就缺少活力。但保守者也具有重要的作用，他们为系统提供了稳定性、可预测性和连续性。
- 这四种人在系统内所处的位置，包括其所处阶层和地理位置。区域内部的多元性是十分重要的。
- “连接者”在系统中起到最重要的作用，因为他们能够不断发现新观点，并将之带回系统中。系统中的“连接者”越多越好，我们应该充分尊重他们的价值和贡献。

下图解释了青羊区的教育组织结构是如何建设强大社群的：

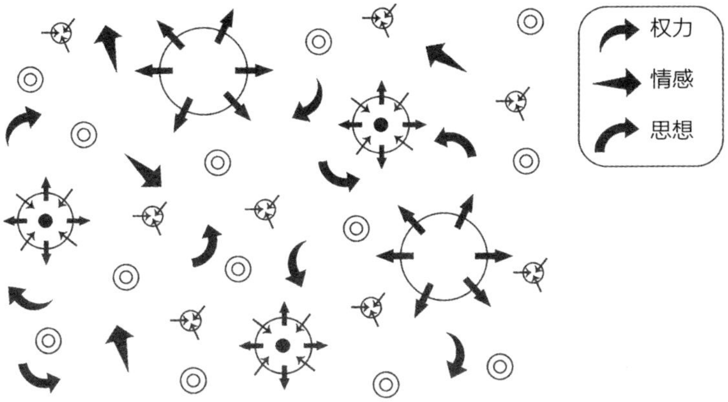

在任何一个教育生态系统中，都有三种力量——权力、情感和思想。系统的创造力与这三种力量在系统中的流动性相关。如果三者的位置和分布适当，影响者、连接者、学习者和保守者就与这三种力量形成积极的互动。

- 权力流动的理想状况是：系统内的教师相信自己得到了公平的对待，有较好的薪酬，有学习和发展的机会；他们晋升的依据是个人能力；他们感到自己的意见和贡献受到了尊重。也就是说，权力在系统中是均匀分布的，由此形成了“开放扁平”的管理制度。
- 情感流动的理想状况是：教师有一种神圣的使命感，感到自己是一个强大社群中的一员，与同事和学生有情感上的共鸣；他们有学习内动力，由利他型思维主导。
- 思想流动的理想状况是：教师不断给自己提出更高的挑战。这意味着他们能够不断学习并分享新的教学方法，在教室中不断进行实验并创新。

权力、情感和思想这三种力量在系统中共同变化，且相互依存。

在第十五章里，我们讨论了社群强大的学校与社群薄弱的学校的区别。同辉和青羊区就是强大社群的典范。我合作过的所有成都学校都开放、大度，支持我的实验，因为他们看重教师的成长。这使我产生了一种信念：强大的社群是创新想法得以生长的土壤。

社群如土壤，爱如水，使命感如太阳，三者所营造的环境让创造力得以生长。成都三者兼备，因此我能够在此不断完善我的游戏化教学模型。

我记录成都学校的过程，以及与成都学校合作的经历，永久性地改变了我对教育的看法，体验到美国精英制教育模型的局限性。在成都的学校中，我看到一种先进的、具有取代美国精英制潜力的教育模型——一个强调安全感、幸福感，赋予每个孩子成功力量的教育体系。

我希望继续与成都的学校合作，实施我的游戏化教学模型，向中国和世界展示教育变革的可能性。在成都，我终于发现了能让梦想生长的家园。

8. 找到爱

2016 年 2 月，我从成都回到北京后，清华大学聘用我开发 Nand2Tetris 课程。学校提供住宿，因此我接受了这份工作。在北京期间，我遇到了一个我梦想中的女人。

我给她讲述了我在成都看到的一切，告诉她我身无分文，因为我在追逐梦想。她认真倾听，鼓励我听从内心的声音。

2017 年 3 月，我迁居成都，与同辉、成都市实验小学、金牛区机关第三幼儿园合作，测试游戏化教学模型。我们结了婚，她随我来到成都，并且很快怀了孕。

6 月，我们开始一起构想这本书。我爱成都的工作，但为公立学校工作收入不高，只够我们勉强生活。我必须找一份工作，保证我们至少有医疗保险。我爱她，我认为我必须在写书和工作之间二选一。

然而妻子让我不要放弃推动教育变革的信念，还说："既然你在成都的学校做得很不错，为什么不把这些做法写下来，让中国的学校都能从中学习？"我向她解释，写这样一本书要花很长时间，成本很高。我过去写过很多书，只有《创新中国教育》一书出版了，而且并没有为此收入一分钱。

我妻子鼓励我为我们的孩子写这本书——为了给他创造一个更好的未来而写。我妥协了，同意先考察我的观点有没有市场，再做决定。

2017 年秋，我在中国各地巡回授课，举办游戏化工作坊。结果证明我错了，妻子是对的。老师们对我的做法很感兴趣。我知道我必须把这本书写出来。我告诉妻子，我需要她帮我画插图，把我的观点可视化，以帮助老师更好地理解。她欣然同意了。正如约翰·穆勒和哈丽雅特·泰勒，我和妻子通力合作。她帮我把游戏化教学模型可视化，帮助我更好地改进，在我授课之前看我的排演，为我提供宝贵的反馈。

2017 年 12 月底，我们的儿子出生了。他是一个奇迹，他的眼中闪耀着生命与爱的光辉。抱着他小小的身体，我知道我的生命从此不再相同。接下来的几个月过得很快，我努力学习如何做一名好父亲。我带他散步，给他背莎士比亚。

儿子给我们带来无限的幸福与喜悦，但生活开支也越来越高。我觉得应该找一份国际学校的工作：我需要给孩子树立榜样，为全家提供经济保障。妻子则告诉我，我需要给孩子树立榜样，好好写这本书。

所以 2018 年 6 月，我坐下来开始写书。在写书的过程中，妻子付出了很多。她要给儿子喂奶，要照顾儿子，还要给这本书画插图。这本书也如同我们的孩子，她的反馈和建议养育了它。

有时，写作的情感重负压垮了我，我逐渐被自我怀疑与自我厌恶淹没。写作太难了，就像爬一座永远爬不到顶的高山，跑一场永远没有终点的马拉松。我真想放弃。

每当这种时候，妻子都会微笑着拥抱我。她会对我说她爱我，相信我。她的触摸和言语能够平息我心海的风暴。

然后我就会去和儿子一起玩儿，亲吻他，把他高举上天。我会看到他明亮的眼睛，他会高兴得哈哈大笑，两颗小牙在我眼前闪光。看到他笑的样子，我会记起我写这本书的原因——给他创造一个更好的未来。然后我就回去继续写。

很快我完成了初稿。没有妻子的支持，我不可能完成这本书。她是我的伴侣，也是我的合作者。这本书是我们留给我们的爱情、儿子，以及这个世界的宝贵回忆。

以前我不愿意成家。虽然我的生活一团糟，但至少我随时都有背起行囊、开始一段新冒险的自由。成家难道不会失去自由吗？现在我有了家庭，才知道家庭并不会禁锢我。相反，它会让我从禁锢我的怀疑和恐惧中获得自由。有了家庭并不意味着就要放弃梦想，而是意味着我终于拥有了相信自己、实现梦想的力量和勇气。我终于可以放下恐惧和骄傲，拥抱自由、真实和爱。

我为了创建北大附中和深圳中学的国际项目付出了很多，我把它们当成自己的孩子。北大附中于2012年开除我的时候，我又愤怒又伤心，觉得自己完蛋了，失去了生活的动力。现在我终于知道，正因为失去了旧的生活，我才能找到我真正的家庭、真正的使命和真正的人生。

这是一个新的开始。我知道，我终于走在了实现梦想的正确道路上。

注释*

第一章

[1] 阿历克西·德·托克维尔:《论美国的民主》，董果良译，商务印书馆，1989，第 37 页。

[2] 同上书，第 355－356 页。

[3] 同上书，第 361－362 页。

[4] 同上书，第 386 页。

[5] Frederick Jackson Turner, *The Frontier in American History* (Mineola, New York: Dover Publications, 2010), p.263.

[6] 同上书，p.271。

[7] 同上书，p.274。

[8] 同上书，pp.287－288。

[9] Jerome Karabel, *The Chosen: The Hidden History of Admission and Exclusion at Harvard, Yale, and Princeton* (New York: Houghton Mifflin Company, 2005), p.144.

[10] Nicholas Lemann, *The Big Test: The Secret History of the American Meritocracy* (New York: Farrar, Straus and Giroux, 1999), pp.5-6.

[11] 柏拉图:《理想国》，郭斌和、张竹明译，商务印书馆，1986，第 128－129 页。

[12] Michael Young, *The Rise of the Meritocracy* (Bristol: Thames & Hudson, 1958), pp.72-73.

[13] Anette Lareau, *Unequal Childhoods: Class, Race, and Family Life*, 2nd Edition (Berkeley: University of California Press , 2011), p.28.

---

* 本书部分引文的翻译采自现已出版的中译本，特此注明并致谢——译者注。

[14] Steven Brill, *Tailspin: The People and Forces Behind America's Fifty-Year Fall-and Those Fighting to Reserve It* (New York: Alfred A. Knopf, 2018), p.6.

[15] Karabel, *The Chosen*, p.4.

[16] 同上书，p.539。

第二章

[1] Walter Mischel, *The Marshmallow Test: Mastering Self-Control* (NewYork: Little, Brown and Company, 2014), p.5.

[2] Carol Dweck, *Mindset: The New Psychology of Success* (New York: Ballantine Books, 2008), p.6.

[3] 同上书，p.30。

[4] 同上书，p.228。

[5] 同上书，p.33。

[6] 同上书，pp.177－178。

[7] Mischel, *The Marshmallow Test*, p.31.

[8] 同上书，p.278。

[9] Lareau, *Unequal Childhoods*, p.5.

[10] Betty Hart and Todd Risley, *Meaningful Differences in the Everyday Experience of Young American Children* (Baltimore: Paul H. Brookes Publishing, 1995), pp.57-58.

[11] Lareau, *Unequal Childhoods*, p.6.

[12] 同上书，p.7。

第三章

[1] Deborah Blum, *Love at Goon Park: Harry Harlow and the Science of Affection* (Cambridge, Massachusetts: Perseus Publishing , 2002), p.52.

[2] 同上书，p.27。

[3] 同上书，p.23。

[4] 同上书，p.223。

[5] 同上书，p.221。

[6] 同上书，pp.222－223。

[7] 同上书，p.223。

[8] 同上书，pp.223－224。

[9] Hart and Risley, *Meaningful Differences in the Everyday Experience of Young American Children*, pp.133-134.

[10] Lareau, *Unequal Childhoods*, p.176.

[11] 同上书，p.91。

[12] 同上书，pp.92–93。

[13] J. D. Vance, *Hillbilly Elegy: A Memoir of a Family and Culture in Crisis* (New York: HarperCollins, 2016), pp.20-21.

[14] 同上书，pp.194–195。

[15] 同上书，pp.146–147。

[16] Mischel, *The Marshmallow Test*, pp.136-137.

第四章

[1] Charles Nelson et al., *Romania's Abandoned Children: Deprivation, Brain Development, and the Struggle for Recovery* (Cambridge, Massachusetts: Harvard University Press, 2014), p.46.

[2] Esther Landhuis, "How Dad's Stresses Get Passed Along to Offspring," accessed November 8, 2018, https://www.scientificamerican.com/article/how-dads-stresses-get-passed-along-to-offspring/

[3] Dweck, *Mindset*, p.74.

[4] Hart and Risley, *Meaningful Differences in the Everyday Experience of Young American Children*, pp.212-213.

[5] 同上书，p.213。

[6] Vance, *Hillbilly Elegy*, p.151.

[7] 同上书，p.149。

[8] Hart and Risley, *Meaningful Differences in the Everyday Experience of Young American Children*, p.202.

[9] Pasi Sahlberg, *Finnish Lessons: What Can the World Learn from Educational Change in Finland?* (New York: Teachers College, Columbia University, 2011), p.21.

[10] 同上书，p.23。

[11] 同上书，p.11。

[12] Nelson et al., *Romania's Abandoned Children*, p.120.

[13] 同上书，p.181。

[14] 同上书，p.264。

第五章

[1] K. Anders Ericsson and Robert Pool, *Peak: How to Master Almost Anything* (Toronto: Viking, 2016), p.93.

[2] 同上书，p.110。

[3] David Dunning, *Self-Insight: Roadblocks and Detours on the Path to Knowing Thyself* (New York: Psychology Press, 2005), pp.18-19.

[4] 同上书，p.21。

[5] David Halberstam, *Playing for Keeps: Michael Jordan and the World He Made* (New York: Random House, 1999), p.110.

[6] 同上书，p.268。

[7] 同上书，pp.269－270。

[8] 同上书，pp.270－271。

[9] Janelle Shane, "When algorithms surprise us," accessed April 13, 2018, http://aiweirdness.com/post/172894792687/when-algorithms-surprise-us

第六章

[1] Barbara Arrowsmith-Young, *The Woman Who Changed Her Brain* (New York: Free Press, 2012), p.5.

[2] 同上。

[3] 同上书，p.26。

[4] 同上书，p.19。

[5] 同上。

[6] 同上。

[7] 同上书，p.4。

[8] 同上书，p.41。

[9] 诺曼·道伊奇：《重塑大脑，重塑人生》，洪兰译，机械工业出版社，2019，第 25 页。

[10] Maryanne Wolf, *Proust and the Squid: The Story and Science of the Reading Brain* (New York: Harper, 2007), p.12.

[11] 伊丽莎白·爱森斯坦：《作为变革动因的印刷机：早期近代欧洲的传播与文化变革》，何道宽译，北京大学出版社，2010，第 44 页。

[12] 同上书，第 38 页。

[13] 同上书，第 426－427 页。

[14] David Linden, *The Accidental Mind: How Brain Evolution Has Given Us Love, Memory, Dreams, and God* (Cambridge, Massachusetts: Harvard University Press, 2007), p.33.

第七章

[1] 让－雅克·卢梭:《社会契约论》(3 版),何兆武译,商务印书馆,2003,第 106－107 页。

[2] 埃德蒙·伯克:《法国革命论》,何兆武、徐振洲、彭刚译,商务印书馆,1998,第 315 页。

[3] 同上书,第 116 页。

[4] Dan Ariely, *Predictably Irrational: The Hidden Forces That Shape Our Decisions* (New York: HarperCollins, 2009), p.3.

[5] Michael Lewis, *The Undoing Project: A Friendship That Changed Our Minds* (New York: W. W. Norton & Company, 2017), pp.204-205.

[6] Ariely, *Predictably Irrational*, p.43.

[7] Blum, *Love at Goon Park*, p.285.

[8] Neil Strauss, *The Game: Penetrating the Secret Society of Pickup Artists* (New York: It Books, HarperCollins, 2005).

第八章

[1] Arrowsmith-Young, *The Woman Who Changed Her Brain*, p.79.

[2] 同上。

[3] 道伊奇:《重塑大脑,重塑人生》,第 11 页。

[4] Linden, *The Accidental Mind*, pp.80-81.

[5] Arrowsmith-Young, *The Woman Who Changed Her Brain*, p.4.

[6] 同上书,p.79。

[7] 丹尼尔·卡尼曼:《思考,快与慢》,胡晓姣、李爱民、何梦莹译,中信出版社,2012,第 xxi 页。

[8] Lewis, *The Undoing Project*, p.180.

第九章

[1] Anne Heller, *Ayn Rand and the World She Made* (New York: Nan A. Talese, 2009), p.20.

[2] Jennifer Burns, *Goddess of the Market: Ayn Rand and the American Right* (Oxford: Oxford University Press, 2009), p.9.

[3] 安·兰德:《源泉》,高晓晴、赵雅蔷、杨玉译,重庆出版社,2013,第 880 页。

[4] 同上书,第 881 页。

[5] 同上书，第 886－887 页。

[6] 缪灵珠:《缪灵珠美学译文集》(3 卷)，章安祺编订，中国人民大学出版社，1998，第 145－146 页。

[7] Charles Dickens, *A Christmas Carol* (New York: Alfred A. Knopf, 1994), p.151.

[8] 兰德:《源泉》，第 5 页。

[9] Nick Bilton, "Silicon Valley's Most Disturbing Obsession," accessed October 5, 2016, https://www.vanityfair.com/news/2016/10/silicon-valley-ayn-rand-obsession

[10] Burns, *Goddess of the Market*, p.18.

[11] Heller, *Ayn Rand and the World She Made*, p.359.

[12] Burns, *Goddess of the Market*, p.13.

[13] Heller, *Ayn Rand and the World She Made*, p.19.

第十章

[1] Nicholas Capaldi, *John Stuart Mill: A Biography* (Cambridge: Cambridge University Press, 2014), p.7.

[2] 约翰·穆勒:《约翰·穆勒自传》，赵晓岚、陈宝国译，华夏出版社，2007，第 99 页。

[3] 同上书，第 100－101 页。

[4] Capaldi, *John Stuart Mill*, p.190.

[5] 同上书，p.189。

[6] 穆勒:《约翰·穆勒自传》，第 178 页。

[7] Capaldi, *John Stuart Mill*, p.246.

[8] John Stuart Mill, Edited by Bhikhu Parekh, *Jeremy Bentham: Ten Critical Essays* (London: Frank Cass, 1974), pp.15-16.

[9] 约翰·穆勒:《论自由》，许宝骙译，商务印书馆，1959，第 23－24 页。

[10] 穆勒:《约翰·穆勒自传》，第 137－138 页。

[11] 缪灵珠:《缪灵珠美学译文集》，第 160－161 页。

[12] Brett Arends, "More research says Facebook can cause depression, this time among millennials," accessed January 12, 2019, https://www.marketwatch.com/story/new-study-claims-facebook-instagram-and-snapchat-are-linked-to-depression-2018-11-09; Science Daily, "Social media use increases depression and loneliness, study finds," accessed November 8, 2018, https://www.sciencedaily.com/releases/2018/11/181108164316.htm; Caroline Miller, "Does Social Media Cause Depression? How Heavy Instagram and Facebook Use May Be Affecting Kids Negatively," accessed https://childmind.org/article/is-

social-media-use-causing-depression/

[13] 米哈里·契克森米哈赖:《心流：最优体验心理学》，张定绮译，中信出版社，2017，第 65-66 页。

[14] 同上书，第 123-124 页。

[15] 同上书，第 343-344 页。

[16] 同上书，第 151 页。

第十一章

[1] Robert Caro, *The Power Broker: Robert Moses and the Fall of New York* (New York: Alfred A. Knopf , 1974), p.7.

[2] 同上书，p.19。

[3] 简·雅各布斯:《美国大城市的生与死》，金衡山译，译林出版社，2005，第 4-5 页。

[4] 同上书，第 66 页。

[5] 同上书，第 78 页。

[6] Jane Jacobs, “Downtown is for People,” accessed September 19, 2011, http://fortune.com/2011/09/18/downtown-is-for-people-fortune-classic-1958/

[7] 理查德·佛罗里达:《创意阶层的崛起》，司徒爱勤译，中信出版社，2010，第 12 页。

[8] 同上书，第 287 页。

[9] 阿莱克斯·彭特兰:《智慧社会：大数据与社会物理学》，王小帆、王容译，浙江人民出版社，2015，第 26 页。

[10] Steven Levy, *Hackers: Heroes of the Computer Revolution* (New York: Anchor Press/Doubleday, 1984), p.200.

[11] 史蒂文·利维:《黑客：计算机革命的英雄》，赵俐、刁海鹏、田俊静译，机械工业出版社，2011，第 167-168 页。

[12] 彭特兰:《智慧社会》，第 90 页。

[13] 利维:《黑客》，第 196 页。

[14] 兰德:《源泉》，第 18 页。

[15] 同上书，第 55 页。

[16] 同上书，第 83 页。

[17] 利维:《黑客》，第 196 页。

[18] Richard Florida, “Where the Skills Are,” accessed October 15, 2011, https://www.theatlantic.com/magazine/archive/2011/10/where-the-skillsare/308628/

[19] Ray Kroc, *Grinding It Out: The Making of McDonald's* (New York: St.

Martin's Griffith, 1977), p.9.

[20] John Love, *McDonald's: Behind the Arches,* Revised Edition (New York: Bantam Books, 1995), p.32.

[21] 同上书，p.43。

[22] 同上书，p.67。

第十二章

[1] I. F. Stone, *The Trial of Socrates* (Boston: Little, Brown and Company, 1988), p.14.

[2] 同上书，p.125。

[3] 柏拉图：《理想国》，第 278-279 页。

[4] 同上书，第 131 页。

[5] 罗伯特·卡洛：《成为官僚》，高晓晴译，重庆出版社，2007，第 3-4 页。

[6] 同上书，第 9 页。

[7] 同上书，第 9-10 页。

[8] Madeline Levine, *The Price of Privilege: How Parental Pressure and Material Advantage Are Creating a Generation of Disconnected and Unhappy Kids* (New York: Harper, 2008), p.7.

[9] 同上书，p.189。

[10] Sebastian Junger, *War* (Toronto: HarperCollins, 2010), pp.239-240.

[11] 威廉·德雷谢维奇：《优秀的绵羊》，林杰译，九州出版社，2016，第 4 页。

[12] 同上书，第 5 页。

[13] 同上书，第 220 页。

[14] 西尔维娅·娜萨：《美丽心灵：纳什传》，王尔山译，上海科技教育出版社，2005，第 313 页。

[15] 同上书，第 315 页。

[16] 同上书，第 3-4 页。

[17] 同上书，第 253 页。

[18] 同上书，第 269 页。

[19] 同上书，第 314 页。

[20] 同上书，第 512 页。

[21] Kroc, *Grinding It Out*, p.106.

[22] 同上书，pp.198-199。

第十三章

[1] 利维:《黑客》，第 12 页。

[2] 同上书，第 21 页。

[3] 同上书，第 23 页。

[4] 同上书，第 25-26 页。

[5] 同上书，第 39-40 页。

[6] 详见 Nand2Tetris 官网 https://www.nand2tetris.org/

[7] 欧内斯特·海明威:《太阳照常升起》，赵静男译，上海译文出版社，2011，第 1 页。

[8] 利维:《黑客》，第 26 页。

[9] 缪灵珠:《缪灵珠美学译文集》，第 135 页。

第十四章

[1] 尤瓦尔·赫拉利:《人类简史：从动物到上帝》，林俊宏译，中信出版社，2017，第 235 页。

[2] Dunning, *Self-Insight*, p.24.

[3] Arthur Koestler, *Sleepwalkers* (London: Arkana, 1989), pp.433-434.

第十五章

[1] David Halberstam, *The Amateurs* (New York: Ballantine Books, 1996), p.14.

[2] Karen Crouse, *Norwich: One Tiny Vermont Town's Secret to Happiness and Excellence* (New York: Simon & Schuster, 2018), p.228.

[3] 同上书，pp.112-113。

[4] 同上书，p.122。

[5] 同上书，p.124。

[6] Neil Postman, *The End of Education: Redefining the Value of School* (New York: Vintage Books, 1996), p.7.

[7] 同上书，pp.96-97。

[8] 同上书，p.99。

[9] 同上。

[10] Sebastian Junger, *Tribe: On Homecoming and Belonging* (Toronto: HarperCollins, 2016), p.44.

[11] 同上书，p.66。

[12] 同上书，pp.59-60。

第十六章

[1] Judith Rich Harris, *The Nurture Assumption: Why Children Turn Out the Way They Do* (New York: Touchstone, 1998), p.126.

[2] 同上书，p.197。

[3] Dweck, *Mindset*, p.194.

[4] 同上书，p.201。

[5] Harris, *The Nurture Assumption*, p.245.

[6] 同上书，p.246。

[7] 同上书，p.199。

[8] 德雷谢维奇：《优秀的绵羊》，第 221 页。

[9] 奥尔德斯·赫胥黎：《美丽新世界》，陈超译，上海译文出版社，2017，第 25-26 页。

[10] 同上书，第 29 页。

[11] 同上书，第 180 页。

[12] 同上书，第 182 页。

[13] 同上书，第 195 页。

图书在版编目（CIP）数据

看不见的力量：有关成功、学习和创造力的真相／（加）江学勤著；赵小莉译. -- 北京：中国人民大学出版社，2021.6

ISBN 978－7－300－29418－6

Ⅰ. ①看…　Ⅱ. ①江…　②赵…　Ⅲ. ①学习方法　Ⅳ. ① G442

中国版本图书馆 CIP 数据核字（2021）第 099519 号

著作权合同登记号
图字：01-2021-1684 号

看不见的力量：有关成功、学习和创造力的真相
［加拿大］江学勤　著
赵小莉　译
Kanbujian de Liliang: Youguan Chenggong、Xuexi he Chuangzaoli de Zhenxiang

出版发行	中国人民大学出版社		
社　　址	北京中关村大街 31 号	**邮政编码**	100080
电　　话	010 － 62511242（总编室）		010 － 62511770（质管部）
	010 － 82501766（邮购部）		010 － 62514148（门市部）
	010 － 62515195（发行公司）		010 － 62515275（盗版举报）
网　　址	http://www.crup.com.cn		
经　　销	新华书店		
印　　刷	北京华宇信诺印刷有限公司		
规　　格	168 mm × 239 mm　16 开本	**版　　次**	2021 年 6 月第 1 版
印　　张	21.75　插页 1	**印　　次**	2021 年 6 月第 1 次印刷
字　　数	320 000	**定　　价**	79.80 元